국민건강보험공단

필기시험(직업기초능력 + 노인장기요양법)

실전모의고사 5회분

국민건강보험공단
필기시험(직업기초능력 + 노인장기요양법)
실전모의고사 5회분

초판 1쇄 발행   2022년 5월 13일
개정판 1쇄 발행   2023년 9월 25일

편 저 자 ┃ 취업적성연구소
발 행 처 ┃ ㈜서원각
등록번호 ┃ 1999-1A-107호
주   소 ┃ 경기도 고양시 일산서구 덕산로 88-45(가좌동)
교재주문 ┃ 031-923-2051
팩   스 ┃ 031-923-3815
교재문의 ┃ 카카오톡 플러스 친구[서원각]
홈페이지 ┃ goseowon.com

머리말

우리나라 기업들은 1960년대 이후 현재까지 비약적인 발전을 이루었다. 이렇게 급속한 성장을 이룰 수 있었던 배경에는 우리나라 국민들의 근면성 및 도전정신이 있었다. 그러나 빠르게 변화하는 세계 경제의 환경에 적응하기 위해서는 근면성과 도전정신 이외에 또 다른 성장 요인이 필요하다.

최근 많은 공사·공단은 직무 관련성에 대한 고려 없이 인·적성, 지식 중심으로 치러지던 기존의 필기전형에서 탈피하여, 직업기초능력과 직무수행능력을 측정하기 위한 직업기초능력평가, 직무수행능력평가 등을 도입하고 있다.

본서는 국민건강보험공단 요양직 채용에 대비하기 위한 필독서로, 직업기초능력평가와 함께 직렬별 직무수행능력을 평가하기 위한 시험도 치르는 공단의 출제 스타일을 반영한 모의고사 형태로 구성하여 수험생들이 단기간에 최상의 학습효율을 얻을 수 있도록 하였다.

- 「국민건강보험법」 제18610호, 2021.12.21일부개정, 2022.6.22.시행 기준
- 5회분의 모의고사로 구성
- 실전대비를 위한 답안지 수록

합격을 향해 고군분투하는 당신에게 힘이 되는 교재가 되기를 바라며 달려가는 그 길을 서원각이 진심으로 응원합니다.

특징 및 구성

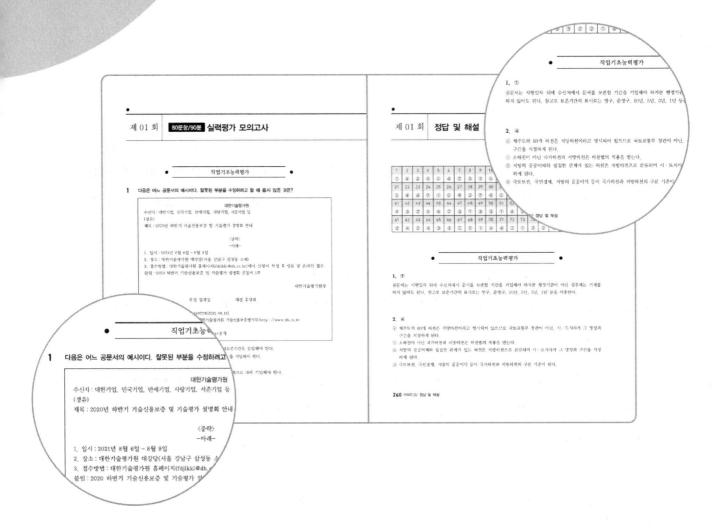

실력평가 모의고사

실제 시험과 동일한 유형의 모의고사를 5회분 수록하여 충분한 문제풀이를 통한 효과적인 학습이 가능하도록 하였습니다.

상세해설 및 OMR 답안지

핵심 개념 파악 및 내용 이해를 돕는 상세한 해설과 함께 마킹가능한 OMR 답안지를 수록하여 보다 완벽한 실전 대비를 할 수 있도록 하였습니다.

차례

1 실력평가 모의고사

01. 제1회 실력평가 모의고사 ·· 8

02. 제2회 실력평가 모의고사 ·· 56

03. 제3회 실력평가 모의고사 ·· 102

04. 제4회 실력평가 모의고사 ·· 152

05. 제5회 실력평가 모의고사 ·· 206

2 정답 및 해설

01. 제1회 정답 및 해설 ·· 260

02. 제2회 정답 및 해설 ·· 278

03. 제3회 정답 및 해설 ·· 294

04. 제4회 정답 및 해설 ·· 312

05. 제5회 정답 및 해설 ·· 334

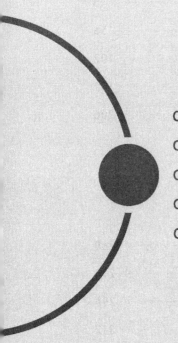

Chapter 01   제01회 실력평가 모의고사

Chapter 02   제02회 실력평가 모의고사

Chapter 03   제03회 실력평가 모의고사

Chapter 04   제04회 실력평가 모의고사

Chapter 05   제05회 실력평가 모의고사

PART
01

실력평가
모의고사

80문항/90분 실력평가 모의고사

직업기초능력평가

1 다음은 어느 공문서의 예시이다. 잘못된 부분을 수정하려고 할 때 옳지 않은 것은?

대한기술평가원

수신자 : 대한기업, 민국기업, 만세기업, 사랑기업, 서준기업 등
(경유)
제목 : 2020년 하반기 기술신용보증 및 기술평가 설명회 안내

〈중략〉
-아래-

1. 일시 : 2021년 8월 6일 ~ 8월 9일
2. 장소 : 대한기술평가원 대강당(서울 강남구 삼성동 소재)
3. 접수방법 : 대한기술평가원 홈페이지(fdjlkkl@dh.co.kr)에서 신청서 작성 후 방문 및 온라인 접수
붙임 : 2020 하반기 기술신용보증 및 기술평가 설명회 신청서 1부

대한기술평가원장

과장 홍길동   부장 임꺽정   대결 홍경래
협조자
시행 : 기술신용보증평가부-150229(2021.06.13)
접수 : 서울 강남구 삼성동 113 대한기술평가원 기술신용보증평가부/http : //www.dh.co.kr
전화 : 02-2959-2225
팩스 : 02-7022-1262/fdjlkkl@dh.co.kr/공개

---

① 시행 항목의 시행일자 뒤에 수신기관의 문서보존기간을 삽입해야 한다.

② 붙임 항목 맨 뒤에 "."을 찍고 1자 띄우고 '끝.'을 기입해야 한다.

③ 일시의 연월일을 온점(.)으로 고쳐야 한다.

④ 수신자 목록을 발신명의 아래에 수신처 참조 목록으로 내려 기입해야 한다.

2 다음 글에 대한 설명 중 옳지 않은 것은?

한반도는 태백산맥이 한반도 우편에 있으며, 동쪽이 높고 서쪽이 낮은 구조로 되어 있어, 우리나라 하천 대부분은 서해나 남해로 유입한다. 깊은 계곡이 조밀하게 발달하여 유역면적과 비교하면 하천 길이가 길고 하천 밀도도 높은 것이 특징이다. 이러한 우리나라 하천은 일반적으로 '시내', '내', '강(江)' 및 '천(川)' 등으로 구분하고 있으며, 행정 실무에서는 법으로 하천을 설정하여 관리하고 있으며, 크게는 하천과 소하천으로 구분할 수 있다. 하천이라 하면 보통 하천법이 적용되는 법정하천을 지칭하며, 법정하천은 국가하천과 지방하천으로 구분한다. 국가하천은 국토보전상 또는 국민경제상 중요한 하천으로서 국토교통부 장관이 그 명칭과 구간을 지정하며, 지방하천은 지방의 공공이해와 밀접한 관계가 있는 하천으로서 시·도지사가 그 명칭과 구간을 지정한다. 소하천은 하천법이 아닌 소하천정비법의 적용을 받는 하천이며, 시장·군수 또는 자치구의 구청장이 그 명칭과 구간을 지정한다. 이렇듯 우리나라 하천은 하천법 또는 소하천정비법에 따라 준용되고 있으며, 하천 대부분이 국가하천, 지방하천 및 소하천에 해당된다.

우리나라 하천 중 규모가 크고 널리 알려진 하천은 대부분 국가하천이다. 국가하천은 유역면적 크기가 대부분 큰 편(200㎢ 이상)이므로 대하천이라 할 수 있으며, 또한 주요 하천이라 할 수 있다. 전국 국가하천은 62개소이며, 지방하천은 3,773개소이며, 권역별 시도별 하천현황은 다음과 같다.

구분	합계		국가		지방	
	개소	연장(km)	개소	연장(km)	개소	연장(km)
전국	3,835	29,783	62	2,995	3,773	26,788
한강권역	913	8,566	19	917	894	7,649
낙동강권역	1,185	9,626	17	931	1,168	8,694
금강권역	877	6,105	17	682	860	5,423
섬진강권역	423	2,626	3	238	420	2,388
영산강권역	377	2,253	6	225	371	2,027
제주도권역	60	605	–	–	60	605

① 금강권역의 877개 하천은 하천법의 적용을 받는다.
② 한강권역의 913개 하천 중 서울시의 공공이해와 밀접한 관련이 있는 하천은 서울시장이 그 구간을 지정한다.
③ 국가하천과 지방하천의 구분 기준은 지리적 위치 및 하천면적의 크기가 아니다.
④ 제주도의 60개 하천은 모두 국토교통부 장관이 그 명칭을 지정한 것이다.

3 다음 중 주어진 글의 밑줄 친 ㉠과 같은 의미로 쓰인 것은?

> 증여는 당사자의 일방이 자기의 재산을 무상으로 상대방에게 줄 의사를 표시하고 상대방이 이를 승낙함으로써 성립하는 계약이다. 증여자만 이행 의무를 ㉠진다는 점이 특징이다. 유언은 유언자의 사망과 동시에 일정한 법률 효과를 발생시키려는 것을 목적으로 하는데, 유언자의 의사 표시만으로 유효하게 성립하고 의사 표시의 상대방이 필요 없다는 점에서 증여와 차이가 있다.

① 선생님께 하해와 같은 은혜를 <u>지었다.</u>
② 당신은 당신이 한 말에 책임을 <u>져야</u> 합니다.
③ 바람을 <u>지고</u> 달리다.
④ 배낭을 등에 <u>지다.</u>

4 다음은 민수와 영희의 대화 내용이다. 밑줄 친 단어 중 표준어가 아닌 것은?

> 민수 : 요즘 날씨가 너무 더워. 이런 날에는 시원한 계곡에 가서 수박도 먹고 물장구도 치면서 놀아야 되는데.
> 영희 : 시끄러워. ㉠<u>농땡이</u> 치지 말고 일이나 열심히 해.
> 민수 : ㉡<u>거시기</u> 우리 그러지 말고 이번 주말에 계곡으로 여행가는 게 어떨까?
> 영희 : 아, 싫어. 내가 왜 너하고 그 황금 같은 주말을 같이 보내야 되는데? 가려면 너 혼자 가!
> 민수 : 에이. ㉢<u>깍쟁이</u>처럼 굴지 말고 한 번 가자.
> 영희 : 음, 그럴까? 어차피 날도 더운데. 워터파크 간다고 생각하지 뭐. 대신 이 ㉣<u>허드랫</u>일 좀 도와 줘. 이걸 이번 주까지 해야 되는데 나 혼자서는 무리야.
> 민수 : 그래. 이 정도쯤이야 내가 얼마든지 도와줄게.

① ㉠   ② ㉡
③ ㉢   ④ ㉣

5 다음은 '전교생을 대상으로 무료급식을 시행해야 하는가?'라는 주제로 철수와 영수가 토론을 하고 있다. 보기 중 옳지 않은 것은?

> 철수 : 무료급식은 급식비를 낼 형편이 없는 학생들을 위해서 마련되어야 하는데 지금 대부분의 학교에서는 이 아이들뿐만 아니라 형편이 넉넉한 아이들까지도 모두 대상으로 삼고 있으니 이는 문제가 있다고 봐.
>
> 영수 : 하지만 누구는 무료로 급식을 먹고 누구는 돈을 내고 급식을 먹는다면 이는 형평성에 어긋난다고 생각해. 그래서 난 이왕 무료급식을 할 거라면 전교생에게 동등하게 그 혜택이 돌아가야 한다고 봐.
>
> 철수 : 음… 돈이 없는 사람은 무료로 급식을 먹고 돈이 있는 사람은 돈을 내고 급식을 먹는 것이 과연 형평성에 어긋난다고 할 수 있을까? 형평성이란 국어사전을 찾아보면 형평을 이루는 성질을 말하잖아. 여기서 형평이란 균형이 맞음. 또는 그런 상태를 말하는 것이고. 그러니까 형평이란 다시 말하면…
>
> 영수 : 아, 그래 네가 무슨 말을 하려고 하는지 알겠어. 그런데 나는 어차피 무료급식을 할 거라면 전교생이 다 같이 무료급식을 했으면 좋겠다는 거야. 그래야 서로 불화도 생기지 않으니까. 그리고 누구는 무료로 먹고 누구는 돈을 내고 먹을 거라면 난 차라리 무료급식을 안 하는 것이 낫다고 생각해.

① 위 토론에서 철수는 주제에서 벗어난 말을 하고 있다.

② 영수는 상대방의 말을 자르고 자기주장만을 말하고 있다.

③ 영수는 자신의 주장이 뚜렷하지 않다.

④ 위 토론의 주제는 애매모호하므로 주제를 수정해야 한다.

┃6~7┃ 다음 글을 읽고 물음에 답하시오.

현대 사회는 수없이 많은 광고로 가득 차 있지만, 소비자들이 봐 주는 광고만이 설득을 시도할 수 있으며, 궁극적으로 광고 목표를 달성할 수 있다. 소비자들이 본다는 것은 단지 수동적으로 광고에 노출된다는 것이 아니라 광고에 주목하고 광고의 의미를 이해하는 것을 말한다. 이를 설명하기 위해서는 우선 광고가 제시하는 자극이나 정보가 소비자들에게 어떻게 지각되는지를 살펴볼 필요가 있다.

광고의 자극이나 정보는 소비자의 감각 기관을 거쳐 지각된다. 그러나 자극이나 정보의 양이 많을 경우 소비자들이 이를 모두 지각할 수 없는데, 그 이유는 무엇일까? 이는 바로 소비자의 인지 능력의 한계 때문이다. 소비자들은 특별한 주의를 기울이지 않은 상태에서 다양한 자극을 접하게 되는데, 이 과정에서 자신에게 의미 있는 것에 대해서만 주의를 기울이게 된다. 이처럼 자극의 특정 대상이나 속성에 대해서만 주의를 기울이고 정보를 처리하는 것을 '선택적 지각'이라고 한다.

그렇다면 소비자들은 광고를 볼 때 어떤 자극에 주의를 기울일까? 소비자들이 자극을 선택하는 데는 자신의 이전 경험이 중요한 역할을 하게 된다. 이전에 보았던 것이나 알고 있는 것 등의 경험 세계가 지각 필터의 역할을 하기 때문에 소비자들은 자신이 이전에 경험한 것에 더 많은 주의를 기울이게 된다. 광고에서도 이를 이용하여 유명한 배우나 스포츠 스타 등을 내세우게 된다. 특히 슈퍼스타라고 할 정도로 매우 유명한 사람이나 소비자 자신이 무척 좋아하는 사람이라면 단순히 눈에 띄는 것에 그치지 않고 같이 제시되는 자극들도 함께 긍정적인 정보로 처리되기가 쉽다.

선택적 지각의 기준은 지각적 경계심과도 관련이 있다. 이는 욕구를 충족시키기 위해서 우리의 지각은 항상 깨어 있고, 주위를 탐색하고 있다는 가정이다. 이와 같은 가정 하에서 소비자는 여러 가지 자극들 가운데 자신의 현재 욕구와 관련된 자극을 더욱 잘 인식할 가능성이 높다. 또한 선택적 지각의 가능성을 높이기 위해서는 광고가 무작정 노출되어서는 안 되며, 표적이 되는 소비자들을 한정하여 그들이 접하기 쉬운 시간대에 적절한 매체 활용을 통해 적합한 메시지를 전달해야 한다.

한편 소비자들은 선택되어야 할 자극만이 아니라 거부해야 할 자극도 선별하는데, 이를 ㉠<u>지각적 방어</u>라고 한다. 예를 들어, 사회적으로 물의를 일으킨 연예인이 나오는 광고에 대해 소비자들은 의식적·무의식적으로 거부하는 반응을 보이는데, 이는 광고가 일방적으로 자신의 얘기를 해서는 안 되며, 시청자인 소비자가 원하는 내용으로 채워져야 한다는 것을 시사한다.

광고의 노출과 주목에 관련된 다른 설명 기제는 '순응'이다. 순응은 동일한 자극이 계속적으로 노출되면, 그 자극에 익숙해져 주목이 일어나지 않는 것을 의미한다. 따라서 자극의 순응을 극복하기 위해 차별과 대비의 방식이 사용되게 된다. 예를 들어, 예측 불가능한 패턴으로 이루어진 자극들은 여전히 주의를 끌 것이며, 크기와 색채의 차이를 통해 대비를 이루는 것은 순응을 극복하는 강력한 방법이 된다.

6 윗글을 참고할 때, 〈보기〉의 광고 전략 기획 회의에 대해 보인 반응으로 적절하지 않은 것은?

〈보기〉

* 상품 : 공기 청정기

사원 1 : 이 제품은 가정에서 사용되는 제품입니다. 따라서 광고의 표적이 되는 소비자는 주부입니다. 주부에게 인지도가 높은 배우를 광고 모델로 쓰면 어떨까요?

사원 2 : 좋은 생각입니다. 기왕이면 주부들이 좋아하는 배우를 쓰는 것이 좋을 것 같아요. 그리고 이 제품은 봄철 황사 기간에 집중적으로 광고를 하는 것이 매출에 도움이 되리라 생각합니다.

사원 3 : 봄철에 집중하되, 그 광고 시간은 가족이 함께 TV를 볼 수 있는 시간이 좋지 않을까요? 가족 모두를 위한 제품이니까 가족 모두에게 필요성을 강조할 수 있어야 된다고 생각합니다.

사원 4 : 하나의 광고만을 집중적으로 제시하면 광고에 대한 반응이 유지되지 않을 수 있으니 두 가지 상황을 설정한 광고를 따로 만드는 것을 제안합니다.

---

① 봄철에 집중적으로 광고를 편성하는 것은 욕구 충족을 위한 지각적 경계심과 관련이 높겠군.

② 두 가지 상황을 설정한 광고를 따로 만드는 것은 자극의 순응을 극복하기 위한 방법이겠군.

③ 주부에게 인지도가 높은 배우를 모델로 쓰는 것은 그 배우를 본 경험이 지각 필터로 작용하기 때문이겠군.

④ 가족이 모두 모이는 저녁 시간에 광고를 편성하는 것은 인지 능력의 한계로 인한 선택적 지각을 극복하기 위해서겠군.

7 ㉠의 사례로 적절한 것은?

① 신문 지면을 통해 노트북의 첨단 기능을 광고했더니 소비자들이 주의를 기울이지 않았다.

② 담배를 즐겨 피는 사람은 담배가 인체에 미치는 영향을 보여 주는 광고를 보려 하지 않는다.

③ 광고 모델이 사막에서 땀 흘리는 장면을 배경으로 한 청량음료의 광고를 보고 그 음료가 먹고 싶어졌다.

④ 드라마 속의 주인공이 입고 있는 옷의 로고가 너무 작아서 소비자들이 그 옷을 제대로 인식하지 못했다.

8 다음 안내사항을 바르게 이해한 것은?

　2022년 1월 1일부터 변경되는 "건강보험 임신·출산 진료비 지원제도"를 다음과 같이 알려드립니다.

　건강보험 임신·출산 진료비 지원제도란 임산부와 영유아의 의료비 부담을 경감하여 출산 친화적 환경을 조성하고자 임신·출산관련 진료비 등의 본인 부담금 결제에 사용할 수 있는 국민행복카드를 건강보험공단에서 제공하는 제도입니다.

- 지원금액 : 임신 1회당 일태아 100만원(다태아 140만원)
- 지원방법 : 지정요양기관에서 이용권(국민행복카드)으로 결제
- 사용기간 : 이용권 발급일 후 ~ 분만 예정일, 출산일(유산·사산일)부터 2년

가. 시행일 : 2022.1.1.

나. 주요내용

　(1) '22.1.1. 신청자부터 건강보험 임신·출산 진료비가 국민행복카드로 지원

　(2) 건강보험 임신·출산 진료비 지원 신청 장소 변경

　(3) 지원금 승인코드 일원화(의료기관, 한방기관 : 38코드)

　(4) 관련 서식 변경

　　-변경서식 : 건강보험 임신·출산 진료비 지원 신청 및 확인서

　　-변경내용 : 카드구분 폐지

---

① 건강보험 임신·출산 진료비 지원제도는 연금공단에서 지원하는 제도이다.
② 임신지원금은 모두 동일하게 일괄 50만원이 지급된다.
③ 지원금 승인코드는 의·한방기관 모두 '38'코드로 일원화된다.
④ 사용기간은 이용권 수령일로부터 분만예정일까지이며 신청자에 한해서 기간이 연장된다.

9 밑줄 친 부분 중 잘못 발음된 것은?

> A : "이 약은 저희 회사의 회심의 걸작으로 피부를 ㉠늙게[늘께] 하지 않습니다."
>
> B : "진짜 그 약만 바르면 피부가 ㉡늙지[늘찌] 않아요? 에이, 그런 게 어디 있어?"
>
> A : "어허 안 믿으시네. 여기 있지요, 여기 있어요. 이 약을 바르면 피부가 ㉢늙거나[늘꺼나] 축 처지지 않아요."
>
> B : "에이, 이 사람아, 젊은 사람이 어디서 거짓말을 하고 있어! 이미 내가 써 봤는데 이렇게 피부가 축 처졌잖아. 이거 어떻게 보상할 거야?"
>
> A : "그건 고객님이 이미 늙어서 피부 또한 ㉣늙다보니[늑따보니] 약효가 안 받아서 그래요. 이 약은 피부가 아직 탱탱한 젊은 사람들이 발라야 해요."

① ㉠   ② ㉡

③ ㉢   ④ ㉣

━━━━━━━━━━━━━━━━━━━━━━━━━━━━━━━━━━━

▌10~11 ▌ 다음 글을 읽고 물음에 답하시오.

> 여 : 오늘 신문 봤어? '리더는 성과로 말한다'라는 특집 기사가 났더라. 역시 뛰어난 리더가 되려면 성과가 중요한 것 같아.
>
> 남 : 당연히 성과도 중요하지. 하지만 성과를 이루는 과정에서 구성원들을 존중하는 것도 중요해.
>
> 여 : 그게 무슨 말이야?
>
> 남 : 너도 알다시피, 연극 경연 대회에서 우리 동아리가 좋은 성과를 거두긴 했지만, 연습하면서 마음에 상처를 입은 단원들이 한둘이 아니었어. 결국 그만둔 단원도 있었잖아. 우리 동아리 회장이 진정으로 뛰어난 리더였다면, 단원들의 의견도 존중해서 자발적으로 동참하도록 만들었을 거야.
>
> 여 : 글쎄……. 나는 좋은 성과를 위해서는 어느 정도의 희생은 불가피하다고 생각해. 덕분에 역대 어느 회장도 이룩하지 못한 성과를 낼 수 있어서, 우리 모두 기뻐했잖아. 그런데 합창반을 봐. 단원들 의견을 일일이 듣다가 의견 일치를 보지 못해서 지역 대회에 나가지도 못했어. 이런 합창반 반장을 뛰어난 리더라고 볼 수는 없을 것 같아.
>
> 남 : 그것은 합창반 반장이 처음부터 합리적으로 계획을 세우지 못했기 때문이야. 좋은 성과를 얻기 위해서는 계획을 잘 세워야 해. 그리고 구성원들의 동참을 이끌어낼 수 있는 방법도 찾아야 하고.
>
> 여 : 단원들이 연습 과정에서 불만이 생긴다면 나중에 적절하게 보상하면 되잖아!
>
> 남 : 아니지, 그러면 일을 추진하는 과정에서 생겨나는 모든 문제, 심지어는 부당한 요구조차 정당화될 수 있어.
>
> 여 : 너의 말은 합리적으로 계획을 세우고 구성원들의 자발적 참여를 이끌어 낸다면 뛰어난 리더가 될 수 있다는 거야?
>
> 남 : 그뿐 아니라 뛰어난 리더는 리더 자신보다도 단체를 우선적으로 생각할 수 있어야 해. 단체를 우선적으로 생각할 수 있는 리더라야, 헌신하고 봉사하는 리더도 될 수 있거든.

10 남학생이 '뛰어난 리더'의 조건으로 인정하는 내용만을 〈보기〉에서 있는 대로 고른 것은?

〈보기〉

㉠ 무엇보다 성과에 초점을 둔다.
㉡ 구성원의 의견을 존중하여 자발적 동참을 이끌어 낸다.
㉢ 성과의 기여도에 따라 구성원들에게 적절한 보상을 한다.
㉣ 합리적으로 계획을 세운다.

---

① ㉠㉡   ② ㉠㉣
③ ㉡㉢   ④ ㉡㉣

11 여학생의 말하기 방식으로 가장 적절한 것은?

① 상대방의 주장에 동의하며, 상대방과 다르게 생각하는 부분에 대해 말하고 있다.
② 실제의 사례를 바탕으로 자신의 주장을 내세우고 있다.
③ 객관적인 자료를 사용하여 자신의 주장을 강화하고 있다.
④ 상대방의 주장을 수용하여 자신의 주장을 수정하고 있다.

12 다음 중 빈칸 ㉠~㉢에 들어갈 단어가 모두 바르게 연결된 것은?

물품 구입 (㉠)

품명	간담회 초청장 및 교재 등	결재	담당	팀장		사무차장	사무국장	부본부장	본 부 장
용도	간담회 안내 및 강연 자료			전결					
납품기일	2021년 2월 1일	합의	감사실장		총무 과장		의견		
계정과목	공공부문 지도교육비 및 수시사업비								

구입금액	금이백오만사백원정	₩2,050,400 —

구입처	상　　호 : 다나와 인쇄사 소 재 지 : 서울 종로구 △△동 100-10 대표자명 : 홍길동 전　　화 : 700-1212

내역

No.	품명	규격	㉡	수량	㉢	금액	비고
1	간담회 초청장		부	6,000	200	1,200,000	
2	간담회 교재		부	300	880	264,000	
3	초청장 발송 작업					400,000	
4	부가세					186,400	
	합계					₩ 2,050,400	

위와 같이 구입코자 하오니 결재 바랍니다.

2021.　1.　1.

담당자　김　철　수　㉑

	㉠	㉡	㉢
①	품의서	단가	단위
②	품의서	단위	단가
③	보고서	단가	수치
④	보고서	수치	단위

13 다음 중 ⊙의 구체적인 사례로 가장 적절한 것은?

우리가 언어라는 유리창을 통해 세상을 바라본다면, 언어와 사고가 밀접한 관련을 맺는다는 것, 언어는 사유에 뒤따르는 단순 표현 과정이 아니라 사고 과정 자체에 작용하는 것이라는 생각에는 별 이의가 없을 것이다. 그렇다면 구체적으로 언어는 사고 과정에 어떤 영향을 미칠까?

우선, 언어는 대상을 인지하는 데, 특히 세계를 분절하여 인식하는 데 영향을 미친다. 무지개의 색깔에 대한 인식이 나라마다 조금씩 다르다는 사실은 이러한 언어 작용을 잘 보여주는 예이다. 잘 알려진 바와 같이 언어에 따라 무지개의 색을 일컫는 말에는 조금씩 차이가 있다. 어떤 언어에서는 다섯 빛깔로, 어떤 언어에서는 일곱 빛깔로 나누어 부른다. 이 경우 확실한 것은 실제로 어떠하든 간에 '오색 무지개'에 익숙한 사람에게는 무지개가 다섯 빛깔로 보이고, '칠색 무지개'에 익숙한 사람에게는 무지개가 일곱 빛깔로 보인다는 점이다.

둘째, 언어는 사물을 해석하는 관점의 형성 과정에 많은 영향을 미친다. 예컨대, '잡초(雜草)'라는 단어에 대해 생각해 보자. 그것은 객관적으로 존재하는 것이 아니고, 다만 언어적 해석의 틀 속에서만 존재하는 것이다. 그러나 우리는 '잡초'라는 말에 익숙해져 있고, 그 결과 일정한 풀들을 '잡초'라는 독특한 관점에서 범주화하여 파악하는 것이다.

셋째, 언어는 인간의 감성 형성에 많은 영향을 미친다. 이런 면모는 비유적인 언어에서 특히 잘 드러난다. 예컨대, '어물전 망신은 꼴뚜기가 시킨다'는 속담이 있다. 꼴뚜기로서는 이처럼 억울한 일이 또 있겠는가? 아무튼 이런 비유적 표현을 흔히 접하다 보면, 우리는 은연중 좀 모자라거나 못난 동료를 보고 꼴뚜기를 연상하게 되고, 역으로 꼴뚜기를 보면 칠칠치 못한 동료를 연상하게도 된다. 이처럼 ⊙언어는 인간의 상상력을 일정한 방향으로 유도함으로써 인간의 감성 형성에도 적지 않은 영향을 미친다.

① '취업 전략'이란 말을 자주 접하면 '취업'을 '전쟁'이라 느끼게 된다.
② '12시 30분'이라고 하니까 시간을 불연속적인 것으로 생각하게 된다.
③ '직장인'이란 말 때문에 직장인이 실제로 존재한다고 생각하게 된다.
④ '새파란 가을 하늘'이라는 표현을 접하면 눈앞에 가을 하늘이 보이는 듯하다.

14 다음 중 제시된 문장의 빈칸에 들어갈 단어로 알맞은 것은?

> • 정부는 저소득층을 위한 새로운 경제 정책을 (   )했다.
> • 불우이웃돕기를 통해 총 1억 원의 수익금이 (   )되었다.
> • 청소년기의 중요한 과업은 자아정체성을 (   )하는 것이다.

① 수립(樹立) – 정립(正立) – 확립(確立)

② 수립(樹立) – 적립(積立) – 확립(確立)

③ 확립(確立) – 적립(積立) – 수립(樹立)

④ 확립(確立) – 정립(正立) – 설립(設立)

15 다음과 같은 상황에서 김 과장이 취할 행동으로 가장 바람직한 것은?

> 무역회사에 근무하는 김 과장은 아침부터 밀려드는 일에 정신이 없다. 오늘 독일의 고객사에서 보내온 주방용품 컨테이너 수취확인서를 보내야하고, 운송장을 작성해야 하는 일이 꼬여버려 국제전화로 걸려오는 수취확인 문의전화와 다른 고객사의 클레임을 받느라 전화도 불이 난다. 어제 오후 퇴근하기 전에 자리를 비운 박 대리에게 운송장을 영문으로 작성해서 오전 중에 메일로 보내줄 것을 지시한 메모를 잘 보이도록 책상 모니터에 붙여두고 갔는데 점심시간이 다 되도록 박 대리에게 메일을 받지 못했다.

① 박 대리가 점심 먹으러 나간 사이 다시 메모를 남겨놓는다.

② 바쁜 사람 여러 번 이야기하게 한다고 박 대리를 다그친다.

③ 바쁜 시간을 쪼개어 스스로 영문 운송장을 작성한다.

④ 메모를 못 본 것일 수 있으니 다시 한 번 업무를 지시한다.

16 다음은 상사와 부하 직원 간의 대화이다. 다음 대화 후 김 대리가 가장 먼저 해야 처리해야 하는 것으로 적절한 것은?

> 이 팀장 : 내일 있을 임원회의 준비를 우리 팀에서 맡아 진행하기로 했습니다. 박 대리는 내일 지방 공장에 다녀와야 할 일이 있으니 김 대리가 꼼꼼하게 체크 좀 해줘요.
>
> 김 대리 : 네 팀장님. 구체적으로 무엇을 준비하면 될까요?
>
> 이 팀장 : 일단 이번 회의에서 박 본부장님께서 발표하실 자료를 준비해야하니 비서실에 바로 연락해서 회의 자료 받고 참여하는 임원님들 수에 맞춰서 복사해두도록 하세요. 그리고 회의 때 마실 음료수도 준비해두고. 아, 당일 날 회의실에 프로젝터와 마이크설비가 제대로 작동하는지도 확인해보는 게 좋겠군. 난 오늘 좀 일찍 퇴근해야 하니 오늘 업무보고는 내일 오후에 듣도록 하겠습니다.

① 업무보고서를 쓴다.
② 회의실을 점검한다.
③ 비서실에 연락을 취한다.
④ 서류를 복사한다.

17 A와 B 두 사람이 강남 최고의 레스토랑에 가서 한 사람당 20만 원 하는 최고급 바닷가재 요리를 주문하였다. 그런데 절반쯤 먹고 나자 느끼하고 배가 너무 불렀다. B는 이미 돈을 다 지불하였으니 다 먹자고 한다. 다음의 글을 읽고 온 A가 선택할 행동으로 가장 적절한 것은?

만약 영화관에서 영화가 재미없다면 중간에 나오는 것이 경제적일까, 아니면 끝까지 보는 것이 경제적일까? 아마 지불한 영화 관람료가 아깝다고 생각한 사람은 영화가 재미없어도 끝까지 보고 나올 것이다. 과연 그러한 행동이 합리적일까? 영화관에 남아서 영화를 계속 보는 것은 영화관에 남아 있으면서 기회비용을 포기하는 것이다. 이 기회비용은 영화관에서 나온다면 할 수 있는 일들의 가치와 동일하다. 영화관에서 나온다면 할 수 있는 유용하고 즐거운 일들은 얼마든지 있으므로, 영화를 계속 보면서 치르는 기회비용은 매우 크다고 할 수 있다. 결국 영화관에 남아서 재미없는 영화를 계속 보는 행위는 더 큰 기회와 잠재적인 이익을 포기하는 것이므로 합리적인 경제 행위라고 할 수 없다.

경제 행위의 의사 결정에서 중요한 것은 과거의 매몰비용이 아니라 현재와 미래의 선택기회를 반영하는 기회비용이다. 매몰비용이 발생하지 않도록 신중해야 한다는 교훈은 의미가 있지만 이미 발생한 매몰비용, 곧 돌이킬 수 없는 과거의 일에 얽매이는 것은 어리석은 짓이다. 과거는 과거일 뿐이다. 지금 얼마를 손해 보았는지가 중요한 것이 아니라, 지금 또는 앞으로 얼마나 이익을 또는 손해를 보게 될지가 중요한 것이다. 매몰비용은 과감하게 잊어버리고, 현재와 미래를 위한 삶을 살 필요가 있다. 경제적인 삶이란, 실패한 과거에 연연하지 않고 현재를 합리적으로 사는 것이기 때문이다.

---

① 손해를 막기 위하여 억지로라도 다 먹어야 한다.
② 기회비용 차원에서 돈을 지불했으므로 포장을 해서 집에 가져가도록 한다.
③ 이미 계산이 끝난 것이므로 그냥 나오도록 한다.
④ 소화제를 복용하면 되므로 억지로라도 다 먹는 것이 경제적으로 유리하다.

18 다음은 국민건강보험공단 임직원 윤리 및 행동강령의 일부이다. 이를 바르게 이해한 것은?

국민건강보험공단 임직원 윤리 및 행동강령 (일부개정 2022.2.25. 규정 제117-18호)

　제1장 총칙

제1조(목적) 이 규정은 국민건강보험공단 임직원이 지켜야 할 윤리 기준 및 「부패방지 및 국민권익위
　　　　원회의 설치와 운영에 관한 법률」 제8조에 따라 공직자인 국민건 강보험공단임직원이준수해야할
　　　　행동강령을정함으로써부패방지및깨끗한공직 풍토를 조성함을 목적으로 한다.

제2조(적용범위) 이 규정은 국민건강보험공단(이하 "공단"이라 한다)의 모든 임직원 (「정관」 제62조
　　　　및 제70조에 따라 공단이 설치 · 운영하는 의료시설및 장기요양기 관에서근무하는직원은제외한
　　　　다. 이하같다)에게 적용 한다.

제3조(청렴서약서의 제출) 공단의 이사장(이하 "이사장"이라 한다)은 부패방지 및 깨끗한 공직풍토 조
　　　　성과 이 규정의 준수를 담보하기 위하여 다음 각 호의 업무를 담당하는 사람으로서 이사장이 정
　　　　하는 임직원("임원"이란 「공공기관의 운영에 관한 법률」 제24조에 따른 상임이사, 감사, 이에 준
　　　　하는 지위에 있는 사람을 말한다. 이 하 같다)으로 하여금 별지 제1호서식의 청렴서약서를 작성
　　　　하여 제16조제1항에 따른 행동강령 책임관에게 제출하게 할 수 있다.

　1. 「국민건강보험법」(이하 "법"이라 한다) 제14조제1항제2호에 따른 보험료 등 징 수업무
　2. 사업장 지도점검(건강보험 적용 사업장에 대한 법 제11조에 따른 확인 및 법 제 94조에 따른 확
　　　인 · 조사를 말한다. 이하같다)업무
　3. 현금급여(법 제49조부터 제51조까지에 따른 보험급여를 말한다. 이하 같다) 지급 업무
　4. 노인장기요양인정관리및 현지조사사업무
　5. 그 밖에부패에취약한업무로서이사장이정하는업무

제4조(윤리헌장) 이사장은 임직원이 지켜야 할 윤리적 가치판단과 행동기준이 되는 별표1의윤리헌장
　　　　을공단각사무실에게시하여모든임직원이항상실천할수있 도록해야한다.

제5조(윤리위원회) ① 이 규정의 개정 · 폐지 및 해석에 관한 사항, 제3장에 따른 행동강령의 이행에
　　　　필요한 사항 등 이 규정의 운영에 관한 주요 사항을 심의 · 의결하기 위하여 공단에 윤리위원회
　　　　를 둔다.

　② 윤리위원회의 기능, 구성, 운영 등에 필요한 사항은 규칙으로 정한다.

---

① 위의 행동강령은 공단이 운영하는 의료시설 근무 직원을 포함하여 공단의 모든 임직원에게 적용된다.
② 이사장은 윤리헌장을 공단 각 사무실에 게시하여 모든 임직원이 실천할 수 있도록 하여야 한다.
③ 윤리위원회는 위의 행동강령의 운영에 관한 것과 관련된 주요 사항을 법적으로 판단한다.
④ 임직원들은 청렴서약서를 공단의 이사장에게 제출한다.

19 다음은 어느 회사의 고객에게 보내는 신년사의 내용이다. 한자로 바꾸어 쓴 것으로 옳지 않은 것은?

새해 복(福) 많이 받으세요!

안녕하십니까? ㈜서원입니다. 2022년 <u>임인년</u>을 맞아 지면을 통해 인사드립니다.

어려운 경제 여건하에서도 저희 (주)서원을 찾아주셔서 감사드리며, 2022년 한해 또한 (주)서원을 아껴주시고 많은 지도편달을 부탁드립니다.

저희 (주)서원 임직원은 새해에도 고객만족을 실현하기 위하여 <u>최선</u>을 다하도록 <u>노력</u>하겠습니다.

2022년 한해 고객 여러분들이 원하고 계획하시는 일 모두 다 <u>성취</u>하시기를 바랍니다.

감사합니다.

(주)서원 임직원 일동

① 임인년－壬寅年

② 최선－次善

③ 노력－努力

④ 성취－成就

20 다음은 H전자기기매장의 판매원과 고객 간의 대화이다. 빈칸에 들어갈 말로 가장 적절한 것은?

고객 : 이번에 H전자에서 새로 나온 노트북을 좀 보고 싶어서 왔는데요.
판매원 : A기종과 B기종이 있는데, 어떤 모델을 찾으시나요?
고객 : 국내 최경량으로 나온 거라고 하던데, 모델명은 잘 모르겠고요.
판매원 : 아, B기종을 찾으시는군요. 죄송하지만 지금 그 모델은 ＿＿＿(가)＿＿＿.
고객 : 그렇습니까? 그럼 A기종과 B기종의 차이를 좀 설명해주시겠어요?
판매원 : A기종은 B기종보다 조금 무겁긴 하지만 디자인 업무를 하는 사람들을 위한 여러 가지 기능이 더 ＿＿＿(나)＿＿＿.
고객 : 흠, 그럼 B기종은 언제쯤 매장에서 볼 수 있을까요?
판매원 : 어제 요청을 해두었으니 3일정도 후에 매장에 들어올 겁니다. 연락처를 남겨주시면 제품이 들어오는 데로 ＿＿＿(다)＿＿＿.

	(가)	(나)	(다)
①	품절되었습니다	탑재되셨습니다	연락주시겠습니다
②	품절되었습니다	탑재되었습니다	연락드리겠습니다
③	품절되셨습니다	탑재되셨습니다	연락드리겠습니다
④	품절되셨습니다	탑재되었습니다	연락주시겠습니다

21 다음 빈칸에 들어갈 알맞은 수는?

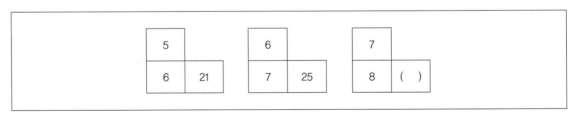

① 27 ② 28
③ 29 ④ 30

22 어떤 일을 A가 혼자하면 6일, B가 혼자하면 12일 걸린다. A와 B가 함께 동시에 일을 시작했지만 A가 중간에 쉬어서 일을 끝마치는데 8일이 걸렸다고 한다. 이 때 A가 쉬었던 기간은?

① 3일
② 4일
③ 5일
④ 6일

23 정육면체의 한 변의 길이가 각각 20%, 50%, 80%씩 짧아진다고 할 때 부피는 몇 % 감소하는가?

① 50
② 72
③ 80
④ 92

24 다이어트 중인 수진이는 품목별 가격과 칼로리, 오늘의 행사 제품 여부에 따라 물건을 구입하려고 한다. 예산이 10,000원이라고 할 때, 칼로리의 합이 가장 높은 조합은?

〈품목별 가격과 칼로리〉

품목	피자	돈가스	도넛	콜라	아이스크림
가격(원/개)	2,500	4,000	1,000	500	2,000
칼로리(kcal/개)	600	650	250	150	350

〈오늘의 행사〉

- 행사 1 : 피자 두 개 한 묶음을 사면 콜라 한 캔이 덤으로!
- 행사 2 : 돈가스 두 개 한 묶음을 사면 돈가스 하나가 덤으로!
- 행사 3 : 아이스크림 두 개 한 묶음을 사면 아이스크림 하나가 덤으로!
※ 단, 행사는 품목당 한 묶음까지만 적용됩니다.

① 피자 2개, 아이스크림 2개, 도넛 1개
② 돈가스 2개, 피자 1개, 콜라 1개
③ 아이스크림 2개, 도넛 6개
④ 돈가스 2개, 도넛 2개

25 다음은 2018년과 2021년 한국, 중국, 일본의 재화 수출액 및 수입액을 예시로 정리한 표와 무역수지와 무역특화지수에 대한 용어정리이다. 이에 대한 〈보기〉의 내용 중 옳은 것만 고른 것은?

(단위 : 억 달러)

연도 \ 재화 \ 국가 \ 수출입액		한국		중국		일본	
		수출액	수입액	수출액	수입액	수출액	수입액
2018년	원자재	578	832	741	1,122	905	1,707
	소비재	117	104	796	138	305	847
	자본재	1,028	668	955	991	3,583	1,243
2021년	원자재	2,015	3,232	5,954	9,172	2,089	4,760
	소비재	138	375	4,083	2,119	521	1,362
	자본재	3,444	1,549	12,054	8,209	4,541	2,209

[용어정리]

- 무역수지＝수출액－수입액
- 무역수지 값이 양(+)이면 흑자, 음(−)이면 적자이다.
- 무역특화지수＝$\dfrac{수출액－수입액}{수출액＋수입액}$
- 무역특화지수의 값이 클수록 수출경쟁력이 높다.

〈보기〉

㉠ 2021년 한국, 중국, 일본 각각에서 원자재 무역수지는 적자이다.
㉡ 2021년 한국의 원자재, 소비재, 자본재 수출액은 2018년에 비해 각각 50% 이상 증가하였다.
㉢ 2021년 자본재 수출경쟁력은 일본이 한국보다 높다.

① ㉠
② ㉡
③ ㉠㉡
④ ㉠㉢

▌26~28▐ 다음은 고령자 고용동향에 관한 예시 표이다. 다음 표를 보고 물음에 답하시오.

(단위 : 천 명, %)

	2017	2018	2019	2020	2021
생산가능인구(15~64세)	35,428	35,652	35,951	36,107	36,377
고령생산가능인구비중	15.1	15.7	16.4	17.1	18.1
고령자경제활동참가율	63.7	64.7	65.7	67.3	68.9
고령자고용률	62.1	63.1	64.3	65.6	66.8
고령자실업률	2.5	2.5	2.1	2.5	3

※ 고령자 대상 : 55세 ~ 64세(OECD기준)

※ 고령생산가능인구비중 = 15세 이상 생산가능인구 중 고령생산가능인구(55세 ~ 64세)가 차지하는 비율

※ 경제활동참가율 = 경제활동인구/생산가능인구

※ 고용률 = 취업자/생산가능인구

※ 실업률 = 실업자/경제활동인구

※ 취업률 = 취업자/경제활동인구

26 다음 중 옳은 것은?

① 2017년과 2018년에 고령자 실업률이 동일하므로 고령자 실업자 수도 동일하다.

② 고령생산가능인구 수는 해마다 증가하고 있다.

③ 표에서 제시하는 고령자 고용동향은 모든 영역에서 해마다 수치가 증가하고 있다.

④ 고령생산가능인구비중은 고령자경제활동인구/고령생산가능인구로 나타낸다.

27 2019년의 고령생산가능인구는 몇 명인가?

① 5,895,664명

② 5,895,764명

③ 5,895,864명

④ 5,895,964명

28 2020년의 고용률이 60.2%라고 할 때, 2020년의 취업자 수는 몇 명인가?

① 21,736,404명   ② 21,736,414명

③ 21,736,424명   ④ 21,736,434명

29 다음 통계표(단위 : %)는 가사분담 실태를 나타낸 것이다. 표에 대한 설명으로 옳은 것은?

구분	부인 주도	부인 전적	부인 주로	공평 분담	남편 주도	남편 주로	남편 전적
15~29세	40.2	12.6	27.6	17.1	1.3	0.9	0.3
30~39세	49.1	11.8	27.3	9.4	1.2	1.1	0.1
40~49세	48.8	15.2	23.5	9.1	1.9	1.6	0.3
50~59세	47.0	17.6	20.4	10.6	2.0	2.2	0.2
60~64세	47.2	18.2	18.3	9.3	3.5	2.3	1.2
65세 이상	47.2	11.2	25.2	9.2	3.6	2.2	1.4

구분	부인 주도	부인 전적	부인 주로	공평 분담	남편 주도	남편 주로	남편 전적
맞벌이	55.9	14.3	21.5	5.2	1.9	1.0	0.2
비맞벌이	59.1	12.2	20.9	4.8	2.1	0.6	0.3

① 맞벌이 부부가 공평하게 가사 분담하는 비율이 부인이 주로 가사 담당하는 비율보다 높다.

② 비맞벌이 부부는 가사를 부인이 주도하는 경우가 가장 높은 비율을 차지하고 있다.

③ 60~64세는 비맞벌이 부부가 대부분이기 때문에 부인이 가사를 주도하는 경우가 많다.

④ 대체로 부인이 가사를 전적으로 담당하는 경우가 가장 높은 비율을 차지하고 있다.

30 다음은 기혼 여성의 출생아 수 현황에 대한 표이다. 이에 대한 분석으로 옳은 것은?

(단위 : %)

구분		출생아 수						계
		0명	1명	2명	3명	4명	5명 이상	
전체		6.4	15.6	43.8	16.2	7.0	11.0	100
지역	농촌	5.0	10.5	30.3	17.9	13.0	23.3	100
	도시	6.8	17.1	47.5	15.7	6.4	6.5	100
연령	20~29세	36.3	40.6	20.9	1.7	0.5	0.0	100
	30~39세	7.8	23.8	58.6	9.1	0.6	0.1	100
	40~49세	3.2	15.6	65.4	13.6	1.8	0.4	100
	50세 이상	4.0	6.1	11.2	19.9	21.4	37.4	100

① 농촌 지역의 출생아 수가 도시 지역보다 많다.

② 50세 이상에서는 대부분 5명 이상을 출산하였다.

③ 자녀를 출산하지 않은 여성의 수는 30대가 40대보다 많다.

④ 3명 이상을 출산한 여성이 1명 이하를 출산한 여성보다 많다.

31 다음 표는 2009년부터 2021년 사이의 연도별 생활보호 및 국민 기초생활 보장 대상자에 대한 분석을 예시한 것이다. 표에 대한 분석으로 옳은 것끼리 묶인 것은?

연도	전체 대상자(A)	65세 이상 대상자(B)	B/A(%)	A/전체인구	B/65세 이상 인구
2009	2,119,000	306,000	14.5	4.9	15.1
2010	2,472,000	328,000	13.3	5.7	14.8
2011	2,053,000	323,000	15.7	4.7	14.1
2012	1,784,000	317,000	17.8	4.0	13.4
2013	1,481,000	278,000	18.8	3.3	11.8
2014	1,499,000	250,000	16.7	3.3	9.8
2015	1,506,000	256,000	19.3	3.3	9.2
2016	1,414,000	251,000	18.8	3.1	9.6
2017	1,175,000	262,000	22.3	2.5	8.6
2018	1,745,000	435,000	24.9	3.7	13.6
2019	1,300,000	249,000	19.1	2.7	7.4
2020	1,653,000	275,000	16.7	3.5	7.8
2021	1,550,000	308,000	19.9	3.3	8.2

ⓐ 해당 기간 중에서 생활보호 및 국민 기초생활 보장 대상자 1인당 국민수는 대체로 증가하고 있다.
ⓑ 65세 이상 대상자 1인당 전체 대상자수는 2010년이 가장 적다.
ⓒ 65세 이상 인구는 2016년보다 2015년이 더 많았다.
ⓓ 전체 대상자수와 65세 이상 대상자수는 매년 같은 방향으로 증감을 보이고 있다.

① ⓐⓓ
② ⓐⓒ
③ ⓒⓓ
④ ⓑⓒ

32 다음은 직장가입자 보수월액보험료에 대한 설명이다. 미림이의 보수월액이 300만 원 이라고 할 때, 다음 중 옳지 않은 것은?(단, 보험료 산정 시점은 2021년 9월이다)

직장가입자 보수월액보험료

㉠ 보험료 산정방법
- 건강보험료 = 보수월액 × 건강보험료율
  ※ 보수월액은 동일사업장에서 당해연도에 지급받은 보수총액을 근무월수로 나눈 금액을 의미
- 장기요양보험료 = 건강보험료 × 장기요양보험료율

㉡ 연도별 보험료율

적용기간	건강보험료율	장기요양보험료율
2019.1 ~ 2019.12	6.46%	8.51%
2020.1 ~ 2020.12	6.67%	10.25%
2021.1 ~ 2021.12	6.86%	11.52%
2022.1 ~	6.99%	12.27%

㉢ 보험료 부담비율

구분	계	가입자부담	사용자부담	국가부담
근로자	6.99%	3.495%	3.495%	–
공무원	6.99%	3.495%	–	3.495%
사립학교교원	6.99%	3.495%	2.097%(30)	1.398%(20)

㉣ 건강보험료 경감 종류 및 경감률
- 국외근무자 경감 : 가입자 보험료의 50%(국내에 피부양자가 있는 경우)
- 섬·벽지 경감 : 가입자 보험료액의 50%
- 군인 경감 : 가입자 보험료액의 20%
- 휴직자 경감 : 가입자 보험료액의 50% (육아휴직자는 보수월액보험료의 하한까지 경감)
- 임의계속가입자 경감 : 가입자 보험료액의 50%
- 종류가 중복될 경우 최대 경감률은 50%임(육아휴직자는 예외)

㉤ 건강보험료 면제 사유
- 3개월 이상 국외체류자로서 국내에 피부양자가 없는 경우 보험료 면제(다만, 국외업무종사로 국외체류 시 해당 사실을 공단에 증빙한 경우 1개월 이상임)
  ※ 국외업무종사 1개월 이상 체류에 대한 면제는 2021.10.14. 입국부터 적용
- 현역병 등으로 군 복무, 교도소 기타 이에 준하는 시설에 수용

㉥ 장기요양보험료 경감 사유 및 경감률
- 등록장애인(장애의 정도가 심한) 및 희귀난치성질환자(6종) : 30%

① 미림이의 장기요양보험료는 약 23,708원이다.
② 미림이가 일반 근로자라면 사용자 부담 건강보험료 금액은 104,850원이다.
③ 미림이가 희귀난치성질환자라면 건강보험료는 약 16,595원이다.
④ 미림이가 군인이라면 건강보험료는 약 164,640원이다.

| 33~34 | 다음은 60대 인구의 여가활동 목적추이를 나타낸 표(단위 : %)이고, 그래프는 60대 인구의 여가활동 특성(단위 : %)에 관한 예시이다. 자료를 보고 물음에 답하시오.

여가활동 목적	2019	2020	2021
개인의 즐거움	21	22	19
건강	26	31	31
스트레스 해소	11	7	8
마음의 안정과 휴식	15	15	13
시간 때우기	6	6	7
자기발전 자기계발	6	4	4
대인관계 교제	14	12	12
자아실현 자아만족	2	2	4
가족친목	0	0	1
정보습득	0	0	0

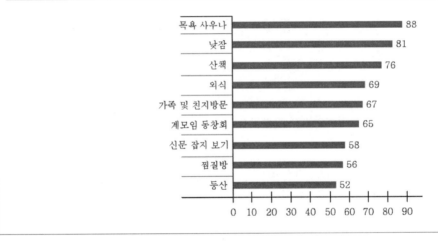

33 위의 자료에 대한 설명으로 올바른 것은?

① 60대 인구 대부분은 스트레스 해소를 위해 목욕·사우나를 한다.

② 60대 인구가 가족 친목을 위해 여가시간을 보내는 비중은 정보습득을 위해 여가시간을 보내는 비중만큼이나 작다.

③ 60대 인구가 여가활동을 건강을 위해 보내는 추이가 점차 감소하고 있다.

④ 여가활동을 낮잠으로 보내는 비율이 60대 인구의 여가활동 가운데 가장 높다.

34 60대 인구가 25만 명이라면 여가활동으로 등산을 하는 인구는 몇 명인가?

① 13만 명

② 15만 명

③ 16만 명

④ 17만 명

▌35~37 ▌ 〈표 1〉은 대학재학 이상 학력자의 3개월간 일반도서 구입량에 대한 예시 표이고 〈표 2〉는 20대 이하 인구의 3개월간 일반도서 구입량에 대한 표이다. 물음에 답하시오.

〈표 1〉 대학재학 이상 학력자의 3개월간 일반도서 구입량

	2018년	2019년	2020년	2021년
사례 수	255	255	244	244
없음	41%	48%	44%	45%
1권	16%	10%	17%	18%
2권	12%	14%	13%	16%
3권	10%	6%	10%	8%
4~6권	13%	13%	13%	8%
7권 이상	8%	8%	3%	5%

〈표 2〉 20대 이하 인구의 3개월간 일반도서 구입량

	2018년	2019년	2020년	2021년
사례 수	491	545	494	481
없음	31%	43%	39%	46%
1권	15%	10%	19%	16%
2권	13%	16%	15%	17%
3권	14%	10%	10%	7%
4~6권	17%	12%	13%	9%
7권 이상	10%	8%	4%	5%

35 2019년 20대 이하 인구의 3개월간 일반도서 구입량이 1권 이하인 사례는 몇 건인가? (소수 첫째 자리에서 반올림할 것)

① 268건

② 278건

③ 289건

④ 정답 없음

36 2020년 대학재학 이상 학력자의 3개월간 일반도서 구입량이 7권 이상인 경우의 사례는 몇 건인가?
(소수 둘째자리에서 반올림할 것)

① 7.3건

② 7.4건

③ 7.5건

④ 7.6건

37 위 표에 대한 설명으로 옳지 않은 것은?

① 20대 이하 인구가 3개월간 1권 이상 구입한 일반도서량은 해마다 증가하고 있다.

② 20대 이하 인구가 3개월간 일반도서를 7권 이상 읽은 비중이 가장 낮다.

③ 대학재학 이상 학력자가 1권 이상 2권 이하로 일반도서를 구입하는 양은 일정한 경향성이 없다.

④ 대학재학 이상 학력자가 3개월간 일반도서 1권 구입하는 것보다 한 번도 구입한 적이 없는 경우가 더 많다.

【38~39】 다음 표는 가구 월평균 교통비 지출액 및 지출율에 관한 예시 표이다. 다음 표를 보고 물음에 답하시오.

(단위 : 1,000원, %)

구분		2016	2017	2018	2019	2020	2021
월평균 교통비 (1,000원)	전체	271	295	302	308	334	322
	개인교통비	215	238	242	247	271	258
	대중교통비	56	57	60	61	63	63
교통비 지출율 (%)	전체	11.9	12.3	12.3	12.4	13.1	12.5
	개인교통비	9.4	9.9	9.8	10	10.6	10.1
	대중교통비	2.4	2.4	2.4	2.4	2.5	2.5

* 교통비 지출율 : 가구 월평균 소비지출 중 교통비가 차지하는 비율
* 개인교통비 : 자동차 구입비, 기타 운송기구(오토바이, 자전거 등) 구입비, 운송기구 유지 및 수리비(부품 및 관련용품, 유지 및 수리비), 운송기구 연료비, 기타 개인교통서비스(운전교습비, 주차료, 통행료, 기타 개인교통) 등 포함
* 대중교통비 : 철도운송비, 육상운송비, 기타운송비(항공, 교통카드 이용, 기타 여객운송) 등 포함

38 위의 표에 대한 설명으로 옳은 것은?

① 2016년 월평균 교통비에서 개인교통비는 80% 이상을 차지한다.
② 2017년 월평균 교통비에서 대중교통비는 20% 이상을 차지한다.
③ 2018년 월평균 교통비에서 개인교통비는 80% 이상을 차지한다.
④ 전체교통비는 해마다 증가한다.

39 2021년의 가구 월평균 소비지출은 얼마인가?

① 2,573,000
② 2,574,000
③ 2,575,000
④ 2,576,000

40 다음 조사 결과를 바르게 분석한 것은?

① 질문 : 부모의 노후 생계를 누가 책임져야 한다고 생각하십니까?
② 조사대상 : 15세 이상 인구 중 남녀 각각 3만 5천 명
③ 조사결과

(단위 : %)

연도 / 응답 내용 / 조사 대상	2017년				2021년			
	가족	부모 스스로	가족과 정부 공동	기타	가족	부모 스스로	가족과 정부공동	기타
성별 남자	72.6	9.2	16.8	1.4	65.6	7.1	25.2	2.1
성별 여자	68.9	10.0	19.5	1.6	61.3	8.4	27.6	2.7
소속 가구별 1세대 가구	70.0	13.7	14.9	1.4	65.3	11.4	20.7	2.6
소속 가구별 2세대 가구	70.1	8.8	19.6	1.5	62.6	6.7	28.5	2.2
소속 가구별 3세대 이상 가구	75.0	7.5	15.9	1.6	64.4	6.4	26.5	2.7

① 남자보다 여자가 부모의 노후를 책임지려는 의식이 강하다.
② 노후를 가족이 책임져야 한다고 보는 경향이 확산되고 있다.
③ 노후를 부모 스스로 해결해야 한다는 응답률의 감소폭은 남자가 여자보다 크다.
④ 노후를 부모 스스로 해결해야 한다고 보는 응답자의 비율은 핵가족일수록 낮다.

▌41~42 ▐ 다음 상황과 자료를 보고 물음에 답하시오.

도서출판 서원각에 근무하는 K씨는 고객으로부터 9급 건축직 공무원 추천도서를 요청받았다. K씨는 도서를 추천하기 위해 다음과 같은 9급 건축직 발행도서의 종류와 특성을 참고하였다.

K씨 : 감사합니다. 도서출판 서원각입니다.

고객 : 9급 공무원 건축직 관련 도서 추천을 좀 받고 싶습니다.

K씨 : 네, 어떤 종류의 도서를 원하십니까?

고객 : 저는 기본적으로 이론은 대학에서 전공을 했습니다. 그래서 많은 예상문제를 풀 수 있는 것이 좋습니다.

K씨 : 아. 문제가 많은 것이라면 딱 잘라서 말씀드리기가 어렵습니다.

고객 : 알아요. 그래도 적당히 가격도 그리 높지 않고 예상문제가 많이 들어 있는 것이면 됩니다.

K씨 : 네. 알겠습니다. 많은 예상문제풀이가 가능한 것 외에는 다른 필요한 사항은 없으십니까?

고객 : 가급적이면 20,000원 이하가 좋을 듯 합니다.

도서명	예상문제 문항 수	기출문제 수	이론 유무	가격
실력평가 모의고사	400	120	무	18,000
전공문제집	500	160	유	25,000
문제완성	600	40	무	20,000
합격선언	300	200	유	24,000

41 다음 중 K씨가 고객의 요구에 맞는 도서를 추천해 주기 위해 가장 우선적으로 고려해야 하는 특성은 무엇인가?

① 기출문제 수 ② 이론 유무

③ 가격 ④ 예상문제 문항 수

42 고객의 요구를 종합적으로 반영하였을 때 많은 문제와 가격을 맞춘 가장 적당한 도서는?

① 실력평가모의고사 ② 전공문제집

③ 문제완성 ④ 합격선언

43 다음은 주식회사 서원각의 팀별 성과급 지급 기준이다. Y팀의 성과평가결과가 다음과 같다면 지급되는 성과급의 1년 총액은?

〈성과급 지급 방법〉

(가) 성과급 지급은 성과평가 결과와 연계함.

(나) 성과평가는 유용성, 안전성, 서비스 만족도의 총합으로 평가함. 단, 유용성, 안전성, 서비스 만족도의 가중치를 각각 0.4, 0.4, 0.2로 부여함.

(다) 성과평가 결과를 활용한 성과급 지급 기준

구분	1/4 분기	2/4 분기	3/4 분기	4/4 분기
유용성	8	8	10	8
안전성	8	6	8	8
서비스 만족도	6	8	10	8

성과평가 점수	성과평가 등급	분기별 성과급 지급액	비고
9.0 이상	A	100만 원	
8.0 이상 9.0 미만	B	90만 원 (10만 원 차감)	성과평가 등급이 A이면 직전분기 차감액의 50%를 가산하여 지급
7.0 이상 8.0 미만	C	80만 원 (20만 원 차감)	
7.0 미만	D	40만 원 (60만 원 차감)	

① 350만 원

② 360만 원

③ 370만 원

④ 380만 원

44 다음은 이○○씨가 A지점에서 B지점을 거쳐 C지점으로 출근을 할 때 각 경로의 거리와 주행속도를 나타낸 것이다. 이○○씨가 오전 8시 정각에 A지점을 출발해서 B지점을 거쳐 C지점으로 갈 때, 이에 대한 설명 중 옳은 것을 고르면?

구간	경로	주행속도(km/h)		거리(km)
		출근 시간대	기타 시간대	
A → B	경로 1	30	45	30
	경로 2	60	90	
B → C	경로 3	40	60	40
	경로 4	80	120	

※ 출근 시간대는 오전 8시부터 오전 9시까지이며, 그 이외의 시간은 기타 시간대임.

① C지점에 가장 빨리 도착하는 시각은 오전 9시 10분이다.

② C지점에 가장 늦게 도착하는 시각은 오전 9시 20분이다.

③ B지점에 가장 빨리 도착하는 시각은 오전 8시 40분이다.

④ 경로 2와 경로 3을 이용하는 경우와, 경로 1과 경로 4를 이용하는 경우 C지점에 도착하는 시각은 동일하다.

45 다음에 제시된 상황을 보고 온라인게시판에 올라와 있는 한 고객의 상담요청을 받은 K가 요청된 내용에 따라 계산한 보증료로 적합한 것은?

보증회사의 회계팀 사원인 K는 신용보증과 관련된 온라인 고객 상담 게시판을 담당하며 고객들의 문의사항을 해결하는 업무를 하고 있다.

◀보증심사등급기준표▶

CCRS기반	SBSS기반	보증료율
K5		1.1%
K6	SB1	1.2%
K7		1.3%
K8	SB2	1.4%
K9	SB3	1.5%

◀보증료율 운용체계▶

① 보증심사등급별 보증료율	• CCRS 적용기업(K5~K9) • SBSS 적용기업(SB1~SB3)	
② 가산요율	보증비율 미충족	0.2%p
	일부해지기준 미충족	0.4%p
	장기분할해지보증 해지 미이행	0.5%p
	기타	0.1%p~0.6%p
③ 차감요율	0.3%p	장애인 기업, 창업초기기업
	0.2%p	녹색성장산업영위기업, 혁신역량 전파기업, 고용창출기업, 물가안정 모범업소
	0.1%p	혁신형 중소기업, 여성기업, 회계투명성 제고기업
	기타	경쟁력 향상, 창업지원 프로그램 대상 협약보증
④ 조정요율	차감	최대 0.3%p

• 가산요율과 차감요율은 중복적용이 가능하며, 조정요율은 상한선 및 하한선을 넘는 경우에 대해 적용
• 최종 적용 보증료율 = ① + ② − ③ ± ④ = 0.5%(하한선)~ 2.0%(상한선) (단, 대기업의 상한선은 2.3%로 함)
    ※ 보증료 계산 : 보증금액×최종 적용 보증료율×보증기간/365

```
┌─────────────────────────────────────────────────────────────────┐
│                        고객 상담 게시판                           │
│    상담요청 : 보증료 관련 문의                                    │
│                                                                   │
│  안녕하세요.                                                      │
│  저는 조그마한 회사를 운영하고 있는 자영업자입니다.              │
│  보증료 계산하는 것에 어려움이 있어 이렇게 질문을 남깁니다.      │
│  현재 저희 회사의 보증심사등급은 CCRS 기준 K6입니다.            │
│  그리고 보증비율은 미충족상태이며, 작년에 물가안정 모범업소로 지정되었습니다. │
│  대기업은 아니고 다른 특이사항은 없습니다.                       │
│  보증금액은 150억이고 보증기간은 73일로 요청 드립니다.          │
└─────────────────────────────────────────────────────────────────┘
```

① 2,400만 원

② 2,700만 원

③ 3,200만 원

④ 3,600만 원

┃46~48┃ 다음은 금융 관련 긴급상황 발생시 행동요령에 대한 내용이다. 이를 읽고 물음에 답하시오.

금융 관련 긴급상황 발생 행동요령

1. 신용카드 및 체크카드의 분실한 경우

   카드를 분실했을 경우 카드회사 고객센터에 분실신고를 하여야 한다.

   분실신고 접수일로부터 60일 전과 신고 이후에 발생한 부정 사용액에 대해서는 납부의무가 없다. 카드에 서명을 하지 않은 경우, 비밀번호를 남에게 알려준 경우, 카드를 남에게 빌려준 경우 등 카드 주인의 특별한 잘못이 있는 경우에는 보상을 하지 않는다.

   비밀번호가 필요한 거래(현금인출, 카드론, 전자상거래)의 경우 분실신고 전 발생한 제2자의 부정사용액에 대해서는 카드사가 책임을 지지 않는다. 그러나 저항할 수 없는 폭력이나 생명의 위협으로 비밀번호를 누설한 경우 등 카드회원의 과실이 없는 경우는 제외한다.

2. 다른 사람의 계좌에 잘못 송금한 경우

   본인의 거래은행에 잘못 송금한 사실을 먼저 알린다. 전화로 잘못 송금한 사실을 말하고 거래은행 영업점을 방문해 착오입금반환의뢰서를 작성하면 된다.

   수취인과 연락이 되지 않거나 돈을 되돌려 주길 거부하는 경우에는 부당이득반환소송 등 법적 조치를 취하면 된다.

3. 대출사기를 당한 경우

   대출사기를 당했거나 대출수수료를 요구할 땐 경찰서, 금융감독원에 전화로 신고를 하여야 한다. 아니면 금융감독원 홈페이지 참여마당 → 금융범죄/비리/기타신고 → 불법 사금융 개인정보 불법유통 및 불법 대출 중개수수료 피해신고 코너를 통해 신고하면 된다.

4. 신분증을 잃어버린 경우

   가까운 은행 영업점을 방문하여 개인정보 노출자 사고 예방 시스템에 등록을 한다. 신청인의 개인정보를 금융회사에 전파하여 신청인의 명의로 금융거래를 하면 금융회사가 본인확인을 거쳐 2차 피해를 예방한다.

---

46 만약 당신이 신용카드를 분실했을 경우 가장 먼저 취해야 할 행동으로 적절한 것은?

① 경찰서에 전화로 분실신고를 한다.

② 해당 카드회사에 전화로 분실신고를 한다.

③ 금융감독원에 분실신고를 한다.

④ 카드사에 전화를 걸어 카드를 해지한다.

47 매사 모든 일에 철두철미하기로 유명한 당신이 보이스피싱에 걸려 대출사기를 당했다고 느껴질 경우 당신이 취할 수 있는 가장 적절한 행동은?

① 가까운 은행을 방문하여 개인정보 노출자 사고 예방 시스템에 등록을 한다.
② 해당 거래 은행에 송금 사실을 전화로 알린다.
③ 경찰서나 금융감독원에 전화로 신고를 한다.
④ 법원에 부당이득반환소송을 청구한다.

48 실수로 다른 사람의 계좌에 잘못 송금을 할 경우 가장 적절한 대처방법은?

① 거래 은행에 잘못 송금한 사실을 알린다.
② 금융감독원에 전화로 신고를 한다.
③ 잘못 송금한 은행에 송금사실을 전화로 알린다.
④ 부당이득반환청구소송을 준비한다.

49 다음 표는 우리나라 산업 분야별 시장 변화를 나타낸 것이다. (개)~(대)의 대책으로 적절한 것만을 모두 고른 것은?

	시장 변화	대책
신발	건강 및 인체에 적합한 제품의 수요 증대	(가)
섬유	소비자의 소득 증대에 따른 다양한 기호 변화	(나)
식품	1인 가구 증가에 따른 식품 소비 유형 변화	(다)

ㄱ (가)는 첨단 소재를 활용한 고기능성 제품을 개발한다.
ㄴ (나)는 한 가지 제품을 대량 생산할 수 있도록 역량을 집중한다.
ㄷ (다)는 고객 소비 패턴에 맞도록 소포장 제품을 개발한다.

① ㄱ
② ㄴ
③ ㄱㄷ
④ ㄴㄷ

50 다음과 같은 구조를 가진 어느 호텔에 A~H 8명이 투숙하고 있고, 알 수 있는 정보가 다음과 같다. B의 방이 204호일 때, D의 방은? (단, 한 방에는 한 명씩 투숙한다)

a라인	201	202	203	204	205
복도					
b라인	210	209	208	207	206

- 비어있는 방은 한 라인에 한 개씩 있고, A, B, F, H는 a라인에, C, D, E, G는 b라인에 투숙하고 있다.
- A와 C의 방은 복도를 사이에 두고 마주보고 있다.
- F의 방은 203호이고, 맞은 편 방은 비어있다.
- C의 오른쪽 옆방은 비어있고 그 옆방에는 E가 투숙하고 있다.
- B의 옆방은 비어있다.
- H와 D는 누구보다 멀리 떨어진 방에 투숙하고 있다.

① 202호
② 205호
③ 206호
④ 207호

51 지하철 10호선은 총 6개의 주요 정거장을 경유한다. 주어진 조건이 다음과 같을 경우, C가 4번째 정거장일 때, E 바로 전의 정거장이 될 수 있는 것은?

- 지하철 10호선은 순환한다.
- 주요 정거장을 각각 A, B, C, D, E, F라고 한다.
- E는 3번째 정거장이다.
- B는 6번째 정거장이다.
- D는 F의 바로 전 정거장이다.
- C는 A의 바로 전 정거장이다.

① F
② E
③ D
④ A

52 다음은 주식회사 서원각의 경영 개선 방안을 모색하기 위한 회의 내용이다. 이 회의 결과에 따라 강화해야 할 경영 부문 활동으로 가장 적절한 것은?

간부 A : 매출 부진을 해결하기 위한 방안은 어떤 것이 있을까요?
사원 B : 판매를 촉진하는 새로운 방법을 강구해야 합니다.
사원 C : 유통 경로를 변경하여 소비자에게 상품이 노출되는 빈도를 높여야 합니다.
간부 A : 그럼, 판매 촉진 방법을 강구하고 유통 경로 변경을 추진해 보세요.

① 생산 관리 활동
② 회계 관리 활동
③ 재무 관리 활동
④ 마케팅 관리 활동

53 G 음료회사는 신제품 출시를 위해 시제품 3개를 만들어 전직원을 대상으로 블라인드 테스트를 진행한 후 기획팀에서 회의를 하기로 했다. 독창성, 대중성, 개인선호도 세 가지 영역에 총 15점 만점으로 진행된 테스트 결과가 다음과 같을 때, 기획팀 직원들의 발언으로 옳지 않은 것은?

	독창성	대중성	개인선호도	총점
시제품 A	5	2	3	10
시제품 B	4	4	4	12
시제품 C	2	5	5	12

① 우리 회사의 핵심가치 중 하나가 창의성 아닙니까? 저는 독창성 점수가 높은 A를 출시해야 한다고 생각합니다.
② 독창성이 높아질수록 총점이 낮아지는 것을 보지 못하십니까? 저는 그 의견에 반대합니다.
③ 무엇보다 현 시점에서 회사의 재정상황을 타계하기 위해서는 대중성을 고려하여 높은 이율이 날 것으로 보이는 C를 출시해야 하지 않겠습니까?
④ 그럼 독창성과 대중성, 개인선호도를 모두 고려하여 B를 출시하는 것이 어떻겠습니까.

54 환율 변동 예상 추이를 고려한 A 사장의 지시에 따라 업무 담당 임원이 추진해야 할 내용으로 적절한 것은? (단, 환율 변동만을 고려한다.)

A 사장은 자사 경제 연구소의 환율 변동 예상 추이를 보고 받고 이와 같은 환율 변동이 지속될 것으로 판단하여 현재 진행 중인 해외 사업에 대해 적절한 대응책을 마련하여 추진할 것을 지시하였다.

구분	현 시점	11월	12월
원 / 미국달러	1,100	1,200	1,250
원 / 100엔	1,200	1,150	1,100

① 일본에서 차입한 외채를 앞당겨 상환한다.
② 미국에 수출한 상품 대금 환전을 앞당긴다.
③ 계획 예정 중인 미국 연수는 일정을 늦춘다.
④ 투자가 예정된 미국 현지 공장의 구입 시기를 앞당긴다.

55 다음 주어진 조건을 모두 고려했을 때 옳은 것은?

〈조건〉
• A, B, C, D, E의 월급은 각각 10만 원, 20만 원, 30만 원, 40만 원, 50만 원 중 하나이다.
• A의 월급은 C의 월급보다 많고, E의 월급보다는 적다.
• D의 월급은 B의 월급보다 많고, A의 월급도 B의 월급보다 많다.
• C의 월급은 B의 월급보다 많고, D의 월급보다는 적다.
• D는 가장 많은 월급을 받지는 않는다.

① 월급이 세 번째로 많은 사람은 A이다.
② E와 C의 월급은 20만 원 차이가 난다.
③ B와 E의 월급의 합은 A와 C의 월급의 합보다 많다.
④ 월급이 제일 많은 사람은 E이다.

56 다음에 제시된 사실이 모두 참일 때 이를 통해 얻은 결론의 참, 거짓, 알 수 없음을 판단하면?

> [사실]
> • 모든 변호사는 논리적이다.
> • 어떤 작가도 논리적이지 않다.
> [결론]
> A : 모든 변호사는 작가가 아니다.
> B : 모든 작가는 변호사이다.

① A만 옳다.　　　　　　　　　　　② B만 옳다.

③ A와 B 모두 옳다.　　　　　　　　④ A와 B 모두 그르다.

⑤ A와 B 모두 옳은지 그른지 알 수 없다.

57 영식이는 자신의 업무에 필요하다고 생각하여 국제인재개발원에서 수강할 과목을 선택하려고 한다. 영식이가 선택할 과목에 대해 주변의 지인 A～E가 다음과 같이 진술하였는데 이 중 한 사람의 진술은 거짓이고 나머지 사람들의 진술은 모두 참인 것으로 밝혀졌다. 영식이가 반드시 수강할 과목만으로 바르게 짝지어진 것은?

> A : 영어를 수강할 경우 중국어도 수강한다.
> B : 영어를 수강하지 않을 경우, 일본어도 수강하지 않는다.
> C : 영어와 중국어 중 적어도 하나를 수강한다.
> D : 일본어를 수강할 경우에만 중국어를 수강한다.
> E : 일본어를 수강하지만 영어는 수강하지 않는다.

① 일본어　　　　　　　　　　　　② 영어

③ 일본어, 중국어　　　　　　　　④ 일본어, 영어

58 A, B, C, D는 영업, 사무, 전산, 관리의 일을 각각 맡아서 하기로 하였다. A는 영업과 사무 분야의 업무를 싫어하고, B는 관리 업무를 싫어하며, C는 영업 분야 일을 하고 싶어하고, D는 전산 분야 일을 하고 싶어한다. 인사부에서 각자의 선호에 따라 일을 시킬 때 옳게 짝지은 것은?

① A - 관리　　　　　　　　　　　② B - 영업

③ C - 전산　　　　　　　　　　　④ D - 사무

59 인구보건복지협회에 입사한 Y씨는 상사의 지시로 '우리나라의 영유아 보육 문제'에 관한 보고서를 쓰기 위해 다음과 같이 예시 자료를 수집하였다. 이를 토대로 이끌어 낸 내용으로 적절하지 않은 것은?

(가) 통계 자료

1. 전체 영유아 보육 시설 현황

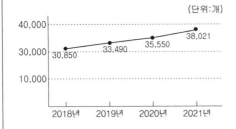

(단위:개)

2. 설립 주체별 영유아 보육 시설 비율

(단위:%)

	민간시설	국공립 시설	사회복지 법인시설
2018년	89.6	5.7	4.7
2019년	90.2	5.4	4.4
2020년	90.5	5.4	4.1
2021년	90.8	5.3	3.9

(나) 신문 기사

　2021년 말 기준 전국 영유아 보육 시설 정원에 30만 6,898명의 여유가 있다. 그런데 많은 지역에서 부모들이 아이를 맡길 보육 시설을 찾지 못해 어려움을 겪고 있다. 지역에 따라 보육 시설이 편중되어 있으며, 특히 부모들이 선호하는 국공립이나 사회복지법인 보육 시설이 턱없이 부족하기 때문이다. 이로 인해 부모들은 비싼 민간 보육 시설에 아이들을 맡길 수밖에 없어 보육비 부담이 가중되고 있다.

－○○일보－

(다) 인터뷰 내용

• "일본은 정부나 지방자치단체의 지원과 감독을 받는 국공립 및 사회복지법인 보육 시설이 대부분입니다. 이런 보육 시설이 우리보다 10배나 많으며 우수한 교육 프로그램을 운영하여 보육에 대한 부모들의 만족도가 높습니다."

－○○대학교 교수 한○○－

• "보육 시설 안전사고가 매년 4,500여 건이나 발생한다고 들었습니다. 우리 아이가 다니는 보육 시설은 안전한지 늘 염려가 됩니다."

－학부모 이○○－

---

① (가) – 1과 (나)를 활용하여, 전체적으로 보육 시설이 증가하고 있음에도 많은 학부모들이 아이를 맡길 보육 시설을 구하는 데 어려움을 겪고 있음을 문제점으로 지적한다.

② (가) – 2와 (다)를 활용하여, 우리나라와 일본의 보육 시설 현황을 대비하여 민간 보육 시설이 대부분인 우리나라의 문제점을 부각한다.

③ (나)와 (다)를 활용하여, 국공립 및 사회복지법인 보육 시설의 교육 프로그램의 질 저하가 보육 시설에 대한 부모들의 불신을 키우는 주요 원인임을 밝힌다.

④ (가) – 1과 (다)를 활용하여, 보육 시설이 지속적으로 증가하고 있는 만큼 보육 시설의 안전사고를 줄이기 위한 관리와 감독을 시급히 강화해야 한다고 제안한다.

60 다음 세 문장 중 첫 번째 문장이 거짓이라고 할 때, 두 번째와 세 번째 문장은 참인가 거짓인가?

> 국회의 어느 공무원도 소설가가 아니다.
> 모든 소설가는 국회 공무원이다.
> 어떠한 소설가도 국회 공무원이 아니다.

① 두 번째 문장 – 거짓, 세 번째 문장 – 알 수 없음
② 두 번째 문장 – 거짓, 세 번째 문장 – 거짓
③ 두 번째 문장 – 알 수 없음, 세 번째 문장 – 거짓
④ 두 번째 문장 – 알 수 없음, 세 번째 문장 – 알 수 없음

61 다음 중 「노인장기요양보험법」의 목적으로 옳은 것은?

① 국민의 질병·부상에 대한 예방·진단·치료·재활과 출산·사망 및 건강증진에 대하여 보험급여를 실시함으로써 국민보건 향상과 사회보장 증진에 이바지함을 목적으로 한다.

② 고령이나 노인성 질병 등의 사유로 일상생활을 혼자서 수행하기 어려운 노인등에게 제공하는 신체활동 또는 가사활동 지원 등의 장기요양급여에 관한 사항을 규정하여 노후의 건강증진 및 생활안정을 도모하고 그 가족의 부담을 덜어줌으로써 국민의 삶의 질을 향상하도록 함을 목적으로 한다.

③ 노인의 질환을 사전예방 또는 조기발견하고 질환상태에 따른 적절한 치료·요양으로 심신의 건강을 유지하고, 노후의 생활안정을 위하여 필요한 조치를 강구함으로써 노인의 보건복지증진에 기여함을 목적으로 한다.

④ 장애인·노인·임산부 등이 일상생활에서 안전하고 편리하게 시설과 설비를 이용하고 정보에 접근할 수 있도록 보장함으로써 이들의 사회활동 참여와 복지 증진에 이바지함을 목적으로 한다.

62 장기요양기관에 소속되어 노인등의 신체활동 또는 가사활동 지원 등의 업무를 수행하는 자를 칭하는 용어는?

① 장기요양사　　　　　　　　　　　② 장기요양인
③ 장기요양자　　　　　　　　　　　④ 장기요양요원

63 국가 및 지방자치단체에서 장기요양급여가 원활하게 제공될 수 있도록 적정한 수의 장기요양기관을 확충하고 장기요양기관의 설립을 지원하고자 할 때 고려해야 하는 사항이 바르게 짝지어진 것은?

① 노인인구, 경제활동인구
② 노인인구, 지역특성
③ 경제활동인구, 지역특성
④ 노인인구, 장기요양기관의 수

64 장기요양기본계획은 몇 년 단위로 수립 · 시행하는가?

① 2년
② 3년
③ 4년
④ 5년

65 보건복지부장관은 장기요양사업의 실태를 파악하기 위한 실태조사를 몇 년마다 실시하여야 하는가?

① 1년
② 2년
③ 3년
④ 4년

66 장기요양보험료의 징수에 대한 설명으로 옳지 않은 것은?

① 공단은 장기요양사업에 사용되는 비용에 충당하기 위하여 장기요양보험료를 징수한다.
② 장기요양보험료는 「국민건강보험법」에 따른 보험료와 통합하여 징수한다.
③ 장기요양보험료는 건강보험료와 통합하여 고지하여야 한다.
④ 공단은 장기요양보험료와 건강보험료를 각각의 독립회계로 관리하여야 한다.

67 장기요양보험료율은 무엇으로 정하는가?

① 법률
② 대통령령
③ 보건복지부령
④ 조례

68 장기요양인정을 신청하는 자가 장기요양인정신청서와 함께 첨부하여 공단에 제출해야 하는 서류는?

① 병원진단서 ② 의사소견서
③ 병원진료확인서 ④ 통원확인서

69 장기요양인정 신청의 조사에 대한 설명으로 옳지 않은 것은?

① 조사를 하는 경우 1명 이상의 소속 직원이 조사할 수 있도록 노력하여야 한다.
② 조사를 하는 자는 조사일시, 장소 및 조사를 담당하는 자의 인적사항 등을 미리 신청인에게 통보하여야 한다.
③ 조사를 의뢰받은 특별자치시·특별자치도·시·군·구는 조사를 완료한 때 조사결과서를 작성하여야 한다.
④ 조사를 의뢰받은 특별자치시·특별자치도·시·군·구는 지체 없이 공단에 조사결과서를 송부하여야 한다.

70 다음은 등급판정 등에 대한 설명이다. 빈칸에 들어갈 내용으로 적절한 것은?

> 등급판정위원회는 신청인이 신청자격요건을 충족하고 (   )개월 이상 동안 혼자서 일상생활을 수행하기 어렵다고 인정하는 경우 심신상태 및 장기요양이 필요한 정도 등 대통령령으로 정하는 등급판정기준에 따라 수급자로 판정한다.

① 1 ② 2
③ 3 ④ 6

71 장기요양인정서에 포함되어야 하는 내용이 아닌 것은?

① 장기요양등급

② 장기요양급여의 종류

③ 장기요양급여의 내용

④ 이용가능한 요양기관 목록

72 장기요양인정의 유효기간은 최소 얼마인가?

① 6개월 이상

② 1년 이상

③ 1년 6개월 이상

④ 2년 이상

73 장기요양급여를 받고자 하는 자 또는 수급자가 신체적·정신적인 사유로 이 법에 따른 장기요양인정의 신청, 장기요양인정의 갱신신청 또는 장기요양등급의 변경신청 등을 직접 수행할 수 없을 때에는 다른 사람이 이를 대리할 수 있다. 다음 중 대리인이 될 수 없는 사람은?

① 장기요양급여를 제공하고자 하는 요양기관의 장

② 장기요양급여를 받고자 하는 자 또는 수급자의 이해관계인

③ 특별자치시장·특별자치도지사·시장·군수·구청장이 지정하는 자

④ 「사회보장급여의 이용·제공 및 수급권자 발굴에 관한 법률」에 따른 사회복지전담공무원

74 재가급여의 종류에 대한 설명이 잘못 연결된 것은?

① 방문요양 : 장기요양요원이 수급자의 가정 등을 방문하여 신체활동 및 가사활동 등을 지원하는 장기요양급여

② 방문간호 : 수급자를 하루 중 일정한 시간 동안 장기요양기관에 보호하여 신체활동 지원 및 심신기능의 유지·향상을 위한 교육·훈련 등을 제공하는 장기요양급여

③ 방문목욕 : 장기요양요원이 목욕설비를 갖춘 장비를 이용하여 수급자의 가정 등을 방문하여 목욕을 제공하는 장기요양급여

④ 단기보호 : 수급자를 보건복지부령으로 정하는 범위 안에서 일정 기간 동안 장기요양기관에 보호하여 신체활동 지원 및 심신기능의 유지·향상을 위한 교육·훈련 등을 제공하는 장기요양급여

75 다음 설명에 해당하는 것은?

> 공단은 수급자가 장기요양기관이 아닌 노인요양시설 등의 기관 또는 시설에서 재가급여 또는 시설급여에 상당한 장기요양급여를 받은 경우 대통령령으로 정하는 기준에 따라 해당 장기요양급여비용의 일부를 해당 수급자에게 지급할 수 있다.

① 가족요양비　　　　　　　　　② 특례요양비
③ 요양병원간병비　　　　　　　④ 장기요양시설비

76 급여외행위로 보기 가장 어려운 것은?

① 수급자와 수급자 가족을 위한 행위
② 수급자의 가족만을 위한 행위
③ 수급자 또는 그 가족의 생업을 지원하는 행위
④ 수급자의 일상생활에 지장이 없는 행위

77 특별자치시장 · 특별자치도지사 · 시장 · 군수 · 구청장이 장기요양기관을 지정하려는 경우에 검토해야 하는 사항이 아닌 것은?

① 장기요양기관을 운영하려는 자의 장기요양급여 제공 이력
② 장기요양기관을 운영하려는 자가 장기요양기관의 운영과 관련된 법에 따라 받은 행정처분의 내용
③ 장기요양기관의 운영 계획
④ 장기요양기관의 지정절차

78 장기요양기관 지정의 유효기간은 지정을 받은 날부터 몇 년인가?

① 3년　　　　　　　　　　　　　② 4년
③ 5년　　　　　　　　　　　　　④ 6년

79 장기요양기관의 장이 폐업하거나 휴업하고자 하는 경우 폐업이나 휴업 예정일 전 며칠까지 신고하여야 하는가?

① 10일　　　　　　　　　　　　② 20일
③ 30일　　　　　　　　　　　　④ 60일

80 다음 중 장기요양기관의 지정을 취소하여야만 하는 경우가 아닌 것은?

① 거짓이나 그 밖의 부정한 방법으로 지정을 받은 경우
② 결격사유 중 어느 하나에 해당하게 된 경우
③ 업무정지기간 중에 장기요양급여를 제공한 경우
④ 본인부담금을 면제하거나 감경하는 행위를 한 경우

80문항/90분 **실력평가 모의고사**

직업기초능력평가

1 다음 글에서 형식이가 의사소통능력을 향상시키기 위해 노력한 것으로 옳지 않은 것은?

> ○○기업에 다니는 형식이는 평소 자기주장이 강하고 남의 말을 잘 듣지 않는다. 오늘도 그는 같은 팀 동료들과 새로운 프로젝트를 위한 회의에서 자신의 의견만을 고집하다가 결국 일부 팀 동료들이 자리를 박차고 나가 마무리를 짓지 못했다. 이로 인해 형식은 팀 내에서 은근히 따돌림을 당했고 자신의 행동에 잘못이 있음을 깨달았다. 그 후 그는 서점에서 다양한 의사소통과 관련된 책을 읽으면서 조금씩 자신의 단점을 고쳐나가기로 했다. 먼저 그는 자신이 너무 자기주장만을 내세운다고 생각하고 이를 절제하기 위해 꼭 하고 싶은 말만 간단명료하게 하기로 마음먹었다. 그리고 말을 할 때에도 상대방의 입장에서 먼저 생각하고 상대방을 배려하는 마음을 가지려고 노력하였다. 또한 남의 말을 잘 듣기 위해 중요한 내용은 메모하는 습관을 들이고 상대방이 말할 때 적절하게 반응을 보였다. 이렇게 6개월을 꾸준히 노력하자 등을 돌렸던 팀 동료들도 그의 노력에 감탄하며 다시 마음을 열기 시작했고 이후 그의 팀은 중요한 프로젝트를 성공적으로 해내 팀원 전원이 한 직급씩 승진을 하게 되었다.

① 메모하기
② 배려하기
③ 시선공유
④ 반응하기

풀이종료시간 : [   ] – [   ]
풀이소요시간 : [   ]분 [   ]초

2 **다음 글에 제시된 의사소통의 방법 중 문서적 의사소통에 해당하지 않는 것은?**

글로벌 무역 회사에서 근무하는 김 씨는 오전부터 밀려드는 업무에 정신이 없다. 오늘 독일의 거래처에서 보내온 수하물 컨테이너 수취확인서를 보내야 하고, 운송장을 작성해야 하는 일이 꼬여 국제전화로 걸려오는 수취확인 문의전화와 다른 거래처의 클레임을 받느라 전화도 불이 난다. 어제 오후 퇴근하기 전 박 대리에게 운송장을 영문으로 작성해 김 씨에게 줄 것을 메모하여 책상 위에 올려놓고 갔는데 박 대리가 못 본 모양이다. 아침에 다시 한 번 이야기했는데 박 대리는 엉뚱한 주문서를 작성해놓고 말았다. 그래서 다시 박 대리에게 클레임 관련 메일을 보내 놓았다. 오후 회의에서 발표할 주간 업무보고서를 작성해야 하는데 시간이 빠듯해서 큰일이다. 하지만 하늘은 스스로 돕는 자를 돕는다는 마음으로 김 씨는 차근차근 업무정리를 시작하였다.

① 수취확인서 발송
② 업무지시 메모
③ 영문 운송장 작성
④ 수취확인 문의전화

3 다음의 글과 〈보기〉를 읽고 보인 반응으로 옳은 것은?

추론은 이미 제시된 명제인 전제를 토대로 다른 새로운 명제인 결론을 도출하는 사고 과정이다. 논리학에서는 어떤 추론의 전제가 참일 때 결론이 거짓일 가능성이 없으면 그 추론은 '타당하다'고 말한다. "서울은 강원도에 있다. 따라서 당신이 서울에 가면 강원도에 간 것이다."(추론1)라는 추론은, 전제가 참이라고 할 때 결론이 거짓이 되는 경우는 전혀 생각할 수 없으므로 타당하다. 반면에 "비가 오면 길이 젖는다. 길이 젖어있다. 따라서 비가 왔다."(추론2)라는 추론은 전제들이 참이라고 해도 결론이 반드시 참이 되지는 않으므로 타당하지 않은 추론이다. (추론1)의 전제는 실제에서는 물론 거짓이다. 그러나 혹시 행정구역이 개편되어 서울이 강원도에 속하게 되었다고 가정하면, (추론1)의 결론은 참일 수밖에 없다. 반면에 (추론2)는 결론이 실제로 참일 수는 있지만 반드시 참이 되는 것은 아니다. 다른 이유로 길이 젖는 경우를 얼마든지 상상할 수 있기 때문이다.

〈보기〉
• 타당하지 않지만 결론이 참일 가능성이 꽤 높은 추론을 '개연성이 높다'고 말한다.
• 추론이 타당하면서 전제가 모두 실제로 참이기까지 하면 그 추론은 '건전하다'고 정의한다.

① 솔지 : (추론1)은 타당하지 않은 추론이야.

② 승리 : (추론2)는 개연성이 낮네.

③ 소정 : (추론1)은 건전하지 않아.

④ 환희 : (추론2)는 건전하다고 할 수 있겠다.

각저총은 중국 길림성 집안현 여산에 있는 고구려시대의 벽화고분으로 1935년에 발견되어 일본인 등에 의해 조사되었다. 분구는 방대형으로 밑 둘레 한 변의 길이가 약 15m이고 묘실은 널길, 장방형의 앞방, 통로, 방형의 널방으로 이루어져 있다. ㉠특히 장군총은 그 규모가 태왕릉·천추총 다음으로 큰 최대형급인데다가 많은 적석무덤 중에서도 잘 다듬은 화강석으로 7층이나 되는 높이로 축조되었고 형체가 가장 잘 남아 있기 때문에 가장 유명하다. 천장 구조는 앞방은 단면 아치형 천장이고 널방은 네 벽 위에 두 단의 평행굄돌을 놓고 다시 그 위에 네 단의 삼각굄돌을 올려놓은 모줄임천장이다. ㉡벽화는 앞방과 널방의 네 벽과 천장에 인물풍속도가 그려져 있는데 배치상태를 보면 앞방과 통로에는 나무와 맹견이 그려져 있고 널방 네 벽 가운데 북벽에는 주인의 실내생활도가, 동벽에는 씨름 그림과 부엌 그림이, 서벽에는 수레와 나무가, 남벽에는 나무가 그려져 있다. 네 벽의 벽화는 무용총의 벽화와 같이 피장자의 생전 생활을 취재한 것이며 필치도 거의 같다. 천장에는 해·달·별이 그려져 있고 불꽃무늬·초롱무늬로 장식되어 있으며 널방 네 벽 모서리에는 목조가옥 구조로 보이게 하기 위해 굽받침이 달린 주두·소루를 가진 나무기둥을 그렸다. 이 벽화고분을 각저총이라고 이름 지은 것은 널방 동벽 중앙으로부터 약간 오른쪽에 그려져 있는 씨름 그림에 의거한 것이다. ㉢이 벽화고분의 추정연대는 앞방이 장방형인 두방무덤이고 인물풍속도를 벽화내용으로 하고 있으며 감실이나 또는 곁간이 있는 벽화고분의 변형구조를 띠고 있는 것으로 보아 고구려시대 중에서도 늦은 시기의 것으로 생각된다. 또 벽화내용에 있어서도 주인공의 실내생활도가 서쪽 벽에 있는 인물풍속도 벽화고분보다 늦은 시기의 것이므로 5세기 말경으로 추정된다. ㉣그러나 이 고분의 벽화에는 사신도가 없는 만큼 감실 또는 곁간이 있는 벽화고분에 비해 연대가 그다지 늦을 수는 없다는 의견도 있어 축조연대를 안악1호분과 같은 4세기 말에서 5세기 초로 추정하는 견해도 있다.

4 다음 중 옳지 않은 것은?

① 각저총에는 주로 인물풍속도나 실내생활도 그 밖에 피장자의 생전 생활모습 등이 그려져 있다.

② 각저총은 1935년 발견되어 일본인 등에 의해 조사되었는데 이 벽화고분에 있는 그림들 중 대표적인 것으로 사신도를 들 수 있다.

③ 각저총이란 이름이 붙여진 것은 이 고분에 그려진 그림에 의거한 것이다.

④ 각저총의 추정연대는 정확하게 밝혀지지 않아 학자들마다 5세기 말경이나 4세기 말에서 5세기 초로 추정하는 등 이견이 많다.

5 다음 고구려 고분의 명칭들 중에서 윗글의 각저총과 그 성격이 같은 고분은?

① 천추총 ② 쌍영총
③ 삼실총 ④ 무용총

6 윗글의 밑줄 친 ㉠~㉣ 중 내용상 흐름과 관련 없는 문장은?

① ㉠   ② ㉡

③ ㉢   ④ ㉣

7 다음 글의 관점 A ~ C에 대한 평가로 적절한 것만을 고른 것은?

> 위험은 우리의 안전을 위태롭게 하는 실제 사건의 발생과 진행의 총체라고 할 수 있다. 위험에 대해 사람들이 취하는 태도에 대해서는 여러 관점이 존재한다.
>
> 관점 A에 따르면, 위험 요소들은 보편타당한 기준에 따라 계산 가능하고 예측 가능하기 때문에 객관적이고 중립적인 것으로 인식될 수 있다. 그 결과, 각각의 위험에 대해 개인이나 집단이 취하게 될 태도 역시 사고의 확률에 대한 객관적인 정보에 의해서만 결정된다. 하지만 이 관점은 객관적인 발생가능성이 높지 않은 위험을 민감하게 받아들이는 개인이나 사회가 있다는 것을 설명하지 못한다.
>
> 한편 관점 B는 위험에 대한 태도가 객관적인 요소뿐만 아니라 위험에 대한 주관적 인지와 평가에 의해 좌우된다고 본다. 예를 들어 위험이 발생할 객관적인 가능성은 크지 않더라도, 그 위험의 발생을 스스로 통제할 수 없는 경우에 사람들은 더욱 민감하게 반응한다. 그뿐만 아니라 위험을 야기하는 사건이 자신에게 생소한 것이어서 그에 대한 지식이 부족할수록 사람들은 그 사건을 더 위험한 것으로 인식하는 경향이 있다. 하지만 이것은 동일한 위험에 대해 서로 다른 문화와 가치관을 가지고 있는 사회 또는 집단들이 다른 태도를 보이는 이유를 설명하지 못한다.
>
> 이와 관련해 관점 C는 위험에 대한 태도가 개인의 심리적인 과정에 의해서만 결정되는 것이 아니라, 개인이 속한 집단의 문화적 배경에도 의존한다고 주장한다. 예를 들어 숙명론이 만연한 집단은 위험을 통제 밖의 일로 여겨 위험에 대해서 둔감한 태도를 보이게 되며, 구성원의 안전 문제를 다른 무엇보다도 우선시하는 집단은 그렇지 않은 집단보다 위험에 더 민감한 태도를 보이게 될 것이다.

> ㉠ 관점 A와 달리 관점 B는 위험에 대한 사람들의 태도가 객관적인 요소에 영향을 받지 않는다고 주장한다.
> ㉡ 관점 B와 관점 C는 사람들이 동일한 위험에 대해서 다른 태도를 보이는 사례를 설명할 수 있다.
> ㉢ 관점 A는 민주화 수준이 높은 사회일수록 사회 구성원들이 기후변화의 위험에 더 민감한 태도를 보인다는 것을 설명할 수 있지만, 관점 C는 그렇지 않다.

① ㉠   ② ㉡

③ ㉠㉢   ④ ㉠㉡㉢

8 다음 중 ㉠에 해당하는 사례로 가장 적절한 것은?

> 존 폰 노이만(John von Neumann)은 순수 수학, 양자 물리학, 경제학 등을 연구하여 이 모든 분야에서 크게 성공을 거둔 천재 학자였다. 다방면에 관심을 두었던 노이만은 경제학과 관련하여 왈라스(Walras)의 일반 균형 이론을 접하면서 그 이론에 결함이 있음을 발견한다. 왈라스는 모든 경제적 요인은 서로 의존 관계에 있음을 전제로 하여 수요와 공급의 균형을 언급하였다. 노이만은 왈라스의 일반 균형 이론이 이론적으로 보면 완벽해 보이지만 현실 상황에 적용할 때에는 문제가 있다고 보았다. 실제로 경제에서 이루어지는 온갖 결정은 게임을 할 때 이루어지는 결정과 매우 유사하다. 경제라고 하는 큰 게임을 하는 경기자의 모든 결정에는 상대 선수가 어떻게 반응하느냐 하는 예상이 포함되어야 하는데 왈라스의 이론에는 그것이 빠져 있었던 것이다. 노이만은 슈테른과 함께 게임 이론을 발전시켰다. 크게 보면 게임에는 제로섬 게임과 비제로섬 게임이 있다. 두 경기자가 파이 하나를 놓고 다툴 때, 승자의 이익과 패자의 손실의 합계가 0이 되는 ㉠제로섬 게임에서는 한 경기자의 이익이 상대방의 손실로 이어지지만, 비제로섬 게임에서는 경기자들이 협력하느냐 않느냐에 따라 윈윈(win-win) 상황이 일어날 수 있고, 반대 상황이 일어날 수도 있다.
>
> 노이만은 게임 이론과 관련하여 위험에 대한 기준을 '맥시민(maximin)'과 '미니맥스(minimax)', 그리고 '맥시맥스(maximax)' 등으로 언급하였다. '맥시민'은 제로섬 게임에 적용될 수 있는 기준으로, 불확실한 상황에서 안전을 생각하는 전략이다. 어떤 일을 결정할 때에 최악의 경우를 가정하고 그런 상황에서 얻을 수 있는 이익이 가장 많은 쪽을 선택한다는 것이다. 돌다리도 두드려 보고 건너는 격이다. '미니맥스'는 어떤 선택을 했을 때 예상되는 손해를 따져본 다음 그 손해가 가장 적은 쪽을 선택한다는 전략이다. 손해가 적으면 당연히 이익이 많아질 것이므로 마찬가지로 안전을 중시하는 전략이다. 그리고 '맥시맥스'는 위험을 고려하지 않고 최대 이윤을 내려고 하는 전략이다. 이런 기준들은 위험에 대한 태도와 관련이 있으므로 여러 가지 상황에 적용할 수 있다.

① ○×퀴즈에서 서로 다른 답을 고른 두 친구가 점심을 걸고 내기를 한 경우

② 경쟁 관계에 있는 두 통신 업체가 기존의 통신망을 공유하여 비용을 줄인 경우

③ 한 동네에 있는 두 빵가게가 지나친 가격 인하 경쟁을 벌이다가 서로 큰 손실을 본 경우

④ 선거를 앞둔 두 정당이 연합을 하여 경쟁력이 있는 단일 후보를 내세우고 공동 선거 운동을 하는 경우

9 다음은 국민건강보험 요양급여의 기준에 관한 규칙 제3조이다. 이를 제대로 이해한 것은?

국민건강보험 요양급여의 기준에 관한 규칙(시행 : 2016.8.4.)

제3조(요양급여의 신청)

① 가입자등이 요양기관에 요양급여를 신청하는 때에는 건강보험증 또는 신분증명서를 제출하여야 한다. 이 경우 가입자등이 요양급여를 신청한 날(가입자등이 의식불명 등 자신의 귀책사유 없이 건강보험증 또는 신분증명서를 제시하지 못한 경우에는 가입자등임이 확인된 날로 한다)부터 14일 이내에 건강보험증 또는 신분증명서를 제출하는 경우에는 요양급여를 신청한 때에 건강보험증 또는 신분증명서를 제출한 것으로 본다.

② 제1항에도 불구하고 가입자등이 건강보험증 또는 신분증명서를 제출하지 못하는 경우에는 가입자등 또는 요양기관은 「국민건강보험법」(이하 "법"이라 한다) 제13조에 따른 국민건강보험공단(이하 "공단"이라 한다)에 자격확인을 요청할 수 있으며, 요청을 받은 공단은 자격이 있는지의 여부를 확인하여 이를 별지 제1호서식의 건강보험자격확인통보서에 의하거나 전화, 팩스 또는 정보통신망을 이용하여 지체 없이 해당 가입자등 또는 요양기관에 통보하여야 한다.

③ 제2항에 따라 자격확인을 통보받은 경우에는 자격확인을 요청한 때에 건강보험증 또는 신분증명서를 제출한 것으로 본다.

④ 요양기관은 건강보험증 또는 신분증명서를 제출하지 못하는 가입자등이 손쉽게 공단에 자격확인을 요청할 수 있도록 공단의 전화번호 등을 안내하거나 요양기관의 진료접수창구에 이를 게시하여야 한다.

---

① 가입자 등이 의식불명 등으로 건강보험증 또는 신분증명서를 제시하지 못한 경우에는 가입자 등임이 확인된 날부터 14일 이내에 제출해야 한다.

② 요양기관에 요양급여를 신청할 때 요양급여를 신청한 날의 다음날부터 14일 이내에 건강보험증이나 신분증명서를 제출해야 한다.

③ 가입자 등 또는 요양기관에 의해 자격확인요청을 받은 공단은 자격이 있는지의 여부를 확인하여 반드시 전화로 통보하여야 한다.

④ 공단은 가입자 등이 손쉽게 공단에 자격확인을 요청할 수 있도록 공단의 전화번호 등을 안내하거나 요양기관의 진료접수창구에 이를 게시하여야 한다.

10 다음은 거래처의 바이어가 건넨 명함이다. 이를 보고 알 수 없는 것은?

International Motor

Dr. Yi Ching CHONG
Vice President

8 Temasek Boulevard, #32-03 Suntec Tower 5
Singapore 038988, Singapore
T. 65 6232 8788, F. 65 6232 8789

① 호칭은 Dr. CHONG이라고 표현해야 한다.
② 싱가포르에서 온 것을 알 수 있다.
③ 호칭 사용시 Vice President, Mr. Yi라고 불러도 무방하다.
④ 싱가포르에서 왔으므로 그에 맞는 식사를 대접한다.

(가) 자기소개서 작성 개요

- 작문 상황 : ○○ 향토 문화원 대학생 해설 인턴에 지원
- 목적 : 선발 담당자에게 나를 알림 …… ⓐ
- 예상 독자 분석 : 대학생 해설 인턴 선발 담당자는 나의 학교생활이 궁금할 것임 …… ⓑ
- 내용 생성
  – 나에게 가장 의미 있는 활동 경험 …… ⓒ
  – 나의 성장 배경 …… ⓓ
- 조직 방법 : 경험의 목록을 나열하며 제시함

(나) 자기소개서 작성을 위한 A와 B의 대화

A : ○○ 향토 문화원에서 우리 지역의 향토 문화를 설명해 줄 대학생 해설 인턴을 모집한대. 관심 있는 분야라 지원하고 싶어서 자기소개서 작성을 구상해 보았는데 잘 안 돼. 이 메모를 좀 봐 줘.

B : (메모를 확인한 후) 음, 단순히 자기를 알리는 것만으로는 목적으로서 좀 부족한 것 같아. 네가 해설 인턴 선발 담당자라면 어떤 점이 궁금할 것 같아? 단순히 학교생활을 궁금해 할까?

A : 해설 인턴을 선발해야 하는 입장이라면……. 아, 내가 해설 인턴으로 적합한지가 궁금하겠지.

B : 그럼 해설 인턴으로 적합하다는 것이 무슨 뜻일까? 공고문의 내용을 잘 고려해 봐.

A : 공고문에 따르면 대학생을 해설 인턴으로 선발해서 중·고등학생에게 지역의 향토 문화를 설명해 주는 활동을 하게 한 대.

B : 향토 문화를 해설하려면 향토 문화에 대한 관심이나 이해 정도, 설명 능력이 필요할 것 같고, 해설 대상인 중·고등학생과의 친화력도 중요할 거야. 이런 점을 어떻게 드러낼 수 있을까?

A : 음, 그러면 역사 문화 연구 동아리 활동, 보고서 발표 대회 참가 경험, 복지 센터 보조 교사 활동, 학생회 봉사 부장 활동, 나의 성장 배경을 쓰면 좋겠는데.

B : 그것들을 모두 쓰지 말고 필요한 것들을 선별해서 활용하면 좋을 거야.

A : 그러면 우리나라 역사와 문화를 탐구하고 지역의 문화재를 탐방했던 역사 문화 연구 동아리, 청중들로부터 큰 호응을 얻었던 보고서 발표 대회, 중·고등학생의 학업을 도와줬던 복지 센터 보조 교사 활동을 쓰면 되겠네. 그럼, 선택한 내용을 어떻게 조직하면 좋을까?

B : 단순히 너의 경험들을 나열하기보다는 경험의 의의를 경험내용과 연관 지어 조직하면 글의 의도가 잘 전달될 거야. 그리고 글 전체를 처음, 중간, 끝부분으로 나누고 중간 부분 에서 경험과 관련된 내용들을 쓰면 좋겠어.

A : 고마워. 이제 열심히 써 볼게.

11 (나)를 고려할 때, (가)의 ⓐ~ⓔ에 대한 조정 방안으로 적절하지 않은 것은?

① ⓐ : 선발 담당자에게 자신이 대학생 해설 인턴으로 적합함을 보이는 것으로 목적을 구체화한다.

② ⓑ : 공고문을 토대로 예상 독자의 주된 관심사를 대학생 해설 인턴으로서의 요건 충족 여부로 재설정한다.

③ ⓒ : '의미 있는 활동' 중 대학생 해설 인턴으로서의 자질을 보여줄 수 있는 활동에 초점을 맞춘다.

④ ⓓ : 자신의 친화력을 드러낼 수 있는 소재로 성장 배경 대신 교우 관계에 초점을 맞춘다.

12 (나)를 고려하여 $\boxed{\text{중간 부분}}$ 을 작성하려 할 때 내용을 구체화하기 위한 방법으로 적절하지 않은 것은?

	[경험]	[내용 구체화 방안]
①	역사 문화 연구 동아리 활동	동아리 활동으로 우리나라 역사와 문화를 탐구하는 과정에서 얻은 지식을 우리 지역의 역사와 문화에도 적용할 수 있는 안목을 갖게 되었음을 서술한다.
②	역사 문화 연구 동아리 활동	동아리에서 지역 문화재를 탐방하는 활동을 진행하면서 자연스럽게 우리 지역의 향토 문화에 대하여 관심을 갖게 되었음을 서술한다.
③	보고서 발표 대회 참가	보고서 발표를 준비하면서 기른 설명 능력이 우리 지역의 문화를 쉽게 설명할 수 있는 능력으로 이어질 것임을 서술한다.
④	복지 센터 보조 교사 활동	보조 교사 활동을 학업과 병행하면서 겪었던 어려움을 호소함으로써 문화 해설 인턴 활동에서 겪을 수 있는 어려움을 충분히 극복할 수 있음을 서술한다.

13 다음 글의 주제로 가장 적절한 것을 고른 것은?

> 유럽의 도시들을 여행하다 보면 여기저기서 벼룩시장이 열리는 것을 볼 수 있다. 벼룩시장에서 사람들은 낡고 오래된 물건들을 보면서 추억을 되살린다. 유럽 도시들의 독특한 분위기는 오래된 것을 쉽게 버리지 않는 이런 정신이 반영된 것이다.
>
> 영국의 옥스팜(Oxfam)이라는 시민단체는 헌옷을 수선해 파는 전문 상점을 운영해, 그 수익금으로 제3세계를 지원하고 있다. 파리 시민들에게는 유행이 따로 없다. 서로 다른 시절의 옷들을 예술적으로 배합해 자기만의 개성을 연출한다.
>
> 땀과 기억이 배어 있는 오래된 물건은 실용적 가치만으로 따질 수 없는 보편적 가치를 지닌다. 선물로 받아서 10년 이상 써 온 손때 묻은 만년필을 잃어버렸을 때 느끼는 상실감은 새 만년필을 산다고 해서 사라지지 않는다. 그것은 그 만년필이 개인의 오랜 추억을 담고 있는 증거물이자 애착의 대상이 되었기 때문이다. 그러기에 실용성과 상관없이 오래된 것은 그 자체로 아름답다.

① 서양인들의 개성은 시대를 넘나드는 예술적 가치관으로부터 표현된다.

② 만년필은 선물해준 사람과의 아름다운 기억과 오랜 추억이 담긴 물건이다.

③ 실용적 가치보다 보편적인 가치를 중요시해야 한다.

④ 오래된 물건은 실용적 가치만으로 따질 수 없는 개인의 추억과 같은 보편적 가치를 지니기에 그 자체로 아름답다.

14 다음 중 직장 내 화법에 대한 예시로 가장 부적절한 것은?

① 직함 없는 동료끼리 남녀 구분 없이 '○○○씨'라고 불렀다.

② 같은 직함이지만 나이가 많은 동료에게 '○○○선배님'이라고 불렀다.

③ 상사의 남편을 '○선생님', '○○○선생님'이라 불렀다.

④ 아버지의 성함을 소개할 때 "저희 아버님의 함자는 ○자 ○자이십니다."라고 말했다.

15 다음 대화 중 주체 높임 표현이 쓰이지 않은 것은?

> 경미 : 원장 선생님께서는 어디 가셨나요?
> ㉠ 서윤 : 독감 때문에 병원에 가신다고 아까 나가셨어요.
> ㉡ 경미 : 맞다. 며칠 전부터 편찮으시다고 하셨지.
> ㉢ 서윤 : 연세가 많으셔서 더 힘드신가 봐요.
> ㉣ 경미 : 요즘은 약이 좋아져서 독감도 쉽게 낫는다고 하니 다행이지요.

① ㉠   ② ㉡
③ ㉢   ④ ㉣

16 다음 중 설득력 있는 의사표현으로 옳지 않은 것은?

① 이번에도 결과가 좋지 않으면 나나 자네나 지방으로 발령이 날지도 모르네. 우리 좀 더 애써보세.
② (회의 내내 말이 없던 박 대리에게) 박 대리는 이 의견에 대해서 어떻게 생각하나?
③ 자네의 의견보다는 내 의견이 좀 더 타당해 보이는군. 그렇지 않은가?
④ 지금까지 애써 왔지만 보다 완벽한 것이 될 수 있도록 한 번 더 노력해 주기를 바라네.

17 다음 중 올바른 태도로 의사소통을 하고 있지 않은 사람은?

① 종민 : 상대방이 이해하기 쉽게 표현한다.
② 찬연 : 상대방이 어떻게 받아들일 것인가를 고려한다.
③ 백희 : 정보의 전달에만 치중한다.
④ 세운 : 의사소통의 목적을 알고 의견을 나눈다.

18 다음 ⊙~㉢을 고쳐 쓰기 위한 방안으로 적절하지 않은 것은?

매년 장마철이면 한강에서 ⊙수만 마리의 물고기가 떼죽음을 당합니다. 공장폐수와 생활하수를 흘려보내는 시민들의 탓만은 아닙니다. ⓒ그래서 자연은 더 이상 인간의 무분별한 파괴를 너그럽게 ⓒ묵인해주지 않습니다. ㉢또한 장마로 인한 호우 피해의 복구 또한 제대로 이뤄지지 않고 있습니다. 우리 모두가 사태의 심각성을 깨닫고, 자연과 조화하는 삶의 태도를 지녀야 하는 것입니다.

---

① ⊙의 '마리'는 수를 세는 단위이므로 붙여 써야겠어.
② ⓒ은 접속어의 사용이 잘못되어 문장의 연결이 어색해. '하지만'으로 고치는 게 좋겠어.
③ ⓒ은 '모르는 체하고 하려는 대로 내버려 둠으로써 슬며시 인정함'이라는 뜻으로 단어의사용이 잘못되었어.
④ ㉢은 글의 통일성을 저해하니 삭제해야겠어.

19 다음은 A회사 내 장애인봉사회의 월례회 안내문 초안이다. 작성한 내용을 고쳐 쓰기 위한 방안으로 적절하지 않은 것은?

제10회 월례회 안내

회원님들의 무궁한 발전을 기원합니다.
A회사 내 발전과 친목을 도모하기 위한 장애인봉사회가 그동안 여러 회원님들의 관심과 성원으로 나날이 발전하고 있습니다. 회원님들과 함께 월례회를 갖고자 합니다. 바쁘시더라도 부디 참석하시어 미비한 점이 있다면 보완해 나갈 수 있도록 좋은 의견 부탁드리겠습니다.

– 아래 –

1. 일시 : 2021년 00월 00일 00시
2. 장소 : 별관 10F 제2회의실

장애인봉사회 회장 ○○○

---

① 회의의 주요 안건에 대해 제시한다.
② 담당자의 연락처를 추가한다.
③ 안내문 마지막에 '감사합니다'를 추가한다.
④ '회장 ○○○'을 작성자의 이름으로 대체한다.

20 강연의 내용을 고려할 때 ㉠에 대한 대답으로 가장 적절한 것은?

여러분 안녕하세요. 저는 타이포그래피 디자이너 ○○○입니다. 이렇게 사내 행사에 초청받아 타이포그래피에 대해 소개하게 되어 무척 기쁩니다.

타이포그래피는 원래 인쇄술을 뜻했지만 지금은 그 영역이 확대되어 문자로 구성하는 디자인 전반을 가리킵니다. 타이포그래피에는 언어적 기능과 조형적 기능이 있는데요, 그 각각을 나누어 말씀드리겠습니다.

먼저 타이포그래피의 언어적 기능은 글자 자체가 가지고 있는 의미전달에 중점을 두는 기능을 말합니다. 의미를 정확하게 전달하기 위해서는 가독성을 높이는 일이 무엇보다 중요하지요. (화면의 '작품1'을 가리키며) 이것은 여러분들도 흔히 보셨을 텐데요, 학교 앞 도로의 바닥에 적혀 있는 '어린이 보호 구역'이라는 글자입니다. 운전자에게 주의하며 운전하라는 의미를 전달해야 하므로 이런 글자는 무엇보다도 가독성이 중요하겠지요? 그래서 이 글자들은 전체적으로 크면서도 세로로 길게 디자인하여 운전 중인 운전자에게 글자가 쉽게 인식될 수 있도록 제작한 것입니다.

이어서 타이포그래피의 조형적 기능을 살펴보겠습니다. 타이포그래피의 조형적 기능이란 글자를 재료로 삼아 구체적인 형태의 외형적 아름다움을 전달하는 기능을 말합니다. (화면의 '작품2'를 가리키며) 이 작품은 '등'이라는 글씨의 받침 글자 'ㅇ'을 전구 모양으로 만들었어요. 그리고 받침 글자를 중심으로 양쪽에 사선을 그려 넣고 사선의 위쪽을 검은색으로 처리했어요. 이렇게 하니까 마치 갓이 씌워져 있는 전등에서 나온 빛이 아래쪽을 환하게 밝히고 있는 그림처럼 보이지요. 이렇게 회화적 이미지를 첨가하면 외형적 아름다움뿐만 아니라 글자가 나타내는 의미까지 시각화하여 전달할 수 있습니다.

(화면의 '작품3'을 가리키며) 이 작품은 '으'라는 글자 위아래를 뒤집어 나란히 두 개를 나열했어요. 그러니까 꼭 사람의 눈과 눈썹을 연상시키네요. 그리고 'ㅇ' 안에 작은 동그라미를 세 개씩 그려 넣어서 눈이 반짝반짝 빛나고 있는 듯한 모습을 표현했습니다. 이것은 글자의 의미와는 무관하게 글자의 형태만을 활용하여 제작자의 신선한 발상을 전달하기 위한 작품이라고 할 수 있습니다.

지금까지 작품들을 하나씩 보여 드리며 타이포그래피를 소개해 드렸는데요, 한번 정리해 봅시다. (화면에 '작품1', '작품2', '작품3'을 한꺼번에 띄워 놓고) ㉠<u>좀 전에 본 작품들은 타이포그래피의 어떤 기능에 중점을 둔 것일까요?</u>

① '작품1'은 운전자가 쉽게 읽을 수 있도록 글자를 제작하였으므로 타이포그래피의 언어적 기능에 중점을 둔 것이라 할 수 있습니다.

② '작품2'는 글자가 나타내는 의미와 상관없이 글자를 작품의 재료로만 활용하고 있으므로 타이포그래피의 조형적 기능에 중점을 둔 것이라 할 수 있습니다.

③ '작품3'은 회화적 이미지를 활용하여 글자의 외형적 아름다움을 표현했으므로 타이포그래피의 언어적 기능에 중점을 둔 것이라 할 수 있습니다.

④ '작품1'과 '작품2'는 모두 글자의 색을 화려하게 사용하여 의미를 정확하게 전달하고 있으므로 타이포그래피의 언어적 기능에 중점을 둔 것이라 할 수 있습니다.

21 다음 ↓ 표시된 곳의 숫자에서부터 시계방향으로 진행하면서 숫자와의 관계를 고려하여 빈칸에 들어갈 알맞은 숫자를 고르면?

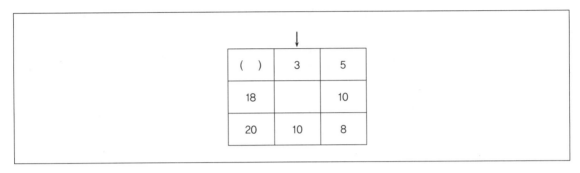

① 20

② 22

③ 24

④ 26

22 작년까지 A시의 지역 축제에서 A시민에게는 40% 할인된 가격으로 입장료를 판매하였는데 올해부터는 작년 가격에서 각각 5,000원씩 추가 할인하여 판매하기로 했다. 올해 일반 성인입장료와 A시민 성인입장료의 비가 5:2일 때, 올해 일반 성인입장료는 얼마인가?

① 9,000원

② 9,500원

③ 10,000원

④ 10,500원

23 병호가 집에서 출발하여 집으로부터 6km 떨어진 공원까지 가는데 처음에는 매분 60m의 빠르기로 걷다가 도중에 편의점부터는 매분 110m의 빠르기로 달려서 1시간 10분 만에 공원에 도착했다. 집에서 편의점까지 걸린 시간으로 옳은 것은?

① 34분

② 35분

③ 36분

④ 37분

24 다음에 제시된 도시철도운영기관별 교통약자 편의시설에 대한 표를 참고할 때, 표의 내용을 올바르게 이해한 것은? (단, 한 역에는 한 종류의 편의시설만 설치된다)

구분	A도시철도 운영기관		B도시철도 운영기관		C도시철도 운영기관	
	설치 역 수	설치 대수	설치 역 수	설치 대수	설치 역 수	설치 대수
엘리베이터	116	334	153	460	95	265
에스컬레이터	96	508	143	742	92	455
휠체어리프트	28	53	53	127	50	135

① 세 도시철도운영기관의 평균 휠체어리프트 설치 대수는 100개 미만이다.

② 총 교통약자 편의시설의 설치 역당 설치 대수는 A도시철도운영기관이 가장 많다.

③ C도시철도운영기관의 교통약자 편의시설 중, 설치 역당 설치 대수는 엘리베이터가 가장 많다.

④ 휠체어리프트의 설치 역당 설치 대수는 C도시철도운영기관이 가장 많다.

25 다음은 어느 카페의 메뉴판이다. 오늘의 커피와 단호박 샌드위치를 먹으려할 때, 세트로 구매하는 것은 단품으로 시키는 것보다 얼마가 더 저렴한가?

〈메뉴〉		
음료	오늘의 커피	3,000
	아메리카노	3,500
	카페라떼	4,000
	생과일주스	4,000
샌드위치	하우스 샌드위치	5,000
	단호박 샌드위치	5,500
	치즈듬뿍 샌드위치	5,500
	베이컨토마토 샌드위치	6,000
수프	콘수프	4,500
	감자수프	5,000
	브로콜리수프	5,000

세트 7,000 = 오늘의 커피 + 하우스 샌드위치 or 콘수프 중 택1

※ 커피종류는 변경할 수 없음

※ 샌드위치 또는 수프 변경 시 가격의 차액만큼 추가

① 500원

② 1,000원

③ 1,500원

④ 2,000원

▌26~27 ▌ 다음은 우리나라 각 지역의 경제활동인구, 경제활동참가율, 실업률이다. 다음을 보고 물음에 답하시오.

(단위 : 천 명, %)

행정 구역	경제활동인구			경제활동참가율			실업률		
	남	여	전체	남	여	전체	남	여	전체
서울 특별시	2,968	2,360	5,329	72.4	52.9	62.2	3.6	3.6	3.6
부산 광역시	963	760	1,723	67.9	49.2	58.2	3.4	3.1	3.3
대구 광역시	736	538	1,274	73.0	49.9	61.0	2.8	3.3	3.0
인천 광역시	918	661	1,579	75.9	53.4	64.5	4.8	4.4	4.7
광주 광역시	434	333	766	70.2	50.8	60.2	3.0	2.7	2.8
대전 광역시	465	341	806	73.5	51.8	62.4	3.1	2.1	2.7
울산 광역시	378	204	582	76.4	43.7	60.5	1.8	3.0	2.2

※ 경제활동참가율(%) = (경제활동인구 ÷ 만 15세 이상 인구) × 100
※ 실업률(%) = (실업자 ÷ 경제활동인구) × 100

26 위의 표를 바탕으로 실업자 수를 구한 것으로 옳지 않은 것은?

① 인천광역시 여성 실업자 수 : 약 29,000명
② 대전광역시 여성 실업자 수 : 약 7,000명
③ 부산광역시 남성 실업자 수 : 약 22,000명
④ 광주광역시 남성 실업자 수 : 약 13,000명

27 위의 표에 대한 설명으로 옳은 것은?

① 대전광역시보다 울산광역시의 전체 실업자 수가 더 많다.
② 전체 경제활동참가율이 높을수록 전체 경제활동인구가 많다.
③ 인천광역시는 경제활동참가율이 남녀 모두에서 가장 높다.
④ 남녀 실업률에서 가장 많이 차이가 나는 지역은 울산광역시이다.

28 다음 표는 우리나라의 기대수명과 고혈압 및 당뇨 유병률, 비만율에 대한 예시 표이다. 이에 대한 설명으로 옳은 것은?

(단위 : 세, %)

	2015	2016	2017	2018	2019	2020	2021
기대수명	79.6	80.1	80.5	80.8	81.2	81.4	81.9
고혈압 유병률	24.6	26.3	26.4	26.9	28.5	29	27.3
당뇨 유병률	9.6	9.7	9.6	9.7	9.8	9	11
비만율	31.7	30.7	31.3	30.9	31.4	32.4	31.8

① 고혈압 유병률과 당뇨 유병률은 해마다 증가하고 있다.

② 고혈압 유병률의 변동은 2019년에 가장 크게 나타났다.

③ 당뇨 유병률의 변동은 1% 이상 나타나지 않는다.

④ 비만율의 증감은 증가 또는 감소와 같이 일정한 방향성이 없다.

| 29~30 | 다음 표는 성, 연령집단 및 교육수준별 삶의 만족도에 관한 예시 표이다. 다음 표를 보고 물음에 답하시오.

(단위 : %)

		2011	2014	2017	2019	2020	2021
전체	전체	20.4	28.9	20.9	24.1	33.3	34.1
	만족도 점수	4.7	4.8	4.6	4.9	5.4	5.5
성별	남자	21	29.4	22.3	24.4	33.6	34.6
	여자	19.9	28.5	19.5	23.9	33	33.6
연령집단	20세 미만	25.5	35.9	23.8	36.1	47.8	48
	20~29세	22.9	31.1	23	26.1	36.1	38.9
	30~39세	23.1	33	24.1	26.1	36.4	39.6
	40~49세	18.8	28.1	22.5	25.7	34.2	36
	50~59세	16.4	24.3	19.4	21.1	28.5	27.5
	60세 이상	16.3	22.9	13.6	14.5	23.6	22.1
교육수준	초졸 이하	14.6	21	10.7	16.2	25.8	24.7
	중졸	17.1	25.7	17.1	22.1	31.1	28.8
	고졸	19	26.5	17.7	20.8	30.4	29.9
	대졸 이상	29.6	39.4	31.6	33	41.5	45.4

* 만족도 : "귀하의 생활을 전반적으로 고려할 때 현재 삶에 어느 정도 만족하십니까?"라는 질문에 대하여 "매우 만족"과 "약간 만족"의 응답비율을 합한 것
* 만족도점수 : "매우 만족"에 10점, "약간 만족"에 7.5점, "보통"에 5점, "약간 불만족"에 2.5점, "매우 불만족"에 0점을 부여하여 산출한 응답 평균 점수

29 위의 표에 대한 설명으로 옳지 않은 것은?

① 대체로 교육수준이 높을수록 삶의 만족도가 높다.

② 대체로 연령이 낮을수록 삶의 만족도가 높다.

③ 20세 미만의 경우 2021년에는 거의 과반수가 "매우 만족" 또는 "약간 만족"이라고 응답했다.

④ 전체집단의 삶의 만족도는 점점 증가하고 있다.

30 2020년 응답 대상자 중 여자가 24,965천 명이라고 한다면, 2020년 응답 대상자 중 질문에 대하여 "매우 만족"과 "약간 만족"에 응답한 여자는 총 몇 명인가?

① 8,238,440명

② 8,238,450명

③ 8,238,460명

④ 8,238,470명

31 다음 〈표〉는 암환자를 대상으로 한 임상실험결과에 대한 자료이다. 이에 대한 〈보기〉의 설명 중 옳지 않은 것을 모두 고르면?

〈표〉 투여약에 따른 암환자의 생존·사망자 수

(단위 : 명)

구분 투여약	조기 암환자		말기 암환자		전체 암환자	
	생존자	사망자	생존자	사망자	생존자	사망자
A	18	12	2	8	20	20
B	7	3	9	21	16	24

*생존율(%) = $\dfrac{\text{생존자 수}}{\text{생존자 수} + \text{사망자 수}} \times 100$

*사망률(%) = 100 − 생존율

〈보기〉

㉠ A약을 투여한 전체 암환자의 생존율은 50%이고, B약을 투여한 전체 암환자의 생존율은 40%이다.

㉡ 조기 암환자와 말기 암환자 모두 A약 투여 시의 생존율이 B약 투여 시의 생존율에 비해 10%p 낮다.

㉢ A약을 투여한 조기 암환자와 말기 암환자의 생존율 차이는 B약을 투여한 조기 암환자와 말기 암환자의 생존율 차이보다 크다.

① ㉠

② ㉡

③ ㉢

④ ㉡, ㉢

32 다음은 여성의 취업에 대한 설문 조사 결과를 정리한 예시 표이다. 이에 대한 옳은 설명만을 있는 대로 고른 것은?

(단위 : %)

구분		2016년	2021년		
			전체	여성	남성
찬성		85.5	83.8	86.6	80.8
	혼인 전까지만	8.7	4.8	4.0	5.8
	자녀 성장 후	43.2	41.7	40.2	43.3
	가사 일에 관계없이	48.1	53.5	55.8	50.9
	소계	100.0	100.0	100.0	100.0
반대		8.7	9.3	8.0	10.7
모름/무응답		5.8	6.9	5.4	8.5
합계		100.0	100.0	100.0	100.0

㉠ 2016년의 경우 혼인 전까지만 여성의 취업을 찬성하는 응답자와 여성 취업을 반대하는 응답자 수는 같다.

㉡ 2021년의 경우 자녀 성장 후 맞벌이를 희망하는 응답자 비율은 남성이 여성보다 많다.

㉢ 2021년의 경우 가사 일에 관계없이 여성 취업을 찬성하는 남성 응답자 수는 전체 남성 응답자의 절반을 넘지 못한다.

㉣ 2016년에 비해 2021년에는 여성 취업을 찬성하는 응답자 중에서 혼인이나 자녀 양육을 고려하는 응답자의 비율은 감소하였다.

① ㉠㉡

② ㉡㉢

③ ㉢㉣

④ ㉠㉡㉣

33 다음은 우리나라 여성과 남성의 연령대별 경제 활동 참가율에 대한 그래프이다. 이에 대한 설명으로 옳은 것은?

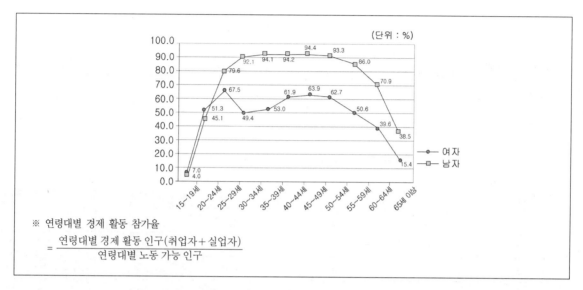

※ 연령대별 경제 활동 참가율

$$= \frac{연령대별 \ 경제 \ 활동 \ 인구(취업자 + 실업자)}{연령대별 \ 노동 \ 가능 \ 인구}$$

① 15~24세 남성보다 여성의 경제 활동 참여 의지가 높을 것이다.

② 59세 이후 여성의 경제 활동 참가율의 감소폭이 남성보다 크다.

③ 35세 이후 50세 이전까지 모든 연령대에서 남성보다 여성의 경제 활동 인구 수의 증가가 많다.

④ 25세 이후 여성의 그래프와 남성의 그래프가 다르게 나타나는 것의 원인으로 출산과 육아를 들 수 있다.

▌34~36 ▌ 다음의 표는 어느 공공단체 구성원의 영어와 인사 평가 점수, 그리고 가산점을 부여하는 정보처리기사 필기시험 점수를 나타낸 것이다. 이 자료를 보고 물음에 답하라.

[표 1] 인사 평가 점수 분포도

점수	100점	80점 이상~100점 미만	60점 이상~80점 미만	40점 이상~60점 미만	20점 이상~40점 미만	0점 이상~20점 미만	합계
인원수	(A)	14	15	(B)	3	5	51
상대 도수	0.078	0.275	0.294	0.196	0.059	0.098	1.000

[표 2] 영어와 인사 평가 성정(5점 평가) 상관표

인사평가 \ 영어	1	2	3	4	5
1		3	1		
2	1		㉠	2	
3		2	9	㉡	3
4	4		5	4	2
5				3	2

[표 3] 정보처리기사 필기 시험 점수 차이

구분	경민	진수	명훈	장우	진희	윤미
점수 차	0	+2	-2	+10	-3	-1

34 (A)와 (B)에 들어갈 숫자는? (단, 상대도수, 즉, 상대평가도수는 소수점 셋째자리까지 기입한다)

	(A)	(B)
①	2	12
②	4	10
③	5	9
④	6	8

35 정보처리기사 필기시험점수가 68점인 경민을 기준으로 할 때, 경민을 포함한 진수, 명훈, 장우, 진희, 윤미의 평균점은 몇 점인가?

① 65점

② 66점

③ 67점

④ 69점

36 영어 성적이 3인 구성원들의 인사 평가 성적 평균이 2.8이다. ㉠은 얼마인가? (단, 소수점 첫째 자리에서 반올림한다)

① 7명

② 8명

③ 9명

④ 10명

37 다음은 지역보험료에 대한 설명이다. 나연이가 연 소득 500만원 초과 세대라고 할 때, 다음 중 옳지 않은 것은?(단, 보험료 산정 시점은 2021년 9월이며, 나연이의 소득 점수는 780점, 재산 점수는 44점, 자동차 점수는 4점이다.)

지역보험료

㉠ 보험료 산정방법
- 건강보험료 = 보험료 부과점수 × 점수당 금액
- 장기요양보험료 = 건강보험료 × 장기요양보험료율

㉡ 보험료 부과점수의 기준
- 소득 점수(75등급) : 이자소득, 배당소득, 사업소득, 근로소득, 연금소득, 기타소득
- 재산 점수(50등급) : 주택, 건물, 토지, 선박, 항공기, 전월세
- 자동차 점수(7등급, 28구간)
- 생활수준 및 경제활동참가율 점수(30등급)
- 연 소득 500만원 이하 세대 : 생활수준 및 경제활동참가율 점수 + 재산 점수 + 자동차 점수
- 연 소득 500만원 초과 세대 : 소득 점수 + 재산 점수 + 자동차 점수

㉢ 연도별 건강보험료 부과점수당금액 및 장기요양보험료율

적용기간	부과점수당금액	장기요양보험료율
2018.1 ~ 2018.12	172.7원	6.55%
2019.1 ~ 2019.12	175.6원	6.55%
2020.1 ~ 2020.12	178원	6.55%
2021.1 ~ 2021.12	179.6원	6.55%

㉣ 건강보험료 경감 종류 및 경감률
- 섬 · 벽지 경감 : 50%
- 농어촌 경감 : 22%
  ※ 농어업인 경감 : 28%(농림축산식품부에서 국고지원)
- 세대 경감 : 10 ~ 30%(노인, 장애인, 한부모가족 세대 등 세대경감 사유가 중복될 경우 유리한 경감률 하나만 적용)
- 재해 경감 : 30 ~ 50%
- 경감 종류가 중복될 경우 최대 경감률은 50%임
- 섬 · 벽지 경감 ⇒ 농어촌경감(농어업인경감) ⇒ 세대경감 순으로 적용

㉤ 건강보험료 면제 사유
- 국외 체류(여행 · 업무 등으로 1월 이상 체류하고 국내 거주 피부양자가 없는 경우), 현역병 등으로 군 복무, 교도소 기타 이에 준하는 시설에 수용

㉥ 장기요양보험료 경감 사유 및 경감률
- 등록장애인(1~2급), 희귀난치성질환자(6종) : 30%

① 나연이의 건강보험료는 약 148,700원이다.

② 나연이의 장기요양보험료는 약 9,700원이다.

③ 나연이가 농어촌 경감 대상자라면 건강보험료는 약 115,900원이다.

④ 나연이의 건강보험료는 면제 대상이 아닌 경우에 7만 원 이하의 금액이 나올 수 있다.

┃38~39┃ 다음은 아동·청소년의 인구변화에 관한 예시 표이다. 물음에 답하시오.

(단위 : 명)

연령 \ 연도	2010년	2015년	2020년
전체 인구	44,553,710	45,985,289	47,041,434
0~24세	18,403,373	17,178,526	15,748,774
0~9세	6,523,524	6,574,314	5,551,237
10~24세	11,879,849	10,604,212	10,197,537

38 다음 중 표에 관한 설명으로 가장 적절한 것은?

① 전체 인구수가 증가하는 이유는 0~9세 아동 인구 때문이다.

② 전체 인구 중 25세 이상보다 24세 이하의 인구수가 많다.

③ 전체 인구 중 10~24세 사이의 인구가 차지하는 비율은 변화가 없다.

④ 전체 인구 중 24세 이하의 인구가 차지하는 비율이 지속적으로 감소하고 있다.

39 다음 중 비율이 가장 높은 것은?

① 2010년의 전체 인구 중에서 0~24세 사이의 인구가 차지하는 비율

② 2015년의 0~24세 인구 중에서 10~24세 사이의 인구가 차지하는 비율

③ 2020년의 전체 인구 중에서 0~24세 사이의 인구가 차지하는 비율

④ 2010년의 0~24세 인구 중에서 10~24세 사이의 인구가 차지하는 비율

40 표준 업무시간이 80시간인 업무를 각 부서에 할당해 본 결과, 다음과 같은 표를 얻었다. 어느 부서의 업무효율이 가장 높은가?

부서명	투입인원(명)	개인별 업무시간(시간)	회의	
			횟수(회)	소요시간(시간/회)
A	2	41	3	1
B	3	30	2	2
C	4	22	1	4
D	3	27	2	1

※ 1) 업무효율$=\dfrac{표준\ 업무시간}{총\ 투입시간}$

2) 총 투입시간은 개인별 투입시간의 합임.
개인별 투입시간 = 개인별 업무시간 + 회의 소요시간

3) 부서원은 업무를 분담하여 동시에 수행할 수 있음.

4) 투입된 인원의 업무능력과 인원당 소요시간이 동일하다고 가정함.

① A

② B

③ C

④ D

41 인턴사원인 대형씨는 사내 연락망을 살펴보는 과정에서 직통번호에 일정 규칙이 있다는 것을 발견하였다. 대형씨가 이 규칙을 메모해 두고 좀 더 쉽게 번호를 암기하기로 하였다고 할 때, 다음 중 메모한 내용으로 적절한 것은?

대형씨는 서원각 출판사의 편집팀 인턴사원으로 입사하였다. 대형씨는 선임 직원으로부터 다음과 같은 사내 연락망을 전달받았다.

〈사내 연락망〉

편집기획팀(대표번호 : 5420)		편집지원팀(대표번호 : 6420)	
이름	직통	이름	직통
김수미 팀장	5400	김기남 팀장	6400
오수정	5421	하나유 대리	6410
경대식	5420	고길동	6412
디자인팀(대표번호 : 7420)		오구리	6420
정나래 팀장	7400		
강월래	7421		
도사다	7420		

서원각 출판사 (TEL : 070-123-직통번호)
• 당겨받기 : 수화기 들고 # + 당겨받기 버튼
• 사내통화 : 내선번호
• 돌려주기 : 돌려주기 버튼 +내선번호+#+연결확인 후 끊기
• 전화 받았을 때 : 안녕하십니까? 수험서의 명가 서원각 출판사 ○○팀 ○○○입니다.

	직통번호의 숫자	규칙
070-123-□□□□	① 첫 번째 자리 숫자	부서코드
① ② ③ ④	② 두 번째 자리 숫자	근속연수코드
	③ 세 번째 자리 숫자	회사코드
	④ 네 번째 자리 숫자	직위코드

42 다음 주어진 표를 보고 단기계약을 체결한 은영이네가 납부해야 할 수도요금으로 옳은 것은?

요금단가

원/m^3

구분	계	기본요금	사용요금
원수	233.7	70.0	163.7
정수	432.8	130.0	302.8
침전수	328.0	98.0	230.0

단기계약

구분		내용
계약기간		1년 이내, 계약량 변경(6회/년) 가능
요금		기본요금 + 사용요금
계산 방법	기본요금	계약량×기본요금단가 ※ 사용량이 계약량을 초과하는 경우 기본요금은 월간사용량의 120% 한도액으로 적용
	사용요금	사용량×사용요금단가 ※ 월간계약량의 120%를 초과하여 사용한 경우 다음을 가산 　사용요금단가×월간계약량의 120% 초과사용량

은영이네 수도사용량

• 원수 사용
  • 월간계약량 100m^3
  • 월간사용량 125m^3

① 22,552원 ② 26,876원
③ 29,681원 ④ 31,990원

43 다음은 K공장의 사고 사례의 일부이다. 이를 해결하기 위한 예방 대책으로 적절한 것만을 〈보기〉에서 모두 고른 것은?

근로자 A 씨는 사업장 내 2층 창고에서 자재를 운반해야 했다. 작업의 편의상 안전 난간이 제거된 계단을 통해 앞이 잘 보이지 않을 정도로 자재를 높게 쌓아 운반하던 중, 바닥에 아무렇게나 놓인 파이프 렌치를 보지 못하고 밟아 넘어지면서 계단에서 아래로 떨어져 전치 6주의 사고를 당하였다.

〈보기〉
㉠ 작업장 및 주변에 3정 5S의 원칙을 적용한다.
㉡ 넘어지는 사고를 대비하여 주변에 지보공을 설치한다.
㉢ 물건을 옮길 때에는 시야를 확보한 후 이동하도록 교육한다.

① ㉠　　　　　　　　　　　　　② ㉡
③ ㉠㉢　　　　　　　　　　　　④ ㉡㉢

44 두 가지 직업을 동시에 가지는 사람들(일명 투잡)이 최근에 많아졌다. 지은, 수정, 효미는 각각 두 가지씩의 직업을 가지고 있는데 직업의 종류는 은행원. 화가, 소설가, 교사, 변호사, 사업가의 6가지이다. 세 명에 대하여 다음 사항을 알고 있을 때, 효미의 직업은 무엇인가?

㉠ 사업가는 은행원에게 대출 절차를 상담하였다.
㉡ 사업가와 소설가와 지은이는 같이 골프를 치는 친구이다.
㉢ 화가는 변호사에게서 법률적인 충고를 받았다.
㉣ 은행원은 화가의 오빠와 결혼하였다.
㉤ 수정은 소설가에게서 소설책을 빌렸다.
㉥ 수정과 효미는 화가와 어릴 때부터 친구였다.

① 교사, 소설가　　　　　　　　② 은행원, 소설가
③ 변호사, 사업가　　　　　　　④ 교사, 변호사

45 다음의 내용이 모두 참일 때, 결론이 타당하기 위해서 추가로 필요한 진술은?

> ㉠ 자동차는 1번 도로를 지나왔다면 이 자동차는 A마을에서 왔거나 B마을에서 왔다.
> ㉡ 자동차가 A마을에서 왔다면 자동차 밑바닥에 흙탕물이 튀었을 것이다.
> ㉢ 자동차가 A마을에서 왔다면 자동차의 모습을 담은 폐쇄회로 카메라가 적어도 하나가 있을 것이다.
> ㉣ 자동차가 B마을에서 왔다면 도로 정체를 만났을 것이고 적어도 한 곳의 검문소를 통과했을 것이다.
> ㉤ 자동차가 도로정체를 만났다면 자동차의 모습을 닮은 폐쇄회로 카메라가 적어도 하나가 있을 것이다.
> ㉥ 자동차가 적어도 검문소 한 곳을 통과했다면 자동차 밑바닥에 흙탕물이 튀었을 것이다.
> ∴ 따라서 자동차는 1번 도로를 지나오지 않았다.

① 자동차 밑바닥에 흙탕물이 튀었을 것이다.
② 자동차는 도로 정체를 만나지 않았을 것이다.
③ 자동차는 적어도 검문소 한 곳을 통과했을 것이다.
④ 자동차 모습을 담은 폐쇄회로 카메라는 하나도 없을 것이다.

46 다음 제시된 전제에 따라 추론할 때 결론에 올 수 없는 것은?

> 건강보험관리공단의 지하1층, 지상4층짜리 건물에는 기획조정실, 고객지원실, 경영지원실, 건강증진실, 정보관리실이 있다.(단, 한 층에는 한 개의 부서만 있다).
> • 기획조정실은 고객지원실보다 세 층 위에 있다.
> • 고객지원실은 지상에 있다.
> • 건강증진실은 경영지원실 바로 아래층에 있다.
> • 그러므로 _____

① 제일 위층에는 기획조정실이 있다.
② 정보관리실은 지상 1층에 있다.
③ 3층에는 경영지원실이 있다.
④ 고객지원실은 경영지원실 두 층 아래에 있다.

47 함께 여가를 보내려는 A, B, C, D, E 다섯 사람의 자리를 원형 탁자에 배정하려고 한다. 다음 글을 보고 옳은 것을 고르면?

> - A 옆에는 반드시 C가 앉아야 된다.
> - D의 맞은편에는 A가 앉아야 된다.
> - 여가시간을 보내는 방법은 책읽기, 수영, 영화 관람이다.
> - C와 E는 취미생활을 둘이서 같이 해야 한다.
> - B와 C는 취미가 같다.

① A의 오른편에는 B가 앉아야 한다.
② B가 책읽기를 좋아한다면 E도 여가 시간을 책읽기로 보낸다.
③ B는 E의 옆에 앉아야 한다.
④ A와 D 사이에 C가 앉아있다.

48 A, B, C, D, E는 4시에 만나서 영화를 보기로 약속했다. 이들이 도착한 것이 다음과 같다면 옳은 것은?

> - A 다음으로 바로 B가 도착했다.
> - B는 D보다 늦게 도착했다.
> - B보다 늦게 온 사람은 한 명뿐이다.
> - D는 가장 먼저 도착하지 못했다.
> - 동시에 도착한 사람은 없다.
> - E는 C보다 일찍 도착했다.

① D는 두 번째로 약속장소에 도착했다.
② C는 약속시간에 늦었다.
③ A는 가장 먼저 약속장소에 도착했다.
④ E는 제일 먼저 도착하지 못했다.

49 다음의 두 명제가 참일 때 다음 중 참인 것은?

> 명제 1 : 강아지를 좋아하는 사람은 자연을 좋아한다.
> 명제 2 : 나무를 좋아하는 사람은 자연을 좋아한다.

① 나무를 좋아하지 않는 사람은 강아지를 좋아한다.
② 자연을 좋아하는 사람은 강아지도 나무도 좋아한다.
③ 강아지를 좋아하는 사람은 나무를 좋아하지 않는다.
④ 자연을 좋아하지 않는 사람은 강아지도 나무도 좋아하지 않는다.

┃50~52┃ 다음은 ○○냉장고의 사용설명서이다. 이를 읽고 물음에 답하시오.

사용 전 확인사항

사용 전에 꼭 한번 확인하세요. → 냉장고를 사용하시기 전에 다음 사항을 꼭 확인해 보세요. 안전하고 깨끗하게 사용할 수 있는 최선의 방법이 됩니다.

◉ 냉장고에서 플라스틱 냄새가 날 때
 • 냉장고 문을 열고 환기를 시킨 후 가동시키세요.
 • 냉장고를 처음 설치했을 때는 내부에서 플라스틱 냄새가 날 수 있습니다.
 • 냄새가 날 수 있는 부착물 테이프류는 제거한 후 사용하세요.
◉ 사용 중 정전이 되었을 때
 • 냉장고 문을 되도록 열지 마세요.
 • 여름에 2~3시간 정도 전기가 들어오지 않아도 식품이 상하지 않습니다.
◉ 문제해결방법

증상	확인	처리
냉동, 냉장이 전혀 안돼요	• 전원플러그가 빠져 있지 않은가요? • 높은 온도로 조절되어 있는 것은 아닌가요? • 햇볕이 내리쬐는 곳이나 열기구 가까이 설치된 것은 아닌가요? • 냉장고 뒷면과 벽면이 너무 가까운 것은 아닌가요?	• 전원플러그를 다시 꽂아주세요. • 냉동실/냉장실 온도조절 버튼을 눌러 낮은 온도로 조절하세요. • 햇볕이 내리쬐는 곳, 열기구 있는 곳과 떨어진 곳에 설치하세요. • 뒷면, 옆면은 벽과 5cm 이상 간격을 띄우고 설치해 주세요.
냉장고 안에서 냄새가 나요	• 뚜껑을 덮지 않고 반찬을 보관한 것은 아닌가요? • 육류, 생선류, 건어물을 비닐포장 하지 않고 넣은 것은 아닌가요? • 너무 오랫동안 식품을 넣어둔 것은 아닌가요?	• 김치 등의 반찬류는 반드시 뚜껑을 덮거나 랩을 씌워 보관해 주세요. • 위생 비닐봉투에 넣고 묶어서 보관하세요. • 오래된 식품은 냄새가 날 수 있습니다.
얼음에서 냄새가 나요	• 수돗물로 얼음을 만든 것은 아닌가요? • 냉장고 안을 자주 닦지 않은 것은 아닌가요? • 얼음 그릇이 더러운 것은 아닌가요? • 선반에 음식물이 떨어진 것은 아닌가요?	• 가끔 소독약품 냄새가 날 수 있습니다. • 자주 닦지 않으면 냄새가 냉장고 안에 배게 됩니다. • 얼음 그릇을 깨끗이 닦아서 사용하세요. • 음식물이 떨어진 채 사용하면 나쁜 냄새가 날 수 있습니다.

50 냉장고를 사용하다가 보니 냉동 및 냉장이 전혀 되지 않을 경우나 냉각이 약할 경우 해결할 수 있는 방법으로 가장 적절한 것은?

① 전원플러그를 다시 꽂아 본다.
② 냉동실/냉장실 온도조절 버튼을 눌러 높은 온도로 조절한다.
③ 뒷면과 옆면은 벽과 5mm 이상 간격을 두어 설치한다.
④ 서비스센터에 문의한다.

51 냉동실에 얼려 놓은 얼음에서 냄새가 날 경우 이를 해결할 방법으로 가장 적절한 것은?

① 수돗물로 얼음을 만들면 냄새가 날 수 있으므로 정수기물을 사용한다.
② 오래된 식품은 반드시 버린다.
③ 얼음 그릇을 잘 닦아서 사용한다.
④ 냉장고 문에 음식물이 묻지 않았는지 확인 후 사용한다.

52 냉장고를 사용하는 중 정전이 되었을 때 취해야 할 행동으로 가장 적절한 것은?

① 냉장고 문을 환기시킨 후 사용한다.
② 냉장고 문을 되도록 열지 않는다.
③ 냉장고 전원플러그를 뽑아 놓는다.
④ 서비스센터로 문의한다.

53 민수, 영민, 민희 세 사람은 제주도로 여행을 가려고 한다. 제주도까지 가는 방법에는 고속버스→ 배→ 지역버스, 자가용→ 배, 비행기의 세 가지 방법이 있을 때 민수는 고속버스를 타기 싫어하고 영민이는 자가용 타는 것을 싫어한다면 이 세 사람이 선택할 것으로 생각되는 가장 좋은 방법은?

① 고속버스, 배   ② 자가용, 배
③ 비행기   ④ 지역버스, 배

┃54~55┃ 다음 글을 읽고 물음에 답하시오.

○○통신회사 직원 K씨가 고객으로부터 걸려온 전화를 응대하고 있다. 고객은 K씨에게 가장 저렴한 통신비를 문의하고 있다.

K씨 : 안녕하십니까? ○○텔레콤 K○○입니다. 무엇을 도와드릴까요?
고객 : 네. 저는 저에게 맞는 통신비를 추천받고자 합니다.
K씨 : 고객님이 많이 사용하시는 부분이 무엇입니까?
고객 : 저는 통화는 별로 하지 않고 인터넷을 한 달에 평균 3기가 정도 사용합니다.
K씨 : 아, 고객님은 인터넷을 많이 사용하시는군요. 그럼 인터넷 외에 다른 서비스는 필요하신 부분이 없으십니까?
고객 : 저는 매달 컬러링을 바꾸고 싶습니다.
K씨 : 아, 그럼 매달 3기가 이상의 인터넷과 무료 컬러링이 필요하신 것입니까?
고객 : 네. 그럼 될 것 같습니다.

요금제명	무료 인터넷 용량	무료 통화 용량	무료 부가서비스	가격
35요금제	1기가	40분	없음	30,000원
45요금제	2기가	60분	없음	40,000원
55요금제	3기가	120분	컬러링 월 1회	50,000원
65요금제	4기가	180분	컬러링 월 2회	60,000원

※ 무료 통화용량 초과시 1분당 500원의 추가요금 부과

54 K씨가 고객에게 가장 적합하다고 생각하는 요금제는 무엇인가?

① 35요금제   ② 45요금제
③ 55요금제   ④ 65요금제

55 만약 동일한 조건에서 고객이 통화를 1달에 3시간 30분 정도 사용한다고 한다면 이 고객에게 가장 적합한 요금제는 무엇인가?

① 35요금제   ② 45요금제
③ 55요금제   ④ 65요금제

56 다음 내용을 보고 이루어질 수 있는 상황으로 옳은 것은?

> 왼쪽 길은 마을로 가고, 오른쪽 길은 공동묘지로 가는 두 갈래로 나누어진 길 사이에 장승이 하나 있는데, 이 장승은 딱 두 가지 질문만 받으며 두 질문 중 하나는 진실로, 하나는 거짓으로 대답한다. 또한 장승이 언제 진실을 얘기할지 거짓을 얘기할지 알 수 없다. 마을로 가기 위해 찾아온 길을 모르는 한 나그네가 규칙을 다 들은 후에 장승에게 다음과 같이 질문했다. "너는 장승이니?" 장승이 처음 질문에 대답한 후에 나그네가 다음 질문을 했다. "오른쪽 길로 가면 마을이 나오니?" 이어진 장승의 대답 후에 나그네는 한쪽 길로 사라졌다.

① 나그네가 길을 찾을 수 있을지 없을지는 알 수 없다.
② 장승이 처음 질문에 "그렇다."라고 대답하면 나그네는 마을을 찾아갈 수 없다.
③ 장승이 처음 질문에 "아니다."라고 대답하면 나그네는 마을을 찾아갈 수 없다.
④ 장승이 처음 질문에 무엇이라 대답하든 나그네는 마을을 찾아갈 수 있다.

57 다음의 상황에서 옳은 것은?

> 다음은 자동차 외판원 A, B, C, D, E, F의 판매실적에 대한 진술이다.
> • A는 B에게 실적에서 앞서 있다.
> • C는 D에게 실적에서 뒤졌다.
> • E는 F에게 실적에서 뒤졌지만, A에게는 실적에서 앞서 있다.
> • B는 D에게 실적에서 앞서 있지만, E에게는 실적에서 뒤졌다.

① 외판원 C의 실적은 꼴지가 아니다.
② B의 실적보다 안 좋은 외판원은 3명이다.
③ 두 번째로 실적이 좋은 외판원은 B이다.
④ 실적이 가장 좋은 외판원은 F이다.

58 어류 관련 회사에서 근무하는 H씨는 생선을 좋아해서 매일 갈치, 조기, 고등어 중 한 가지 생선을 구워 먹는다. 다음 12월 달력과 〈조건〉을 참고하여 〈보기〉에서 옳은 것을 모두 고른 것은?

12월						
일	월	화	수	목	금	토
			1	2	3	4
5	6	7	8	9	10	11
12	13	14	15	16	17	18
19	20	21	22	23	24	25
26	27	28	29	30	31	

〈조건〉
- 같은 생선을 연속해서 이틀 이상 먹을 수 없다.
- 매주 화요일은 갈치를 먹을 수 없다.
- 12월 17일은 조기를 먹어야 한다.
- 하루에 1마리의 생선만 먹어야 한다.

〈보기〉
㉠ 12월 한 달 동안 먹을 수 있는 조기는 최대 15마리이다.
㉡ 12월 한 달 동안 먹을 수 있는 갈치는 최대 14마리이다.
㉢ 12월 6일에 조기를 먹어야 한다는 조건이 추가된다면 12월 한 달 동안 갈치, 조기, 고등어를 1마리 이상씩 먹는다.

① ㉠
② ㉡
③ ㉡, ㉢
④ ㉠, ㉢

59 서울 출신 두 명과 강원도 출신 두 명, 충청도, 전라도, 경상도 출신 각 1명이 다음의 조건대로 줄을 선다. 앞에서 네 번째에 서는 사람의 출신지역은 어디인가?

> • 충청도 사람은 맨 앞 또는 맨 뒤에 선다.
> • 서울 사람은 서로 붙어 서있어야 한다.
> • 강원도 사람 사이에는 다른 지역 사람 1명이 서있다.
> • 경상도 사람은 앞에서 세 번째에 선다.

① 서울
② 강원도
③ 충청도
④ 전라도

60 제시된 자료는 복리후생 제도 중 직원의 교육비 지원에 대한 내용이다. 다음 중 (가)~(라) 직원 4명의 총 교육비 지원 금액은 얼마인가?

〈교육비 지원 기준〉
• 임직원 본인의 대학 및 대학원 학비 : 100% 지원
• 임직원 가족의 대학 및 대학원 학비
 - 임직원의 직계 존비속 : 80% 지원
 - 임직원의 형제 및 자매 : 50% 지원 (단, 직계 존비속 지원이 우선되며, 해당 신청이 없을 경우에 한하여 지급함)
 - 교육비 지원 신청은 본인 포함 최대 2인에 한한다.

〈교육비 신청내용〉
(가) 직원 - 본인 대학원 학비 3백만 원, 동생 대학 학비 2백만 원
(나) 직원 - 딸 대학 학비 2백만 원
(다) 직원 - 본인 대학 학비 3백만 원, 아들 대학 학비 4백만 원, 동생 대학원 학비 2백만 원
(라) 직원 - 본인 대학원 학비 2백만 원, 딸 대학 학비 2백만 원, 아들 대학원 학비 2백만 원, 동생 대학원 학비 3백만 원

① 14,400,000원
② 15,400,000원
③ 16,400,000원
④ 17,400,000원

61 다음은 위반사실 등의 공표에 대한 설명이다. 빈칸에 들어갈 수 있는 내용이 아닌 것은?

보건복지부장관 또는 특별자치시장·특별자치도지사·시장·군수·구청장은 장기요양기관이 거짓으로 재가·시설 급여비용을 청구하였다는 이유로 제37조 또는 제37조의2에 따른 처분이 확정된 경우로서 다음 각 호의 어느 하나에 해당하는 경우에는 위반사실, 처분내용, 장기요양기관의 명칭·주소, 장기요양기관의 장의 성명, 그 밖에 다른 장기요양기관과의 구별에 필요한 사항으로서 대통령령으로 정하는 사항을 공표하여야 한다.
  1. 거짓으로 청구한 금액이 (   )천만 원 이상인 경우
  2. 거짓으로 청구한 금액이 장기요양급여비용 총액의 (   )분의 (   ) 이상인 경우

---

① 1
② 10
③ 100
④ 1,000

62 장기요양급여에 대한 본인부담금의 비용에 대하여 수급자 본인이 전부 부담하는 경우로 옳지 않은 것은?

① 노인장기요양보험법의 규정에 따른 급여의 범위 및 대상에 포함되지 아니하는 장기요양급여
② 수급자가 장기요양인정서에 기재된 장기요양급여의 종류 및 내용과 다르게 선택하여 장기요양급여를 받은 경우 그 차액
③ 장기요양급여의 월 한도액을 초과하는 장기요양급여
④ 장기요양급여의 년 한도액을 초과하는 장기요양급여

63 장기요양요원지원센터의 업무가 아닌 것은?

① 가족요양비, 특례요양비 및 요양병원간병비의 지급기준 심의
② 장기요양요원에 대한 건강검진 등 건강관리를 위한 사업
③ 장기요양요원의 권리 침해에 관한 상담 및 지원
④ 장기요양요원의 역량강화를 위한 교육지원

64 장기요양인정 · 장기요양등급 · 장기요양급여 · 부당이득 · 장기요양급여비용 또는 장기요양보험료 등에 관한 공단의 처분에 이의가 있는 자는 공단에 심사청구를 할 수 있다. 심사청구 기간에 대한 설명으로 옳은 것은?

① 처분이 있은 날부터 90일 이내에 문서로 하여야 한다.
② 처분이 있은 날부터 90일 이내에 구두 또는 문서로 하여야 한다.
③ 처분이 있음을 안 날부터 90일 이내에 문서로 하여야 한다.
④ 처분이 있음을 안 날부터 90일 이내에 구도 또는 문서로 하여야 한다.

65 거짓이나 그 밖의 부정한 방법으로 장기요양급여를 받거나 다른 사람으로 하여금 장기요양급여를 받게 한 자에게 처해지는 벌칙은?

① 1년 이하의 징역 또는 1천만 원 이하의 벌금
② 2년 이하의 징역 또는 2천만 원 이하의 벌금
③ 3년 이하의 징역 또는 3천만 원 이하의 벌금
④ 4년 이하의 징역 또는 4천만 원 이하의 벌금

66 「노인장기요양보험법」에서 사용하는 '노인'의 기준이 되는 나이는?

① 55세   ② 60세

③ 65세   ④ 70세

67 장기요양급여 제공의 기본원칙에 대한 설명으로 옳지 않은 것은?

① 장기요양급여는 노인등이 자신의 의사와 능력에 따라 최대한 자립적으로 일상생활을 수행할 수 있도록 제공하여야 한다.

② 장기요양급여는 노인등의 심신상태·생활환경과 노인등 및 그 가족의 욕구·선택을 종합적으로 고려하여 필요한 범위 안에서 이를 적정하게 제공하여야 한다.

③ 장기요양급여는 노인등이 장기요양기관에 입소하여 생활하면서 신체활동 지원 및 심신기능의 유지·향상을 위한 교육·훈련 등을 받는 시설급여를 우선적으로 제공하여야 한다.

④ 장기요양급여는 노인등의 심신상태나 건강 등이 악화되지 아니하도록 의료서비스와 연계하여 이를 제공하여야 한다.

68 다음 빈칸에 들어갈 내용으로 적절한 것은?

> 국가는 장기요양기본계획을 수립·시행함에 있어서 노인뿐만 아니라 (　　　) 등 일상생활을 혼자서 수행하기 어려운 모든 국민이 장기요양급여, 신체활동지원서비스 등을 제공받을 수 있도록 노력하고 나아가 이들의 생활안정과 자립을 지원할 수 있는 시책을 강구하여야 한다.

① 아동

② 여성

③ 차상위계층

④ 장애인

69 다음 중 장기요양기본계획에 포함되어야 하는 사항이 아닌 것은?

① 연도별 장기요양급여 대상인원 및 재원조달 계획

② 연도별 장기요양기관 및 장기요양전문인력 관리 방안

③ 고령인구비율 및 노령화지수 추이

④ 장기요양요원의 처우에 관한 사항

70 장기요양보험사업을 관장하는 주체는?

① 대통령

② 국무총리

③ 보건복지부장관

④ 국민건강보험공단

71 장기요양보험료를 산정하는 식으로 옳은 것은?

① (「국민건강보험법」에 따라 산정한 보험료액 + 추가 또는 가산되는 비용) × 장기요양보험료율

② (「국민건강보험법」에 따라 산정한 보험료액 − 경감 또는 면제되는 비용) × 장기요양보험료율

③ (「국민건강보험법」에 따라 산정한 보험료액 + 추가 또는 가산되는 비용) ÷ 장기요양보험료율

④ (「국민건강보험법」에 따라 산정한 보험료액 − 경감 또는 면제되는 비용) ÷ 장기요양보험료율

72 다음은 장기요양인정의 신청자격에 대한 설명이다. 빈칸에 들어갈 수 있는 내용이 아닌 것은?

> 　　장기요양인정을 신청할 수 있는 자는 노인등으로서 다음의 어느 하나에 해당하는 자격을 갖추어야 한다.
> 　　1. ＿＿＿＿＿＿＿＿＿＿＿＿＿＿＿＿＿＿＿＿＿＿＿＿＿＿＿＿＿＿＿＿＿
> 　　2. ＿＿＿＿＿＿＿＿＿＿＿＿＿＿＿＿＿＿＿＿＿＿＿＿＿＿＿＿＿＿＿＿＿

① 장기요양보험가입자
② 장기요양보험가입자의 피부양자
③ 의료급여수급권자
④ 생계급여수급권자

73 공단이 장기요양인정 신청서를 접수한 때에 따라 소속 직원으로 하여금 조사하게 하여야 하는 사항이 아닌 것은?

① 신청인의 심신상태
② 신청인의 재정상태
③ 신청인에게 필요한 장기요양급여의 종류
④ 신청인에게 필요한 장기요양급여의 내용

74 장기요양인정 신청의 조사가 완료된 때에 공단이 등급판정위원회에 제출해야 하는 서류가 아닌 것은?

① 조사결과서
② 신청서
③ 의사소견서
④ 공단견해서

75 장기요양등급판정기간은 신청인이 신청서를 제출한 날부터 며칠 이내인가? (단, 기간 이내에 등급판정을 완료할 수 없는 부득이한 사유가 있는 경우는 제외한다)

① 15일
② 20일
③ 30일
④ 60일

76 장기요양인정서를 작성할 경우 고려사항이 아닌 것은?

① 수급자의 장기요양등급
② 수급자의 생활환경
③ 수급자와 그 가족의 욕구
④ 시설급여를 제공하는 경우 장기요양기관의 재정 현황

77 장기요양인정의 갱신 신청은 유효기간이 만료되기 며칠 전까지 완료하여야 하는가?

① 15일
② 20일
③ 30일
④ 60일

78 다음 중 장기요양급여의 성격이 다른 하나는?

① 방문요양

② 주 · 야간보호

③ 단기보호

④ 가족요양비

79 다음 중 특별현금급여의 종류가 아닌 것은?

① 가족요양비

② 가족생활비

③ 특례요양비

④ 요양병원간병비

80 장기요양급여 제공의 시작점이 되는 날은 언제인가?

① 장기요양인정서와 개인별장기요양이용계획서가 공단에서 송부된 날

② 장기요양인정서와 개인별장기요양이용계획서가 수급자에게 도달한 날

③ 장기요양기관에 장기요양인정서와 개인별장기요양이용계획서를 제시한 날

④ 공단이 장기요양기관에 수급자의 대상여부를 확인 · 통보한 날

직업기초능력평가

1 다음은 A 에어컨 업체에서 신입사원들을 대상으로 진행한 강의의 일부분이다. '가을 전도' 현상에 대한 이해도를 높이기 위해 추가 자료를 제작하였다고 할 때, 바른 것은?

> 호수의 물은 깊이에 따라 달라지는 온도 분포를 기준으로 세 층으로 나뉘는데, 상층부부터 표층, 중층, 그리고 가장 아래 부분인 심층이 그것입니다. 사계절이 뚜렷한 우리나라 같은 온대 지역의 깊은 호수에서는 계절에 따라 물의 상하 이동이 다른 양상을 보입니다.
> 여름에는 대기의 온도가 높기 때문에 표층수의 온도도 높습니다. 중층수나 심층수의 온도가 표층수보다 낮고 밀도가 상대적으로 높기 때문에 표층수의 하강으로 인한 중층수나 심층수의 이동은 일어나지 않습니다.
> 그런데 가을이 되면 대기의 온도가 떨어지면서 표층수의 온도가 낮아집니다. 그래서 물이 최대 밀도가 되는 4℃에 가까워지면, 약한 바람에도 표층수가 아래쪽으로 가라앉으면서 상대적으로 밀도가 낮은 아래쪽의 물이 위쪽으로 올라오게 됩니다. 이런 현상을 '가을 전도'라고 부릅니다.
> 겨울에는 여름과 반대로 표층수의 온도가 중층수나 심층수보다 낮지만 밀도는 중층수와 심층수가 더 높기 때문에 여름철과 마찬가지로 물의 전도 현상이 일어나지 않습니다. 그러나 봄이 오면서 얼음이 녹고 표층수의 온도가 4℃까지 오르게 되면 물의 전도 현상을 다시 관찰할 수 있습니다. 이것을 '봄 전도'라고 부릅니다.
> 이러한 봄과 가을의 전도 현상을 통해 호수의 물이 순환하게 됩니다.

풀이종료시간 : [   ] – [   ]
풀이소요시간 : [   ]분 [   ]초

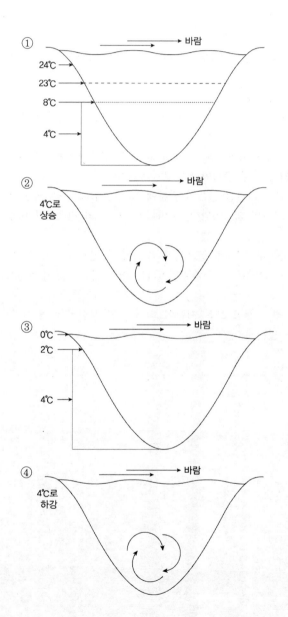

2 다음은 SNS 회사에 함께 인턴으로 채용된 두 친구의 대화이다. 두 사람이 제출했을 토론 주제로 적합한 것은?

> 여 : 대리님께서 말씀하신 토론 주제는 정했어? 난 인터넷에서 '저무는 육필의 시대'라는 기사를 찾았는데 토론 주제로 괜찮을 것 같아서 그걸 정리해 가려고 하는데.
>
> 남 : 난 아직 마땅한 게 없어서 찾는 중이야. 그런데 육필이 뭐야?
>
> 여 : SNS 회사에 입사했다는 애가 그것도 모르는 거야? 컴퓨터로 글을 쓰는 게 디지털 글쓰기라면 손으로 글을 쓰는 걸 육필이라고 하잖아.
>
> 남 : 아! 그런 거야? 그럼 우리는 디지털 글쓰기 세대겠네?
>
> 여 : 그런 셈이지. 요즘 다들 컴퓨터로 글을 쓰니까. 그나저나 너는 디지털 글쓰기의 장점이 뭐라고 생각해?
>
> 남 : 음, 우선 떠오르는 대로 빨리 쓸 수 있다는 점 아닐까? 또 쉽게 고칠 수도 있고. 그래서 누구나 쉽게 글을 쓸 수 있다는 점이 디지털 글쓰기의 최대 장점이라고 생각하는데.
>
> 여 : 맞아. 기존의 글쓰기가 소수의 전유물이었다면, 디지털 글쓰기 덕분에 누구나 쉽게 글을 쓰고 의사소통을 할 수 있게 되었다는 게 내가 본 기사의 핵심이었어. 한마디로 글쓰기의 민주화가 이루어진 거지.
>
> 남 : 글쓰기의 민주화······. 멋있어 보이기는 하는데, 디지털 글쓰기가 꼭 장점만 있는 것 같지는 않아. 누구나 쉽게 글을 쓸 수 있게 됐다는 건, 그만큼 글이 가벼워졌다는 거 아냐? 우리 주변에서도 그런 글들을 엄청나잖아.
>
> 여 : 하긴, 디지털 글쓰기 때문에 과거보다 진지하게 글을 쓰는 사람이 적어진 건 사실이야. 남의 글을 베끼거나 근거 없는 내용을 담은 글들도 많아지고.
>
> 남 : 우리 이 주제로 토론을 해 보는 게 어때?

① 세대 간 정보화 격차
② 디지털 글쓰기와 정보화
③ 디지털 글쓰기의 장단점
④ 디지털 글쓰기와 의사소통의 관계

3 다음은 어느 공공기관에서 추진하는 '바람직한 우리 사회'를 주제로 한 포스터이다. 포스터의 주제를 가장 효과적으로 표현한 사원은?

① 甲 : 깨끗한 우리 사회, 부패 척결에서 시작합니다.

② 乙 : 밝고 따뜻한 사회, 작은 관심에서 출발합니다.

③ 丙 : 자연을 보호하는 일, 미래를 보호하는 일입니다.

④ 丁 : 맹목적인 기업 투자, 회사를 기울게 만들 수 있습니다.

| 4～5 | 다음 글을 읽고 물음에 답하시오.

(가) 각 세포의 형질이 어떤 상황에서 특정하게 나타나도록 하는 정보는 세포 안에 있는 유전자에 들어 있다. 따라서 유전 정보의 적절한 발현이 세포의 형질을 결정하며, 생물체의 형질은 그것을 구성하고 있는 세포들의 형질에 의해서 결정된다. 이러한 생물학적 연구 결과를 근거로 유전 정보가 인간의 생김새뿐만 아니라 지능, 그리고 성격까지도 결정할 수 있겠다는 생각을 이끌어 내었다. 유전자 연구는, 열등한 유전자를 가진 사람들은 공동체에 도움은커녕 피해만 주므로 도태시켜야 한다는 이른바 극단적인 우생학* 때문에 한동안 주춤했으나 최근에 다시 활기를 띠고 있다.

(나) 인간과 유전자의 관계를 규명하려는 연구는, 약 1세기 전 골턴(Galton)이 연구를 시작한 이래 지금까지 이어지고 있다. 그러던 중 근래에 ㉠쌍생아들을 대상으로 한 연구가 있었다. 이 연구는 서로 다른 유전자를 가진 이란성 쌍생아와 동일한 유전자를 가진 일란성 쌍생아들을 비교한 것으로, 유전적 요인이 인간의 성격 형성에 지대한 영향을 미친다는 심증을 굳히게 하였다. 또 일반인들을 대상으로 한 여러 연구를 통해서, 각종 범죄, 조울증, 정신 분열증, 알코올 중독증 등 주변의 영향을 받을 것 같은 성향들에도 유전자가 어느 정도 영향을 미친다는 조사 결과가 보고되었다. 연구자들은 이 연구에 의미를 부여하고, 한 발 더 나아가 인간의 질병을 대상으로 그 원인이 되는 유전자를 구체적으로 찾는 작업에 몰두하게 되었다.

(다) 인간의 유전병은 대략 3,000여 가지로 짐작된다. 그러나 그 원인이 되는 유전자를 밝혀낸 것은 단순한 유전병 100여 가지에 불과했다. 그런데 심각한 유전성 신경질환인 '헌팅턴병'의 원인 유전자를 규명한 연구 결과가 보고되었다. 연구자들은 이 병에 걸린 사람들의 염색체로부터 DNA를 뽑아 제한효소로 잘라지는 패턴을 정상인과 비교한 결과, 그 패턴이 특이하게 달라진다는 사실을 확인할 수 있었다. 결국 제4번 염색체에서 헌팅턴병의 원인이 되는 유전자를 찾아내게 되었는데, 이는 유전학 연구가 한 걸음 더 나아가게 하는 계기가 되었다.

(라) 그러나 아직 많은 유전병은 그 원인 유전자조차 규명되지 않고 있다. 또 원인 유전자를 찾아냈다고 해도, 그 형질을 나타내는 유전정보가 인간이 가진 46개의 염색체 중 어디에 있으며, 어떤 염기 서열로 되어있는지를 분명히 밝혀내는 일은 쉽지가 않다. 더구나 지능이나 피부색처럼 여러 유전자가 함께 작용하여 형질을 나타내는 경우, 각 유전자의 상호 관계와 역할을 밝히는 것은 더욱 어려운 일이다.

(마) 특별한 증세와 관련된 염색체 또는 유전자를 발견했다는 보고들이 있지만, 그 실험 결과들은 분명한 사실로 입증될 만큼 충분하지 않다. 따라서 학계에서는 유전자 연구의 결과를 활용하는 데에 신중한 태도를 보이고 있다. 인간의 특성이 유전적 요인에 의해 결정된다는 주장은 인정된다. 그러나 각각의 유전자가 구체적으로 어떤 유전정보를 갖고 있는지 밝히는 것과, 인간의 다양한 모습들에 구체적으로 어떻게 기능하는지에 대한 해답을 찾는 것은 연구자들의 과제이다.

* 우생학 : 우수한 유전자를 가진 인구의 증가를 꾀하고 열악한 유전자를 가진 인구의 증가를 방지하여, 궁극적으로 인류를 유전학적으로 개량하는 것을 목적으로 하는 학문

---

4 윗글을 통해 확인할 수 없는 것은?

① 세포의 형질은 유전정보와 관련이 있다.

② 인간의 성격은 유전정보의 영향을 받는다.

③ 일부 유전병의 원인 유전자를 규명하였다.

④ 유전자 연구에 힘입어 유전병을 치료하고 있다.

5 ㉠의 결과 중, 윗글의 논지에 부합하는 것은?

① 일란성 쌍생아인 A와 B는 동일한 환경에서 자랐지만 성격이 판이하다.

② 이란성 쌍생아인 C와 D는 다른 환경에서 자랐지만 성격이 흡사하다.

③ 이란성 쌍생아인 E와 F는 동일한 환경에서 자랐지만 성격이 판이하다.

④ 일란성 쌍생아인 G와 H는 다른 환경에서 자라서 성격이 판이하다.

6 다음은 국민건강보험공단의 핵심가치이다. '변화와 도전'이라는 가치를 달성하기 위해 실시하여야 할 정책으로 가장 적합한 것은?

희망과 행복	평생건강서비스를 강화하여 국민에게 한줄기 빛과 같은 희망을 주고, 행복한 삶을 영위할 수 있도록 건강의 가치를 나누어 가자는 의미
소통과 화합	내외부 이해관계자와 신뢰를 바탕으로 소통과 화합을 통해 건강보험제도의 지속가능한 발전과 보건의료체계 전반의 도약을 구축해 나가자는 의미
변화와 도전	기존의 제도와 틀에 안주하지 않고 변화와 혁신을 통해 제도의 미래가치를 창출할 수 있도록 도전해 나가자는 의미
창의와 전문성	창의적인 사고와 최고 전문역량을 함양하여 글로벌 Top 건강보장제도로 도약할 수 있도록 혁신을 주도하는 전문가를 지향하자는 의미

① 생애주기별 건강관리 프로그램을 개발하여 국민의 평생건강을 책임진다.

② 의료보험료 사용 내역을 투명하게 하여 공단 운영에 건강도를 높인다.

③ 변해가는 사회 현상을 예측·분석하고 건강보험제도가 개선해 나아가야 할 방향을 제시한다.

④ 전문 인력 채용을 확대하여 글로벌 시장을 선점한다.

7 다음 A 출판사 B 대리의 업무보고서이다. 이 업무보고서를 통해 알 수 있는 내용이 아닌 것은?

업무 내용	비고
09:10~10:00 [실내 인테리어] 관련 신간 도서 저자 미팅	※ 외주 업무 진행 보고
10:00~12:30 시장 조사(시내 주요 서점 방문)	1. [보세사] 원고 도착
12:30~13:30 점심식사	2. [월간 무비스타] 영화평론 의뢰
13:30~17:00 시장 조사 결과 분석 및 보고서 작성	
17:00~18:00 영업부 회의 참석	※ 중단 업무
※ 연장근무 1. 문화의 날 사내 행사 기획 회의	1. [한국어교육능력] 기출문제 분석 2. [관광통역안내사] 최종 교정

① B 대리는 A 출판사 영업부 소속이다.

② [월간 무비스타]에 실리는 영화평론은 A 출판사 직원이 쓴 글이 아니다.

③ B 대리는 시내 주요 서점을 방문하고 보고서를 작성하였다.

④ A 출판사에서는 문화의 날에 사내 행사를 진행할 예정이다.

8 다음에 주어진 자료를 활용하여 '능률적인 업무 처리 방법 모색'에 대한 기획안을 구상하였다. 적절하지 않은 것은?

(가) 한 나무꾼이 땔감을 구하기 위해 열심히 나무를 베고 있었는데 갈수록 힘만 들고 나무는 잘 베어지지 않았다. 도끼날이 무뎌진 것을 알아채지 못한 것이다. 나무꾼은 지칠 때까지 힘들게 나무를 베다가 결국 바닥에 드러눕고 말았다.

(나) 펜을 떼지 말고 한 번에 점선을 모두 이으시오. (단, 이미 지난 선은 다시 지날 수 없다.)

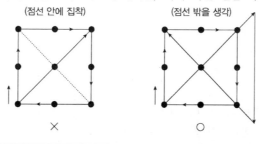

(점선 안에 집착)　　　　　(점선 밖을 생각)

×　　　　　　　　○

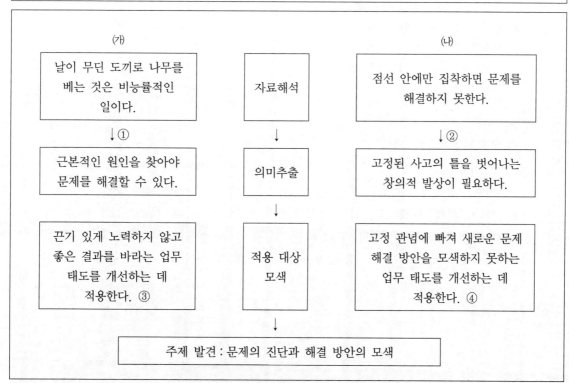

(가)

| 날이 무딘 도끼로 나무를 베는 것은 비능률적인 일이다. |

↓①

| 근본적인 원인을 찾아야 문제를 해결할 수 있다. |

| 끈기 있게 노력하지 않고 좋은 결과를 바라는 업무 태도를 개선하는 데 적용한다. ③ |

자료해석

↓

의미추출

↓

적용 대상 모색

(나)

| 점선 안에만 집착하면 문제를 해결하지 못한다. |

↓②

| 고정된 사고의 틀을 벗어나는 창의적 발상이 필요하다. |

| 고정 관념에 빠져 새로운 문제 해결 방안을 모색하지 못하는 업무 태도를 개선하는 데 적용한다. ④ |

↓

| 주제 발견 : 문제의 진단과 해결 방안의 모색 |

9 A 무역회사에 다니는 乙 씨는 회의에서 발표할 '해외 시장 진출 육성 방안'에 대해 다음과 같이 개요를 작성하였다. 이를 검토하던 甲이 지시한 내용 중 잘못된 것은?

Ⅰ. 서론
- 해외 시장에 진출한 우리 회사 제품 수의 증가 …… ㉠
- 해외 시장 진출을 위한 장기적인 전략의 필요성

Ⅱ. 본론
1. 해외 시장 진출의 의의
- 다른 나라와의 경제적 연대 증진 …… ㉡
- 해외 시장 속 우리 회사의 위상 제고
2. 해외 시장 진출의 장애 요소
- 해외 시장 진출 관련 재정 지원 부족
- 우리 회사에 대한 현지인의 인지도 부족 …… ㉢
- 해외 시장 진출 전문 인력 부족
3. 해외 시장 진출 지원 및 육성 방안
- 재정의 투명한 관리 …… ㉣
- 인지도를 높이기 위한 현지 홍보 활동
- 해외 시장 진출 전문 인력 충원

Ⅲ. 결론
- 해외 시장 진출의 전망

---

① ㉠ : 해외 시장에 진출한 우리 회사 제품 수를 통계 수치로 제시하면 더 좋겠군.

② ㉡ : 다른 나라에 진출한 타 기업 수 현황을 근거 자료로 제시하면 더 좋겠군.

③ ㉢ : 우리 회사에 대한 현지인의 인지도를 타 기업과 비교해 상대적으로 낮음을 보여주면 효과적이겠군.

④ ㉣ : Ⅱ-2를 고려할 때 '해외 시장 진출 관련 재정 확보 및 지원'으로 수정하는 것이 좋겠군.

10 다음은 '수학 교육'에 관한 글을 쓰기 위해 작성한 개요이다. 개요의 수정과 보완 방안으로 적절하지 않은 것은?

제목 : ㉠수학 교육의 중요성

Ⅰ. 서론 : ㉡국가 경쟁력 확보에서 수학이 차지하는 위상

Ⅱ. 본론

   1. 현재 수학 교육의 문제점

      가. ㉢수학 교육 과정 편성의 잘못

      나. 입시 위주의 암기식 수업

   2. 수학 교육의 개선 전략

      가. 수학 교육의 환경 개선에 필요한 재정 지원 확대

      나. 수학 교육 과정 개선

      다. ㉣수준별 수학 수업의 장려

Ⅲ. 결론 : 정리와 제언

---

① ㉠은 개요의 흐름으로 보아 '수학 교육 정책의 개선을 통한 국가 경쟁력 확보'로 수정한다.

② ㉡은 수학 교육의 내실화를 통해 경제적인 성공을 이룬 나라의 사례를 제시하여 내용을 보완한다.

③ ㉢은 내용이 모호하므로 현 교육 과정에서 수업 시수가 줄었다는 점과 과목 선택제로 인해 선택한 학생 수가 감소했음을 하위 항목으로 설정한다.

④ ㉣은 'Ⅱ-1-나'와 논리적 연관성이 없으므로 '우수 학생이 능력을 개발할 수 있는 기회 제공'으로 수정한다.

|11~12| 다음은 어느 회사 홈페이지에서 안내하고 있는 사회보장의 정의에 대한 내용이다. 물음에 답하시오.

- '사회보장'이라는 용어는 유럽에서 실시하고 있던 사회보험의 '사회'와 미국의 대공황 시기에 등장한 긴급경제보장위원회의 '보장'이란 용어가 합쳐져서 탄생한 것으로 알려져 있다. 1935년에 미국이 「사회보장법」을 제정하면서 법률명으로서 처음으로 사용되었고, 이후 사회보장이라는 용어는 전 세계적으로 ㉠통용되기 시작하였다.

- 제2차 세계대전 후 국제노동기구(ILO)의 「사회보장의 길」과 영국의 베버리지가 작성한 보고서 「사회보험과 관련 서비스」 및 프랑스의 라로크가 ㉡책정한 「사회보장계획」의 영향으로 각국에서 구체적인 사회정책으로 제도화되기 시작하였다.

- 우리나라는 1962년 제5차 개정헌법 제30조 제2항에서 처음으로 '국가는 사회보장의 증진에 노력하여야 한다'고 규정하여 국가적 의무로서 '사회보장'을 천명하였고, 이에 따라 1963년 11월 5일 법률 제1437호로 전문 7개조의 「사회보장에 관한 법률」을 제정하였다.

- '사회보장'이라는 용어가 처음으로 사용된 시기에 대해서는 대체적으로 의견이 일치하고 있으며 해당 용어가 전 세계적으로 ㉢파급되어 사용하고 있음에도 불구하고, '사회보장'의 개념에 대해서는 개인적, 국가적, 시대적, 학문적 관점에 따라 매우 다양하게 인식되고 있다.

- 국제노동기구는 「사회보장의 길」에서 '사회보장'은 사회구성원들에게 발생하는 일정한 위험에 대해서 사회가 적절하게 부여하는 보장이라고 정의하면서, 그 구성요소로 전체 국민을 대상으로 해야 하고, 최저생활이 보장되어야 하며 모든 위험과 사고가 보호되어야 할뿐만 아니라 공공의 기관을 통해서 보호나 보장이 이루어져야 한다고 하였다.

- 우리나라는 사회보장기본법 제3조 제1호에 의하여 "사회보장"이란 출산, ㉣양육, 실업, 노령, 장애, 질병, 빈곤 및 사망 등의 사회적 위험으로부터 모든 국민을 보호하고 국민 삶의 질을 향상 시키는데 필요한 소득·서비스를 보장하는 사회보험, 공공부조, 사회서비스를 말한다'라고 정의하고 있다.

---

11 사회보장에 대해 잘못 이해하고 있는 사람은?

① 영은 : '사회보장'이라는 용어가 법률명으로 처음 사용된 것은 1935년 미국에서였대.

② 원일 : 각국에서 사회보장을 구체적인 사회정책으로 제도화하기 시작한 것은 제2차 세계대전 이후구나.

③ 지민 : 사회보장의 개념은 어떤 관점에서 보느냐에 따라 매우 다양하게 인식될 수 있겠군.

④ 정현 : 국제노동기구의 입장에 따르면 개인에 대한 개인의 보호나 보장 또한 사회보장으로 볼 수 있어.

12 밑줄 친 단어가 한자로 바르게 표기된 것은?

① ㉠ 통용 − 通容 　　　② ㉡ 책정 − 策正

③ ㉢ 파급 − 波及 　　　④ ㉣ 양육 − 羊肉

13 문화체육관광부 홍보팀에 근무하는 김문화 씨는 '탈춤'에 관한 영상물을 제작하는 프로젝트를 맡게 되었다. 제작계획서 중 다음의 제작 회의 결과가 제대로 반영되지 않은 것은?

- 제목 : 탈춤 체험의 기록임이 나타나도록 표현
- 주 대상층 : 탈춤에 무관심한 젊은 세대
- 내용 : 실제 경험을 통해 탈춤을 알아가고 가까워지는 과정을 보여 주는 동시에 탈춤에 대한 정보를 함께 제공
- 구성 : 간단한 이야기 형식으로 구성
- 전달방식 : 정보들을 다양한 방식으로 전달

〈제작계획서〉

제목		'기획 특집 − 탈춤 속으로 떠나는 10일간의 여행'	①
제작 의도		젊은 세대에게 우리 고유의 문화유산인 탈춤에 대한 관심을 불러일으킨다.	②
전체 구성	중심얼개	• 대학생이 우리 문화 체험을 위해 탈춤이 전승되는 마을을 찾아가는 상황을 설정한다. • 탈춤을 배우기 시작하여 마지막 날에 공연으로 마무리한다는 줄거리로 구성한다.	③
	보조얼개	탈춤에 대한 정보를 별도로 구성하여 중간 중간에 삽입한다.	
전달 방식	해설	내레이션을 통해 탈춤에 대한 학술적 이견들을 깊이 있게 제시하여 탈춤에 조예가 깊은 시청자들의 흥미를 끌도록 한다.	④
	영상편집	• 탈에 대한 정보를 시각 자료로 제시한다. • 탈춤의 종류, 지역별 탈춤의 특성 등에 대한 그래픽 자료를 보여 준다. • 탈춤 연습 과정과 공연 장면을 현장감 있게 보여 준다.	

14 다음은 마야의 상형 문자를 기반으로 한 프로그램에 대한 설명이다. 제시된 (그림 4)가 산출되기 위해서 입력한 값은 얼마인가?

현재 우리는 기본수로 10을 사용하는 데 비해 이 프로그램은 마야의 상형 문자를 기본으로 하여 기본수로 20을 사용했습니다. 또 우리가 오른쪽에서 왼쪽으로 가면서 1, 10, 100으로 10배씩 증가하는 기수법을 쓰는 데 비해, 이 프로그램은 아래에서 위로 올라가면서 20배씩 증가하는 방법을 사용했습니다. 즉, 아래에서 위로 자리가 올라갈수록 1, 20, ……, 이런 식으로 증가하는 것입니다.

마야의 상형 문자에서 조개껍데기 모양은 0을 나타냅니다. 또한 점으로는 1을, 선으로는 5를 나타냈습니다. 아래의 (그림 1), (그림 2)는 이 프로그램에 0과 7을 입력했을 때 산출되는 결과입니다. 그럼 (그림 3)의 결과를 얻기 위해서는 얼마를 입력해야 할까요? 첫째 자리는 5를 나타내는 선이 두 개 있으니 10이 되겠고, 둘째 자리에 있는 점 하나는 20을 나타내는데, 점이 두 개 있으니 40이 되겠네요. 그래서 첫째 자리의 10과 둘째 자리의 40을 합하면 50이 되는 것입니다. 즉, 50을 입력하면 (그림 3)과 같은 결과를 얻을 수 있습니다.

	(그림 1)	(그림 2)	(그림 3)	(그림 4)
둘째 자리			● ●	● ● ●
첫째 자리	조개껍데기	● ●	▬▬	▬▬▬

① 60

② 75

③ 90

④ 105

┃15~17┃ 다음은 회의 내용의 일부이다. 물음에 답하시오.

김 팀장 : 네, 그렇군요. 수돗물 정책에 대한 이 과장님의 의견은 잘 들었습니다. 그런데 이 과장님 의견에 대해 박 부장님께서 반대 의견이 있다고 하셨는데, 박 부장님 어떤 내용이신가요?

박 부장 : 네, 사실 굉장히 답답합니다. 공단 폐수 방류 사건 이후에 17년간 네 번에 걸친 종합 대책이 마련됐고, 상당히 많은 예산이 투입된 것으로 알고 있습니다. 그런데도 상수도 사업을 민영화하겠다는 것은 결국 수돗물 정책이 실패했다는 걸 스스로 인정하는 게 아닌가 싶습니다. 그리고 민영화만 되면 모든 문제가 해결되는 것처럼 말씀하시는데요, 현실을 너무 안이하게 보고 계신다는 생각이 듭니다.

김 팀장 : 말씀 중에 죄송합니다만, 제 생각에도 수돗물 사업이 민영화되면 좀 더 효율적이고 전문적으로 운영될 것 같은데요.

박 부장 : 그렇지 않습니다. 전 우리 정부가 수돗물 사업과 관련하여 충분히 전문성을 갖추고 있다고 봅니다. 현장에서 근무하시는 분들의 기술 수준도 세계적이고요. 그리고 효율성 문제는요, 저희가 알아본 바에 의하면 시설 가동률이 50% 정도에 그치고 있고, 누수율도 15%나 된다는데, 이런 것들은 시설 보수나 철저한 관리를 통해 충분히 해결할 수 있다고 봅니다. 게다가 현재 상태로 민영화가 된다면 또 다른 문제가 생길 수 있습니다. 무엇보다 수돗물 가격의 인상을 피할 수 없다고 보는데요. 물 산업 강국이라는 프랑스도 민영화 이후에 물 값이 150%나 인상되었습니다. 우리에게도 같은 일이 일어나지 않으리라는 보장이 있습니까?

김 팀장 : 이 과장님, 박 부장님의 의견에 대해 어떻게 생각하십니까?

이 과장 : 민영화할 경우 아무래도 어느 정도 가격 인상 요인이 있겠습니다만 정부와 잘 협조하면 인상 폭을 최소화할 수 있으리라고 봅니다. 무엇보다도 수돗물 사업을 민간 기업이 운영하게 된다면 수질도 개선될 것이고, 여러 가지 면에서 더욱 질 좋은 서비스를 받을 수 있을 겁니다.

---

15 김 팀장과 박 부장의 발언으로 볼 때, 이 과장이 이전에 말했을 내용으로 가장 적절한 것은?

① 민영화를 통해 수돗물의 가격을 안정시킬 수 있다.

② 효율성을 높이기 위해 수돗물 사업을 민영화해야 한다.

③ 수돗물 사업의 전문성을 위해 기술 교육을 강화할 필요가 있다.

④ 종합적인 대책 마련을 통해 효율적인 수돗물 공급을 달성해야 한다.

16 박 부장의 의사소통능력에 대한 평가로 적절한 것은?

① 전문가의 말을 인용하여 자신의 견해를 뒷받침한다.

② 사회적 통념을 근거로 자기 의견의 타당성을 주장한다.

③ 구체적인 정보를 활용하여 상대방의 주장을 비판하고 있다.

④ 이해가 되지 않는 부분에 대해 근거 자료를 요구하고 있다.

17 주어진 회의에 대한 분석으로 적절하지 않은 것은?

① 김 팀장은 박 부장과 이 과장 사이에서 중립적인 자세를 취하고 있다.

② 박 부장은 이 과장의 의견에 반대하고 있다.

③ 이 과장은 수돗물 사업을 민영화하면 가격 인상이 될 수도 있다고 보고 있다.

④ 이 과장은 수돗물 사업 민영화로 받을 수 있는 질 좋은 서비스에 대해 구체적으로 제시하고 있지 않다.

18 다음은 2022년도 상반기 국민건강보험공단 신규직원 채용 공고의 일부의 예시 자료이다. 잘못 이해한 것을 고르면?

〈우대사항〉

구분	내용
취업지원 대상자	「국가유공자 등 예우 및 지원에 관한 법률」 등에 따른 취업지원대상자 ※ 가점비율은 국가보훈처에서 발급하는 취업지원대상자증명서로 확인
장애인	「장애인복지법」 제32조에 따른 등록 장애인
기초생활 보장수급자	「국민기초생활보장법」 제2조 제2호에 따른 수급자
강원지역 인재	최종학력기준 강원지역 소재 학교 출신자 또는 실거주자 ※ 대학 이하(고졸 및 전문대 포함) 최종학력 기준이 강원지역 소재 학교인 사람 또는 공고일 현재 주민등록상 연속하여 1년 이상 강원지역에 거주하고 있는 사람
청년인턴경력자	공단 또는 공공기관에서 청년인턴으로 4개월 이상 근무한 사람
우리공단 근무 경력자	2019년 이후 일산병원, 서울요양병원, 공단 고객센터 근무경력 2년(휴직기간 제외) 이상인 자 2019년 이후 공단 근무경력 1년(휴직기간 제외) 이상인 자(계약직 포함)
단시간근로 (시간선택제)	경력단절여성 중 경제활동 중단 기간이 접수마감일 현재까지 연속하여 1년 이상인 여성 ※ 단시간근로(시간선택제) 지원자만 해당(경력단절 여부는 고용보험 피보험자격 이력내역서로 확인)

① 취업지원대상자로 우대받기 위해서는 국가보훈처에서 발급하는 취업지원대상자증명서를 제출해야 한다.

② 2022년 2월 강원지역 소재 고등학교를 졸업한 A 씨는 이 채용에서 우대받을 수 있다.

③ 2021년 2월부터 7월까지 안전보건공단에서 청년인턴으로 근무한 B 씨는 이 채용에서 우대받을 수 있다.

④ 2020년 1월부터 2021년 6월까지 공단 고객센터에서 근무한 C 씨는 이 채용에서 우대받을 수 있다.

19 다음은 A 그룹 정기총회의 식순이다. 정기총회 준비와 관련하여 대표이사 甲과 비서 乙의 업무처리 과정에 대한 것으로 가장 옳지 않은 것은?

2022년도 ㈜A 그룹 정기총회

주관 : 대표이사 甲

▌ 식순 ▌
1. 성원보고
2. 개회선언
3. 개회사
4. 위원회 보고
5. 미결안건 처리
6. 안건심의
[제1호 의안] 2021년도 회계 결산 보고 및 승인의 건
[제2호 의안] 2022년도 사업 계획 및 예산 승인의 건
[제3호 의안] 이사 선임 및 변경에 대한 추인 건
7. 폐회

---

① 비서 乙은 성원보고와 관련하여 정관의 내용을 확인하고 甲에게 정기총회 요건이 충족되었다고 보고하였다.

② 비서 乙은 2021년도 정기총회의 개회사를 참고하여 2022년도 정기총회 개회사 초안을 작성하여 甲에게 보고하고 검토를 요청하였다.

③ 대표이사 甲은 지난 주주총회에서 미결된 안건이 없었는지 다시 확인해보라고 지시하였고, 비서 乙은 이에 대한 정관을 찾아서 확인 내용을 보고하였다.

④ 주주총회를 위한 회의 준비를 점검하는 과정에서 비서 乙은 빠진 자료가 없는지 매번 확인하였다.

20 다음 일정표에 대해 잘못 이해한 것을 고르면?

Albert Denton : Tuesday, September 24

8:30 a.m.	Meeting with S.S. Kim in Metropolitan Hotel lobby Taxi to Extec Factory
9:30–11:30 a.m.	Factory Tour
12:00–12:45 p.m.	Lunch in factory cafeteria with quality control supervisors
1:00–2:00 p.m.	Meeting with factory manager
2:00 p.m.	Car to warehouse
2:30–4:00 p.m.	Warehouse tour
4:00 p.m.	Refreshments
5:00 p.m.	Taxi to hotel (approx. 45 min)
7:30 p.m.	Meeting with C.W. Park in lobby
8:00 p.m.	Dinner with senior managers

① They are having lunch at the factory.

② The warehouse tour takes 90 minutes.

③ The factory tour is in the afternoon.

④ Mr. Denton has some spare time before in the afternoon.

21 다음 빈칸에 들어갈 알맞은 수는?

$$10 \quad 10 \quad 20 \quad \frac{20}{3} \quad \frac{80}{3} \quad (\quad) \quad 32$$

① $\frac{8}{3}$

② $\frac{11}{3}$

③ $\frac{14}{3}$

④ $\frac{16}{3}$

22 다음 숫자는 일정한 규칙을 따르고 있다. 괄호 안에 들어갈 가장 적절한 숫자는?

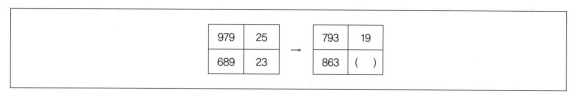

① 15

② 17

③ 19

④ 21

23 다음 규칙의 도형에서 ㉠, ㉡의 곱은 얼마인가?

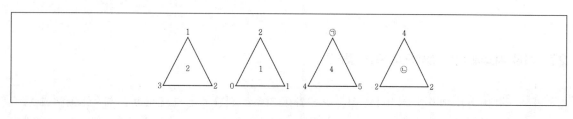

① 16

② 18

③ 20

④ 22

24 은포중학교에서 올해의 남학생 수와 여학생 수를 조사했는데, 남학생 수는 작년보다 8% 늘었고, 여학생 수는 작년보다 4% 줄었다고 한다. 작년 총 학생 수는 1000명이었으며 작년보다 올해의 총 학생 수가 20명 증가했을 때 작년 남학생 수는 얼마인가?

① 460

② 480

③ 500

④ 520

25 사원들이 회의를 하기 위해 강당에 모였다. 한 의자에 3명씩 앉으면 5명이 앉지 못하고, 5명씩 앉으면 마지막 의자에는 2명이 앉게 되고 빈 의자 2개가 생긴다고 한다. 이 때 의자의 개수와 사원 수를 구하여라.

① 9개, 32명   ② 10개, 35명

③ 11개, 38명   ④ 12개, 41명

26 백의 자리 숫자가 2이며 십의 자리 숫자가 5인 세 자리 자연수가 있다. 그런데 십의 자리 숫자와 일의 자리 숫자를 서로 바꾸면, 바꾼 수는 처음 수보다 18만큼 작아진다고 한다. 이때 처음 수로 옳은 것은?

① 259   ② 257

③ 255   ④ 253

27 다음 자료에 대한 설명으로 옳은 것은?

> 고정 환율 제도를 실시하던 갑국은 장기간 지속된 외환 수급의 불균형을 해소하기 위해 t년부터 변동 환율 제도를 채택하였다. 그러자 갑국의 외환 시장에서 아래 그림과 같이 환율이 변동하였다.

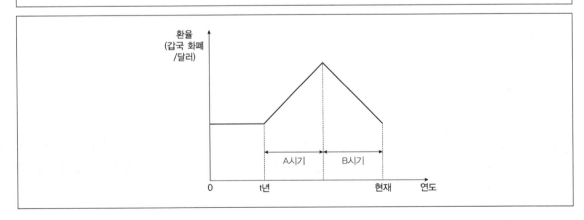

① t년 이전에 갑국에서 달러의 초과 공급이 지속되었다.

② A 시기에 달러 대비 갑국 화폐의 가치는 상승하였다.

③ A 시기에 자녀 학비를 미국으로 송금하는 갑국 부모의 부담은 커졌다.

④ B 시기에 갑국 시장에서 미국산 수입 상품의 가격 경쟁력은 낮아졌다.

28 다음 자료에 대한 분석으로 옳은 것은?

> - t−1년에 우리나라의 실업률은 10%이다.
> - A, B, C는 각각 취업자, 실업자, 비경제 활동인구 중 하나이고, A는 매년 5% 증가했다.

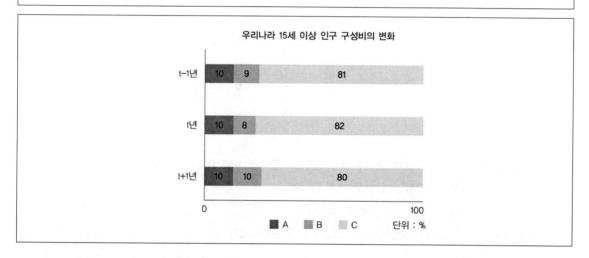

※ 경제 활동 참가율(%) = $\dfrac{\text{경제 활동 인구}}{\text{15세 이상 인구}} \times 100$,

  고용률(%) = $\dfrac{\text{취업자 수}}{\text{15세 이상 인구}} \times 100$

① 실업률은 변함이 없다.
② 취업자 수는 t년에 가장 많다.
③ 경제 활동 참가율은 변함이 없다.
④ 비경제 활동 인구는 변함이 없다.

29 다음 그래프는 취업 인구 비율에 따른 A~D 국가의 산업 구조를 나타낸 것이다. 이에 대한 분석으로 옳은 것은?

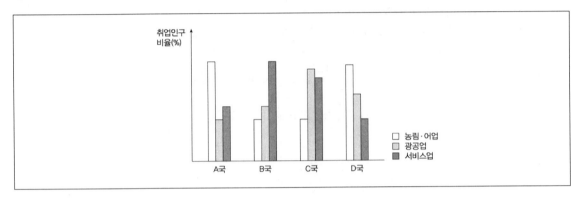

① A 국가는 1차 산업 < 2차 산업 < 3차 산업의 순서로 산업 비중이 높다.

② B 국가는 노동 집약 산업의 비중이 가장 높다.

③ D 국가의 산업 구조는 중진국형에 해당한다.

④ B 국가는 C 국가보다 산업 구조의 고도화가 더 진행되었다.

30 다음은 개인 기업인 ○○상점의 총계정원장의 일부이다. 이를 통해 알 수 있는 내용으로 옳은 것을 모두 고른 것은? (단, 상품은 3분법으로 회계 처리한다.)

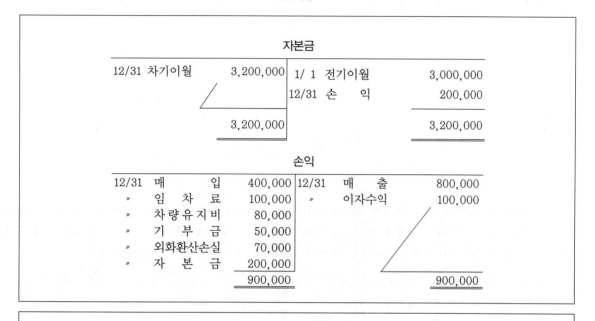

자본금

12/31 차기이월	3,200,000	1/ 1 전기이월	3,000,000
		12/31 손 익	200,000
	3,200,000		3,200,000

손익

12/31 매 입	400,000	12/31 매 출	800,000
〃 임 차 료	100,000	〃 이자수익	100,000
〃 차 량 유 지 비	80,000		
〃 기 부 금	50,000		
〃 외화환산손실	70,000		
〃 자 본 금	200,000		
	900,000		900,000

㉠ 매출총이익은 ₩400,000이다.
㉡ 영업외비용은 ₩120,000이다.
㉢ 당기순손실은 ₩200,000이다.
㉣ 기초 자본금은 ₩3,200,000이다.

① ㉠㉡
② ㉠㉢
③ ㉡㉢
④ ㉡㉣

31 다음은 정기 예금과 가계 대출의 평균 금리 추이에 관한 신문기사이다. 이와 같은 추이가 지속될 경우 나타날 수 있는 현상을 모두 고른 것은?

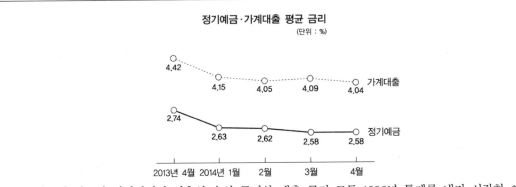

정기예금·가계대출 평균 금리
(단위 : %)

초저금리 기조가 이어지면서 저축성 수신 금리와 대출 금리 모두 1996년 통계를 내기 시작한 이후 역대 최저 수준을 기록했다. 한국은행에 따르면 2014년 4월 말 신규 취급액을 기준으로 정기 예금 평균 금리는 연 2.58 %, 가계 대출 평균 금리는 연 4.04 %로 역대 최저치를 기록했다.

ㄱ 예대 마진은 점차 증가할 것이다.
ㄴ 요구불 예금 금리는 점차 증가할 것이다.
ㄷ 변동 금리로 대출을 받는 고객이 점차 증가할 것이다.
ㄹ 정기 예금 가입 희망자 중 고정 금리를 선호하는 고객이 점차 증가할 것이다.

① ㄱㄴ
② ㄱㄷ
③ ㄴㄷ
④ ㄷㄹ

32 다음 자료와 같은 환율 추이가 지속될 경우, 우리나라의 경제 주체에 미치는 영향으로 적절한 것은? (단, 환전을 전제로 환율만 고려하며, 제시된 자료 외에는 고려하지 않는다.)

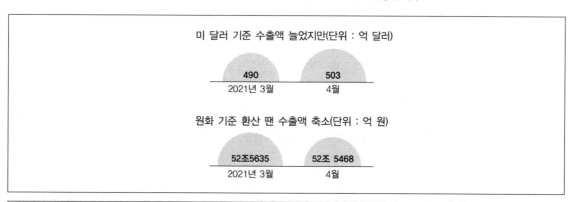

미 달러 기준 수출액 늘었지만(단위 : 억 달러)

490	503
2021년 3월	4월

원화 기준 환산 땐 수출액 축소(단위 : 억 원)

52조5635	52조 5468
2021년 3월	4월

올 들어 원화 값이 빠른 속도로 오르면서 수출이 늘어나도 기업들이 실제 손에 쥐는 돈은 오히려 줄어드는 현상이 뚜렷해지고 있다. 이런 현상이 심화되면 국내 기업들은 채산성이 악화돼 수출할수록 손해를 보게 되고 수출이 늘어나도 내수는 더 악화되는 부작용이 발생할 것이다.

① 기업이 미국에서 수입하는 원자재 가격은 상승할 것이다.
② 국내 미국 회사에 근무하는 회사원은 월급을 미달러로 받는 것보다 원화로 받는 것이 유리할 것이다.
③ 정부가 미국에서 빌려온 채무의 상환 부담은 증가할 것이다.
④ 기업은 미국에 수출하는 상품의 대금 회수시기를 늦추는 조건으로 계약하는 것이 유리할 것이다.

33 다음 자재 명세서를 통해 알 수 있는 내용으로 옳은 것은? (단, 제시되지 않은 내용은 고려하지 않는다.)

〈자재 명세서〉

[제품 소요량]

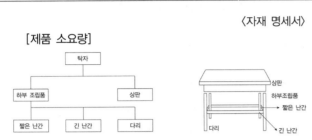

- 완제품 탁자 1개는 하부 조립품 1개와 상판 1개를 조립하여 만든다.
- 하부 조립품 1개는 짧은 난간 2개, 긴 난간 2개, 다리 4개를 조립하여 만든다.

[현 보유 재고]

품명	현 보유 재고량	품명	현 보유 재고량
하부 조립품	50개	짧은 난간	100개
		긴 난간	100개
상판	120개	다리	250개

- 조건 : 부품의 추가 조달은 없으며, 부품에 필요한 기타 부품은 고려하지 않는다.

① 완제품 탁자는 5종류의 서로 다른 부품으로 구성된다.
② 완제품 탁자 1개를 만들기 위해 필요한 부품 다리의 개수는 8개이다.
③ 현 보유 재고로 조달할 수 있는 완제품 탁자의 최대 수량은 100개이다.
④ 최대 수량의 완제품 탁자를 만든 후 부품 다리의 재고 수량은 100개이다.

34 다음은 갑과 을의 시계 제작 실기시험 지시서의 내용이다. 을의 최종 완성 시간과 유휴 시간은 각각 얼마인가? (단, 이동 시간은 고려하지 않는다.)

[각 공작 기계 및 소요 시간]
1. 앞면 가공용 A 공작 기계 : 20분
2. 뒷면 가공용 B 공작 기계 : 15분
3. 조립 : 5분

[공작 순서]
시계는 각 1대씩 만들며, 갑은 앞면부터 가공하여 뒷면 가공 후 조립하고, 을은 뒷면부터 가공하여 앞면 가공 후 조립하기로 하였다.

[조건]
• A, B 공작 기계는 각 1대씩이며 모두 사용해야 하고, 두 사람이 동시에 작업을 시작한다.
• 조립은 가공이 이루어진 후 즉시 실시한다.

	최종 완성 시간	유휴 시간
①	40분	5분
②	45분	5분
③	45분	10분
④	50분	5분

35 다음은 (주)서원기업의 재고 관리 사례이다. 금요일까지 부품 재고 수량이 남지 않게 완성품을 만들 수 있도록 월요일에 주문할 A ~ C 부품 개수로 옳은 것은? (단, 주어진 조건 이외에는 고려하지 않는다.)

[부품 재고 수량과 완성품 1개당 소요량]

부품명	부품 재고 수량	완성품 1개당 소요량
A	500	10
B	120	3
C	250	5

[완성품 납품 수량]

항목 \ 요일	월	화	수	목	금
완성품 납품 개수	없음	30	20	30	20

[조건]

1. 부품 주문은 월요일에 한 번 신청하며 화요일 작업 시작 전 입고된다.
2. 완성품은 부품 A, B, C를 모두 조립해야 한다.

	A	B	C
①	100	100	100
②	100	180	200
③	500	100	100
④	500	180	250

36 다음 재고 현황을 통해 파악할 수 있는 완성품의 최대 수량과 완성품 1개당 소요 비용은 얼마인가? (단, 완성품은 A, B, C, D의 부품이 모두 조립되어야 하고 다른 조건은 고려하지 않는다.)

부품명	완성품 1개당 소요량(개)	단가(원)	재고 수량(개)
A	2	50	100
B	3	100	300
C	20	10	2,000
D	1	400	150

	완성품의 최대 수량(개)	완성품 1개당 소요 비용(원)
①	50	100
②	50	500
③	50	1,000
④	100	500

37 다음은 동일한 상품을 매입하여 판매하는 A, B 마트의 판매 전략이다. 이에 대한 옳은 설명만을 모두 고른 것은? (단, A, B 마트의 매입 가격과 매입 제비용은 동일하다.)

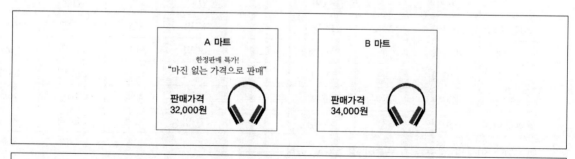

ⓐ A 마트의 판매 가격에는 영업비가 포함되어 있다.
ⓑ B 마트의 판매 가격의 이폭은 개당 4,000원이다.
ⓒ A 마트와 B 마트의 매입 원가는 개당 32,000원이다.

① ㉠ 　　　　　② ㉢

③ ㉠㉡ 　　　　④ ㉡㉢

38 어느 날 A부서 팀장이 다음 자료를 주며 "이번에 회사에서 전략 사업으로 자동차 부품 시범 판매점을 직접 운영해 보기로 했다."며 자동차가 많이 운행되고 있는 도시에 판매점을 둬야하므로 후보도시를 추천하라고 하였다. 다음 중 후보도시로 가장 적절한 곳은?

도시	인구수	도로연장	자동차 대수(1,000명당)
A	100만 명	200km	200대
B	70만 명	150km	150대
C	50만 명	300km	450대
D	40만 명	100km	300대

① A
② B
③ C
④ D

39 다음은 연령별 저축률에 대한 예시 자료이다. 이에 대한 설명으로 가장 바른 것은?

연도	2015		2017		2019		2021	
구분	저축 중인 인원	저축률	저축 중인 인원	저축률	저축 중인 인원	저축률	저축 중인 인원	저축률
30대 이하	60명	73%	68명	68%	117명	81%	99명	70%
40대	270명	60%	277명	61%	180명	70%	210명	65%
50대	440명	59%	540명	55%	380명	59%	380명	54%
60대	470명	48%	540명	54%	540명	41%	540명	40%
70대 이상	580명	28%	560명	37%	770명	25%	755명	22%

① 70대 이상의 저축률은 꾸준히 감소되고 있다.
② 30대 이하와 40대의 연령별 저축률은 동일한 증감추이를 보이고 있다.
③ 30대 이하와 50대의 연령별 저축률은 반대의 증감추이를 보이고 있다.
④ 60대와 70대 이상의 저축률은 모두 동일한 증감추이를 보이고 있다.

40 자료에 대한 옳은 분석을 모두 고른 것은?

구분	물 자원량 (십 억m³)	1인당 물 자원량(m³)	취수량 (십 억m³)	1인당 취수량 (m³)	용도별 취수 비중(%)		
					생활	공업	농업
인도	1,911	1,614	646	554	8	5	87
중국	2,830	2,117	630	472	7	26	67
미국	3,069	9,943	479	1,553	13	46	41
브라질	8,243	43,304	59	312	20	18	62
오스트레일리아	492	23,593	24	1,146	15	10	75

ㄱ 중국은 미국보다 1인당 취수량이 많다.
ㄴ 미국은 인도보다 1인당 농업용수의 취수량이 많다.
ㄷ 오스트레일리아는 브라질보다 물 자원량에서 차지하는 취수량의 비중이 높다.
ㄹ 물 자원량이 많은 국가일수록 1인당 물 자원량이 많다.

① ㄱㄴ

② ㄱㄷ

③ ㄴㄷ

④ ㄴㄹ

41 M회사 구내식당에서 근무하고 있는 N씨는 식단을 편성하는 업무를 맡고 있다. 식단편성을 위한 조건이 다음과 같을 때 월요일에 편성되는 식단은?

〈조건〉
• 다음 5개의 메뉴를 월요일~금요일 5일에 각각 하나씩 편성해야 한다.
- 돈가스 정식, 나물 비빔밥, 크림 파스타, 오므라이스, 제육덮밥
• 월요일에는 돈가스 정식을 편성할 수 없다.
• 목요일에는 오므라이스를 편성할 수 없다.
• 제육덮밥은 금요일에 편성해야 한다.
• 나물 비빔밥은 제육덮밥과 연달아 편성할 수 없다.
• 돈가스 정식은 오므라이스보다 먼저 편성해야 한다.

① 나물 비빔밥

② 크림 파스타

③ 오므라이스

④ 제육덮밥

42 다음 조건을 읽고 옳은 설명을 고르시오.

- 놀이기구를 좋아하는 사람은 대범하다.
- 동물원을 좋아하는 사람은 소심하다.
- 대범한 사람은 겁이 없다.
- 소심한 사람은 친구가 없다.
- 대영이는 놀이기구를 좋아한다.

A : 대영이는 겁이 없다.
B : 친구가 없는 사람은 대범하다.

① A만 옳다. ② B만 옳다.
③ A와 B 모두 옳다. ④ A와 B 모두 그르다.

43 다음 표는 A씨의 금융 상품별 투자 보유 비중 변화를 나타낸 것이다. (가)에서 (나)로 변경된 내용으로 옳은 설명을 모두 고른 것은?

금융 상품		(가)	(나)
		보유 비중(%)	
주식	○○(주)	30	20
	△△(주)	20	0
저축	보통예금	10	20
	정기적금	20	20
채권	국·공채	20	40

ⓐ 직접금융 종류에 해당하는 상품 투자 보유 비중이 낮아졌다.
ⓑ 수익성보다 안정성이 높은 상품 투자 보유 비중이 높아졌다.
ⓒ 배당 수익을 받을 수 있는 자본 증권 투자 보유 비중이 높아졌다.
ⓓ 일정 기간 동안 일정 금액을 예치하는 예금 보유 비중이 낮아졌다.

① ㉠㉡ ② ㉠㉢
③ ㉡㉢ ④ ㉡㉣

44 다음은 이경제씨가 금융 상품에 대해 상담을 받는 내용이다. 이에 대한 옳은 설명을 모두 고른 것은?

이경제씨 : 저기 1,000만원을 예금하려고 합니다.
　　　　　정기예금상품을 좀 추천해 주시겠습니까?
은행직원 : 원금에만 연 5%의 금리가 적용되는 A 상품과 원금뿐만 아니라 이자에 대해서도 연 4.5%의 금리가 적용되는 B 상품이 있습니다. 예금계약기간은 고객님께서 연 단위로 정하실 수 있습니다.

ⓞ 이경제씨는 요구불 예금에 가입하고자 한다.
ⓛ 이경제씨는 간접 금융 시장에 참여하고자 한다.
ⓒ A 상품은 복리, B 상품은 단리가 적용된다.
ⓔ 예금 계약 기간에 따라 이경제씨의 정기 예금 상품에 대한 합리적 선택은 달라질 수 있다.

① ㉠㉡　　　　　　　　　　　　　② ㉠㉢

③ ㉡㉢　　　　　　　　　　　　　④ ㉡㉣

45 다음 [조건]에 따라 바둑돌을 배치했을 때 해당 단계에 사용할 바둑돌이 19개가 되는 단계와 색상으로 옳은 것은?

- 바둑돌을 단계별로 'ㄱ'자 모양으로 바둑판에 올려놓으면서 정사각형 모양으로 배열한다. (단, 바둑돌 사이의 공간은 없어야 한다.)
- 바둑돌을 단계별로 검은색, 흰색의 순으로 번갈아 가면서 올려놓는다.
- 바둑돌의 단계별 시작 위치(➜)는 이전 단계의 바둑돌로부터 한 칸 띄운 지점이다.
- 바둑판은 가로, 세로 각각 최대 50개의 바둑돌을 올려놓을 수 있는 크기이다.

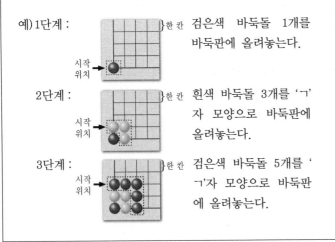

예)1단계 : 검은색 바둑돌 1개를 바둑판에 올려놓는다.

2단계 : 흰색 바둑돌 3개를 'ㄱ'자 모양으로 바둑판에 올려놓는다.

3단계 : 검은색 바둑돌 5개를 'ㄱ'자 모양으로 바둑판에 올려놓는다.

① 9단계, 흰색 ② 9단계, 검정색
③ 10단계, 흰색 ④ 10단계, 검정색

46 다음은 (주)○○의 자금 조달에 관한 대화이다. 이 대화에서 재무 팀장의 제시안을 시행할 경우 나타날 상황으로 적절한 것을 모두 고른 것은?

사장 : 독자적인 신기술 개발로 인한 지식 재산권 취득으로 생산 시설 확충 자금이 필요합니다.
사원 : 주식이나 채권발행이 좋을 것 같습니다.
재무팀장 : 지식 재산권 취득으로 본사에 대한 인지도가 높아졌기 때문에 보통주 발행이 유리합니다.

㉠ 자기 자본이 증가하게 된다.
㉡ 이자 부담이 증가하게 된다.
㉢ 투자자에게 경영 참가권을 주어야 한다.
㉣ 투자자에게 원금 상환 의무를 지게 된다.

① ㉠㉡
② ㉠㉢
③ ㉡㉢
④ ㉡㉣

47 다음 은행의 팝업창 내용을 보고 고객이 취해야 할 피해 예방 대책으로 적절한 설명을 모두 고른 것은?

㉠ 보안 프로그램을 항상 최신 버전으로 유지한다.
㉡ 공인인증서를 하드디스크에 보관하여 사용한다.
㉢ 은행이 제공하는 전자 금융 사기 예방 서비스를 이용한다.
㉣ 여러 사람이 사용하는 컴퓨터로 인터넷 뱅킹을 이용한다.

① ㉠㉡
② ㉠㉢
③ ㉡㉢
④ ㉡㉣

48 다음 글을 통해서 볼 때, 그림을 그린 사람(들)은 누구인가?

송화, 진수, 경주, 상민, 정란은 대학교 회화학과에 입학하기 위해 △△미술학원에서 그림을 그린다. 이들은 특이한 버릇을 가지고 있다. 송화, 경주, 정란은 항상 그림이 마무리되면 자신의 작품 밑에 거짓을 쓰고, 진수와 상민은 자신의 그림에 언제나 참말을 써넣는다. 우연히 다음과 같은 글귀가 적힌 그림이 발견되었다.

"이 그림은 진수가 그린 것이 아님"

① 진수
② 상민
③ 송화, 경주
④ 경주, 정란

49 다음의 상황에서 교장이 정확하게 선생님인지 학생인지 알 수 있는 사람은 누구인가?

어느 노인대학에 진실만을 말하는 선생님과 짓궂은 학생들이 모여 있다. 짓궂은 학생들은 거짓말만 한다. 누가 선생님인지 누가 학생인지 모르는 교장이 자기 앞에 서있는 다섯 사람에게 자신 또는 다른 사람에 대해 이야기해보라고 했다.

A : 저는 선생님입니다.
B : D는 학생입니다.
C : 저 빼고 다 학생입니다.
D : 저는 선생님이고, B는 거짓말을 하고 있습니다.
E : A는 거짓말을 하고 있습니다.

① A
② B
③ C
④ D

┃50~51┃ 2층짜리 주택에 부모와 미혼인 자식으로 이루어진 두 가구, ㈎, ㈏, ㈐, ㈑, ㈒, ㈓, ㈔ 총 7명이 살고 있다. 아래의 조건을 보고 물음에 답하시오.

- 1층에는 4명이 산다.
- 혈액형이 O형인 사람은 3명, A형인 사람은 1명, B형인 사람은 1명이다.
- ㈎는 기혼남이며, 혈액형은 A형이다.
- ㈏와 ㈔는 부부이며, 둘 다 O형이다.
- ㈐는 미혼 남성이다.
- ㈑는 1층에 산다.
- ㈒의 혈액형은 B형이다.
- ㈓의 혈액형은 O형이 아니다.

---

50 ㈐의 혈액형으로 옳은 것은?

① A형　　　　　　　　　　② AB형
③ O형　　　　　　　　　　④ 알 수 없다.

51 1층에 사는 사람은 누구인가?

① ㈎㈐㈑㈓　　　　　　　② ㈎㈑㈒㈓
③ ㈏㈑㈓㈔　　　　　　　④ 알 수 없다.

52 Z회사에 근무하는 7명의 직원이 교육을 받으려고 한다. 교육실에서 직원들이 앉을 좌석의 조건이 다음과 같을 때 직원 중 빈자리 바로 옆 자리에 배정받을 수 있는 사람은?

〈교육실 좌석〉

첫 줄	A	B	C
중간 줄	D	E	F
마지막 줄	G	H	I

〈조건〉
- 직원은 강훈, 연정, 동현, 승만, 문성, 봉선, 승일 7명이다.
- 서로 같은 줄에 있는 좌석들끼리만 바로 옆자리일 수 있다.
- 봉선의 자리는 마지막 줄에 있다.
- 동현이의 자리는 승만이의 바로 옆자리이며, 또한 빈자리 바로 옆이다.
- 승만이의 자리는 강훈이의 바로 뒷자리이다.
- 문성이와 승일이는 같은 줄의 좌석을 배정 받았다.
- 문성이나 승일이는 누구도 강훈이의 바로 옆자리에 배정받지 않았다.

① 승만

② 문성

③ 연정

④ 봉선

53 문제해결을 잘하기 위해서는 4가지 기본적 사고가 필요하다. 다음 중 4가지 기본적 사고가 아닌 것은?

① 전략적 사고

② 발상의 전환

③ 내·외부자원의 활용

④ 집중적 사고

54 다음 진술이 참이 되기 위해 꼭 필요한 전제를 〈보기〉에서 고르면?

노래를 잘 부르는 사람은 상상력이 풍부하다.

〈보기〉
㉠ 그림을 잘 그리는 사람은 IQ가 높고, 상상력이 풍부하다.
㉡ IQ가 높은 사람은 그림을 잘 그린다.
㉢ 키가 작은 사람은 IQ가 높다.
㉣ 키가 작은 사람은 상상력이 풍부하지 않다.
㉤ 노래를 잘 부르지 못하는 사람은 그림을 잘 그리지 못한다.
㉥ 그림을 잘 그리지 못하는 사람은 노래를 잘 부르지 못한다.

① ㉠, ㉡
② ㉠, ㉥
③ ㉢, ㉣
④ ㉣, ㉥

55 다음은 어느 레스토랑의 3C분석 결과이다. 이 결과를 토대로 하여 향후 해결해야 할 전략과제를 선택하고자 할 때 적절하지 않은 것은?

3C	상황 분석
고객 / 시장(Customer)	• 식생활의 서구화 • 유명브랜드와 기술제휴 지향 • 신세대 및 뉴패밀리 층의 출현 • 포장기술의 발달
경쟁 회사(Competitor)	• 자유로운 분위기와 저렴한 가격 • 전문 패밀리 레스토랑으로 차별화 • 많은 점포수 • 외국인 고용으로 인한 외국인 손님 배려
자사(company)	• 높은 가격대 • 안정적 자금 공급 • 업계 최고의 시장점유율 • 고객증가에 따른 즉각적 응대의 한계

① 원가 절감을 통한 가격 조정
② 유명브랜드와의 장기적인 기술제휴
③ 즉각적인 응대를 위한 인력 증대
④ 안정적인 자금 확보를 위한 자본구조 개선

56 T회사에서 사원 김씨, 이씨, 정씨 3인을 대상으로 승진시험을 치렀다. 다음 〈보기〉에 따라 최고득점자 1명이 승진한다고 할 때 승진하는 사람은?

〈보기〉
- T회사에서 김씨, 이씨, 정씨 세 명의 승진후보자가 시험을 보았으며, 상식은 20문제, 영어는 10문제가 출제되었다.
- 각 과목을 100점 만점으로 하되 상식은 정답을 맞힌 개수 당 5점씩, 틀린 개수 당 −3점씩을 부여하고, 영어의 경우 정답을 맞힌 개수 당 10점씩, 틀린 개수 당 −5점씩을 부여한다.
- 채점 방식에 따라 계산했을 때 100점 이하면 승진 대상자에게 탈락된다.
- 각 후보자들이 정답을 맞힌 문항의 개수는 다음과 같고, 그 이외의 문항은 모두 틀린 것이다.

	상식	영어
김씨	14	7
이씨	10	9
정씨	18	4

① 김씨
② 이씨
③ 정씨
④ 모두 탈락

57 철기, 준영, 해영, 영미, 정주, 가영, 민지 7명의 학생이 NCS 모의고사를 치렀다. 이 학생들의 점수가 다음과 같을 때 5등을 한 사람은 누구인가?

- 철기는 준영이보다 높은 점수를 받았다.
- 준영이는 정주보다 높은 점수를 받았다.
- 정주는 민지보다 높은 점수를 받았다.
- 해영이는 준영이보다 높은 점수를 받았지만, 영미보다는 낮은 점수를 받았다.
- 해영이는 철기보다 낮은 점수를 받았다.
- 영미는 철기보다 높은 점수를 받았다.
- 가영이는 가장 낮은 점수를 받았다.

① 준영
② 해영
③ 정주
④ 민지

58 어느 아파트에 쓰레기 무단투기가 계속 발생하자, 아파트 부녀회장은 무단투기 하는 사람이 누구인지 조사하기 시작했다. A, B, C, D, E 5명 가운데 범인이 있으며, 이 5명의 진술은 다음과 같다. 이 중 3명의 진술은 모두 참이고 나머지 2명의 진술은 모두 거짓이라고 할 때 다음 중 거짓을 말하고 있는 사람의 조합으로 옳은 것은?

A : 쓰레기를 무단투기하는 것을 본 사람은 나와 E 뿐이다. B의 말은 모두 참이다.
B : D가 쓰레기를 무단 투기하였다. 그것을 E가 보았다.
C : 쓰레기를 무단투기한 사람은 D가 아니다. E의 말은 참이다.
D : 쓰레기 무단투기하는 것을 세 명이 보았다. B는 무단투기하지 않았다.
E : 나와 A는 범인이 아니다. 나는 범인을 아무도 보지 못했다.

---

① A, B
② B, C
③ C, E
④ D, E

59 다음은 수미의 소비상황과 각종 신용카드 혜택 정보이다. 수미가 가장 유리한 하나의 신용카드만을 결제수단으로 사용할 때 적절한 소비수단은?

- 뮤지컬, OO테마파크 및 서점은 모두 B신용카드의 문화 관련업에 해당한다.
- 신용카드 1포인트는 1원이고, 문화상품권 1매는 1만원으로 가정한다.
- 혜택을 금전으로 환산하여 액수가 많을수록 유리하다.
- 액수가 동일한 경우 할인혜택, 포인트 적립, 문화상품권 지급 순으로 유리하다.
- 혜택의 액수 및 혜택의 종류가 동일한 경우 혜택 부여 시기가 빠를수록 유리하다(현장할인은 결제 즉시 할인되는 것을 말하며, 청구할인은 카드대금 청구 시 할인 되는 것을 말한다).

⟨수미의 소비상황⟩

서점에서 여행서적(정가 각 3만원) 3권과 DVD 1매(정가 1만원)를 구입(직전 1개월간 A신용카드 사용금액은 15만원이며, D신용카드는 가입 후 미사용 상태임)

⟨각종 신용카드의 혜택⟩

A신용카드	OO테마파크 이용시 본인과 동행 1인의 입장료의 20% 현장 할인(단, 직전 1개월간 A신용카드 사용금액이 30만원 이상인 경우에 한함)
B신용카드	문화 관련 가맹업 이용시 총액의 10% 청구 할인(단, 할인되는 금액은 5만원을 초과할 수 없음)
C신용카드	이용시마다 사용금액의 10%를 포인트로 즉시 적립
D신용카드	가입 후 2만원 이상에 상당하는 도서류(DVD 포함) 구매시 최초 1회에 한하여 1만원 상당의 문화상품권 증정(단, 문화상품권은 다음달 1일에 일괄 증정)

① A신용카드　　　　　　　　② B신용카드
③ C신용카드　　　　　　　　④ D신용카드

60 다음은 특보의 종류 및 기준에 관한 자료이다. ㉠과 ㉡의 상황에 어울리는 특보를 올바르게 짝지은 것은?

〈특보의 종류 및 기준〉

종류	주의보	경보
강풍	육상에서 풍속 14m/s 이상 또는 순간풍속 20m/s 이상이 예상될 때. 다만, 산지는 풍속 17m/s 이상 또는 순간풍속 25m/s 이상이 예상될 때	육상에서 풍속 21m/s 이상 또는 순간풍속 26m/s 이상이 예상될 때. 다만, 산지는 풍속 24m/s 이상 또는 순간풍속 30m/s 이상이 예상될 때
호우	6시간 강우량이 70mm이상 예상되거나 12시간 강우량 110mm 이상 예상될 때	6시간 강우량이 110mm 이상 예상되거나 12시간 강우량이 180mm 이상 예상될 때
태풍	태풍으로 인하여 강풍, 풍랑, 호우 현상 등이 주의보 기준에 도달할 것으로 예상될 때	태풍으로 인하여 풍속이 17m/s 이상 또는 강우량이 100mm 이상 예상될 때. 다만, 예상되는 바람과 비의 정도에 따라 아래와 같이 세분한다. 표: 바람(m/s): 3급 17~24, 2급 25~32, 1급 33이상 / 비(mm): 3급 100~249, 2급 250~399, 1급 400이상
폭염	6월~9월에 일 최고기온이 33℃ 이상이고, 일 최고열지수가 32℃ 이상인 상태가 2일 이상 지속될 것으로 예상될 때	6월~9월에 일 최고기온이 35℃ 이상이고, 일 최고열지수가 41℃ 이상인 상태가 2일 이상 지속될 것으로 예상될 때

> ㉠ 태풍이 남해안에 상륙하여 울산지역에 270mm의 비와 함께 풍속 26m/s의 바람이 예상된다.
> ㉡ 지리산에 오후 3시에서 오후 9시 사이에 약 130mm의 강우와 함께 순간풍속 28m/s가 예상된다.

	㉠	㉡
①	태풍경보 1급	호우주의보
②	태풍경보 2급	호우경보+강풍주의보
③	태풍주의보	강풍주의보
④	태풍경보 2급	호우경보+강풍경보

61 다음 중 장기요양기관을 지정할 수 있는 자는 누구인가?

① 국무총리

② 보건복지부장관

③ 국민건강보험공단

④ 지방자치단체의 장

62 다음 중 장기요양기관의 지정을 받을 수 없는 결격사유에 해당하지 않는 것은?

① 미성년자

② 파산선고를 받고 복권되지 아니한 사람

③ 금고 이상의 실형을 선고받고 집행이 면제된 날부터 10년이 경과되지 아니한 사람

④ 「마약류 관리에 관한 법률」의 마약류에 중독된 사람

63 수급자가 장기요양급여를 쉽게 선택하도록 하고 장기요양기관이 제공하는 급여의 질을 보장하기 위하여 공단이 운영하는 인터넷 홈페이지에 게시하여야 하는 정보가 아닌 것은?

① 급여의 내용

② 시설

③ 인력

④ 이용자 수

64 특별자치시장 · 특별자치도지사 · 시장 · 군수 · 구청장이 장기요양기관 재무 · 회계기준을 위반한 장기요양기관에 대하여 시정을 명할 수 있는 기간의 범위는?

① 1개월
② 3개월
③ 6개월
④ 1년

65 특별자치시장 · 특별자치도지사 · 시장 · 군수 · 구청장은 장기요양기관에 대한 업무정지명령이 해당 장기요양기관을 이용하는 수급자에게 심한 불편을 줄 우려가 있는 등 보건복지부장관이 정하는 특별한 사유가 있다고 인정되는 경우에는 업무정지명령을 갈음하여 과징금을 부과할 수 있다. 이때 부과할 수 있는 과징금의 상한선은?

① 5억 원 이하
② 3억 원 이하
③ 2억 원 이하
④ 1억 원 이하

66 행정제재처분의 효과가 승계되는 기간은?

① 처분을 한 날부터 1년간
② 처분을 한 날부터 2년간
③ 처분을 한 날부터 3년간
④ 처분을 한 날부터 5년간

67 장기요양보험료율 등의 사항을 심의하기 위하여 두는 장기요양위원회의 위원장은 누가 되는가?

① 보건복지부장관

② 보건복지부차관

③ 국민건강보험공단의 장

④ 건강보험심사평가원의 장

68 장기요양사업의 관리운영기관인 공단이 관장하는 업무가 아닌 것은?

① 장기요양보험료의 부과 · 징수

② 등급판정위원회의 운영 및 장기요양등급 판정

③ 장기요양요원의 역량강화를 위한 교육지원

④ 재가 및 시설 급여비용의 심사 및 지급과 특별현금급여의 지급

69 지정받지 아니하고 장기요양기관을 운영하거나 거짓이나 그 밖의 부정한 방법으로 지정받은 자에게 처해지는 벌칙은?

① 1년 이하의 징역 또는 1천만 원 이하의 벌금

② 2년 이하의 징역 또는 2천만 원 이하의 벌금

③ 3년 이하의 징역 또는 3천만 원 이하의 벌금

④ 4년 이하의 징역 또는 4천만 원 이하의 벌금

70 장기요양급여 제공 자료를 기록·관리하지 아니하거나 거짓으로 작성한 사람에게 부과하는 과태료의 상한선은 얼마인가?

① 300만 원

② 400만 원

③ 500만 원

④ 600만 원

71 노인장기요양보험법상 국가 및 지방자치단체의 책무에 관한 설명으로 옳지 않은 것은?

① 국가 및 지방자치단체는 노인이 일상생활을 혼자서 수행할 수 있는 온전한 심신상태를 유지하는데 필요한 사업인 노인성질환예방사업을 실시하여야 한다.

② 국가는 노인성질환예방사업을 수행하는 지방자치단체 또는 「국민건강증진법」에 따른 국민건강증진정책심의위원회에 대하여 이에 소요되는 비용을 지원할 수 있다.

③ 국가 및 지방자치단체는 노인인구 및 지역특성 등을 고려하여 장기요양급여가 원활하게 제공될 수 있도록 적정한 수의 장기요양기관을 확충하고 장기요양기관의 설립을 지원하여야 한다.

④ 국가 및 지방자치단체는 장기요양급여가 원활히 제공될 수 있도록 공단에 필요한 행정적 또는 재정적 지원을 할 수 있다.

72 다음은 실태조사 규정에 대한 내용이다. ( ) 안에 들어갈 알맞은 것은?

> 보건복지부장관은 장기요양사업의 실태를 파악하기 위하여 (   )년마다 조사를 정기적으로 실시하고 그 결과를 공표하여야 한다.

① 1

② 2

③ 3

④ 5

73 장기요양보험법상 장기요양인정의 신청 규정에 대한 내용으로 옳지 않은 것은?

① 장기요양인정을 신청하는 자는 공단에 보건복지부령으로 정하는 바에 따라 장기요양인정신청서에 의사 또는 한의사가 발급하는 소견서를 첨부하여 제출하여야 한다.

② 의사소견서는 공단이 등급판정위원회에 자료를 제출하기 전까지 제출할 수 있다.

③ 거동이 현저하게 불편하거나 도서·벽지 지역에 거주하여 의료기관을 방문하기 어려운 자 등 보건복지부령으로 정하는 자는 의사소견서를 제출하지 아니할 수 있다.

④ 의사소견서의 발급비용·비용부담방법·발급자의 범위, 그 밖에 필요한 사항은 보건복지부령으로 정한다.

74 장기요양등급판정기간에 대한 설명으로 옳지 않은 것은?

① 등급판정위원회는 신청인이 신청서를 제출한 날부터 30일 이내에 장기요양등급판정을 완료하여야 한다.

② 신청인에 대한 정밀조사가 필요한 경우 등 기간 이내에 등급판정을 완료할 수 없는 부득이한 사유가 있는 경우 60일 이내의 범위에서 이를 연장할 수 있다.

③ 공단은 등급판정위원회가 장기요양인정심의기간을 연장하고자 하는 경우 신청인 및 대리인에게 그 내용·사유 및 기간을 통보하여야 한다.

④ 공단은 등급판정위원회가 등급판정기간을 연장하고자 하는 경우 신청인 및 대리인에게 그 내용·사유 및 기간을 통보하여야 한다.

75 노인장기요양보험법상 장기요양급여의 제한에 관한 규정 중 옳지 않은 것은?

① 공단은 경우에 따라 장기요양급여의 일부를 제공하지 아니하게 할 수 있지만, 전부를 제공하지 아니하게 할 수는 없다.

② 공단은 장기요양급여를 받고 있는 자가 장기요양기관이 거짓으로 장기요양급여비용을 받는 데에 가담한 경우 장기요양급여를 중단할 수 있다.

③ 공단은 장기요양급여를 받을 수 있는 자가 장기요양기관이 부정한 방법으로 장기요양급여비용을 받는 데에 가담한 경우 1년의 범위에서 장기요양급여의 횟수 또는 제공 기간을 제한할 수 있다.

④ 장기요양급여의 중단 및 제한 기준 등에 관한 사항은 보건복지부령으로 정한다.

76 노인장기요양보험법상 특별현금급여의 종류에 대한 설명으로 옳지 않은 것은?

① 공단은 수급자가 「의료법」에 따른 요양병원에 입원한 때 대통령령으로 정하는 기준에 따라 장기요양에 사용되는 비용의 일부를 요양병원간병비로 지급할 수 있다.

② 공단은 신체·정신 또는 성격 등 대통령령으로 정하는 사유로 인하여 가족 등으로부터 장기요양을 받아야 하는 자에 해당하는 수급자가 가족 등으로부터 방문요양에 상당한 장기요양급여를 받은 때 대통령령으로 정하는 기준에 따라 해당 수급자에게 가족요양비를 지급할 수 있다.

③ 공단은 수급자가 장기요양기관이 아닌 노인요양시설 등의 기관 또는 시설에서 재가급여 또는 시설급여에 상당한 장기요양급여를 받은 경우 대통령령으로 정하는 기준에 따라 해당 장기요양급여비용의 일부를 해당 수급자에게 특례요양비로 지급할 수 있다.

④ 특례요양비의 지급절차, 요양병원간병비의 지급절차, 가족요양비의 지급절차 등에 관한 사항은 대통령령으로 정한다.

77 다음 중 장기요양기관의 지정규정에 따른 장기요양기관으로 지정받을 수 있는 자는?

① 지정취소를 받은 후 3년이 지나지 아니한 자
② 지정취소를 받은 후 3년이 지나지 아니한 법인의 대표자
③ 업무정지명령을 받고 업무정지기간이 지나지 아니한 자
④ 장기요양에 필요한 시설 및 인력을 갖춘 자

78 장기요양급여 제공의 기본원칙 규정에 대한 설명으로 옳지 않은 것은?

① 장기요양급여는 노인등이 자신의 의사와 능력에 따라 최대한 자립적으로 일상생활을 수행할 수 있도록 제공하여야 한다.

② 장기요양급여는 노인등의 심신상태·생활환경과 노인등 및 그 가족의 욕구·불만을 종합적으로 고려하여 필요한 범위 안에서 이를 적정하게 제공하여야 한다.

③ 장기요양급여는 노인등이 가족과 함께 생활하면서 가정에서 장기요양을 받는 재가급여를 우선적으로 제공하여야 한다.

④ 장기요양급여는 노인등의 심신상태나 건강 등이 악화되지 아니하도록 의료서비스와 연계하여 이를 제공하여야 한다.

79 노인장기요양보험법상 부당이득의 징수 규정에 대한 설명으로 옳지 않은 것은?

① 공단은 거짓 보고 또는 증명에 의하거나 거짓 진단에 따라 장기요양급여가 제공된 때 거짓의 행위에 관여한 자에 대하여 장기요양급여를 받은 자와 연대하여 징수금을 납부하게 할 수 있다.

② 공단은 거짓이나 그 밖의 부정한 방법으로 장기요양급여를 받은 자와 같은 세대에 속한 자(장기요양급여를 받은 자를 부양하고 있거나 다른 법령에 따라 장기요양급여를 받은 자를 부양할 의무가 있는 자)에 대하여 거짓이나 그 밖의 부정한 방법으로 장기요양급여를 받은 자와 별도로 징수금을 납부하게 할 수 있다.

③ 공단은 장기요양기관이 수급자로부터 거짓이나 그 밖의 부정한 방법으로 장기요양급여비용을 받은 때 해당 장기요양기관으로부터 이를 징수하여 수급자에게 지체 없이 지급하여야 한다. 이 경우 공단은 수급자에게 지급하여야 하는 금액을 그 수급자가 납부하여야 하는 장기요양보험료 등과 상계할 수 있다.

④ 공단은 장기요양급여를 받은 자 또는 장기요양급여비용을 받은 자가 월 한도액 범위를 초과하여 장기요양급여를 받은 경우 그 장기요양급여 또는 장기요양급여비용에 상당하는 금액을 징수한다.

80 노인장기요양보험법상 공단이 장기요양인정서를 작성할 경우 고려하여야 할 사항이 아닌 것은?

① 수급자의 장기요양등급

② 수급자의 생활환경

③ 수급자의 위법행위

④ 수급자와 그 가족의 욕구 및 선택

직업기초능력평가

1 다음 문장의 빈칸에 들어갈 단어로 가장 적절한 것은?

> 포괄임금제는 회사가 노동자의 야·특근을 미리 계산해 연봉에 포함시키는 제도다. 몇 시간을 일하든 정해진 돈을 받기 때문에 '무제한 노동'을 (   )한다는 비판을 받는다.

① 권장 ② 조장

③ 권유 ④ 위장

2 고객과의 접촉이 잦은 민원실에서 업무를 시작하게 된 신입사원 길동이는 선배사원으로부터 불만이 심한 고객을 응대하는 방법을 배우고 있다. 다음 중 선배사원이 길동이에게 알려 준 응대법으로 적절하지 않은 것은?

① "불만이 심한 고객을 맞은 경우엔 응대자를 바꾸어 보는 것도 좋은 방법입니다."

② "나보다 더 책임 있는 윗사람이 고객을 응대한다면 좀 더 효과적인 대응이 될 수도 있습니다."

③ "불만이 심한 고객은 대부분 큰 소리를 내게 될 테니, 오히려 좀 시끄러운 곳에서 응대하는 것이 덜 민망한 방법일 수도 있습니다."

④ "일단 별실로 모셔서 커피나 차를 한 잔 권해 보는 것도 좋은 방법입니다."

풀이종료시간 : [   ] – [   ]
풀이소요시간 : [   ]분 [   ]초

3 다음 글의 밑줄 친 '보다'와 같은 의미의 '보다'가 쓰인 문장은 어느 것인가?

> 스스로를 '말 잘 듣는 착한 아이였다'고 말한 그녀는 OO여대 OO학과를 나와 K사에 입사했다. 의대에 가고 싶었지만 집안이 어려워 장학금을 받기 위해 성적보다 낮춰 대학에 지원했다. 맞선을 본 남편과 몇 달 만에 결혼했고 임신과 함께 직장을 그만두었다. 모교 약대에 입학한 건 아이가 세 살이 지나서였다.

① H 부부는 아이를 봐 줄 사람을 구하였다.
② 지금 나 좀 잠깐 볼 수 있는지 한 번 물어봐 줄래?
③ 그 노인의 사정을 보니 딱하게 되었다.
④ 수상한 사람을 보면 신고하시오.

4 다음에 제시된 문장 ㈎~㈑의 빈칸 어디에도 사용될 수 없는 단어는 어느 것인가?

㈎ 우리나라의 사회보장 체계는 사회적 위험을 보험의 방식으로 (   )함으로써 국민의 건강과 소득을 보장하는 사회보험이다.

㈏ 노인장기요양보험은 고령이나 노인성질병 등으로 인하여 6개월 이상 동안 혼자서 일상생활을 (   )하기 어려운 노인 등에게 신체활동 또는 가사지원 등의 장기요양급여를 사회적 연대원리에 의해 제공하는 사회보험 제도이다.

㈐ 사회보험 통합징수란 2011년 1월부터 국민건강보험공단, 국민연금공단, 근로복지공단에서 각각 (   )하였던 건강보험, 국민연금, 고용보험, 산재보험의 업무 중 유사·중복성이 높은 보험료 징수업무(고지, 수납, 체납)를 국민건강보험공단이 통합하여 운영하는 제도이다.

㈑ 보장구 제조·판매업자가 장애인으로부터 서류일체를 위임받아 청구를 (   )하였을 경우 지급이 가능한가요?

㈒ 우리나라 장기요양제도의 발전방안을 모색하고 급속한 고령화에 능동적으로 (   )할 수 있는 능력을 배양하며, 장기요양분야 전문가들로 구성된 인적네트워크 형성 지원을 목적으로 한 사례발표와 토론형식의 참여형 역량강화 프로그램이다.

㈓ 고령 사회에 (   )해 제도가 맞닥뜨린 문제점을 정확히 인식하고 개선방안을 모색하는 것이 고령 사회 심화 속 제도의 지속가능성을 위해 필요하다는 점이 반영된 것으로 보인다.

① 완수
② 대비
③ 대행
④ 수행

5 다음 글의 밑줄 친 ㉠~㉤ 중 의미상 사용에 문제점이 없는 것은?

저소득층을 비롯한 취약가구에 대한 에너지지원사업은 크게 소득지원, 가격할인, 효율개선 등의 세 가지 ㉠범위로 구분할 수 있으며, 현재 다양한 사업들이 시행되고 있다. 에너지지원사업의 규모도 지속적으로 확대되어 왔는데, 최근 에너지바우처 도입으로 현재 총 지원규모는 연간 5천억 원을 넘는 것으로 ㉡추정된다. 이처럼 막대한 지원규모에도 불구하고 에너지지원사업의 성과를 종합적으로 평가할 수 있는 지표는 부재한 실정이다. 그동안 에너지복지와 관련한 연구의 대부분은 기존 지원사업의 문제점을 검토하고 개선방안을 ㉢표출하거나, 필요한 새로운 사업을 개발하고 설계하는데 중점을 두고 ㉣시행되어 왔다. 에너지지원사업의 효과와 효율성을 제고하기 위해서는 에너지복지의 상태는 어떠한지 그리고 지원사업을 통해 어떤 성과가 있었는지를 체계적이고 합리적으로 평가할 수 있는 다양한 지표의 개발이 필요함에도 불구하고, 이러한 분야에 대한 연구는 상대적으로 미흡하였던 것이 사실이다.

① ㉠

② ㉡

③ ㉢

④ ㉣

6 중의적 표현에 대한 다음 설명을 참고할 때, 구조적 중의성의 사례가 아닌 것은?

중의적 표현(중의성)이란 하나의 표현이 두 가지 이상의 의미로 해석되는 표현을 일컫는다. 그 특징은 해학이나 풍자 등에 활용되며, 의미의 다양성으로 문학 작품의 예술성을 높이는 데 기여한다. 하지만 의미 해석의 혼동으로 인해 원활한 의사소통에 방해를 줄 수도 있다.

이러한 중의성은 어휘적 중의성과 구조적 중의성으로 크게 구분할 수 있다. 어휘적 중의성은 다시 세 가지 부류로 나누는데 첫째, 다의어에 의한 중의성이다. 다의어는 의미를 복합적으로 가지고 있는데, 기본 의미를 가지고 있는 동시에 파생적 의미도 가지고 있어서 그 어휘의 기본적 의미가 내포되어 있는 상태에서 다른 의미로도 쓸 수 있다. 둘째, 어휘적 중의성으로 동음어에 의한 중의적 표현이 있다. 동음어에 의한 중의적 표현은 순수한 동음어에 의한 중의적 표현과 연음으로 인한 동음이의어 현상이 있다. 셋째, 동사의 상적 속성에 의한 중의성이 있다.

구조적 중의성은 문장의 구조 특성으로 인해 중의성이 일어나는 것을 말하는데, 이러한 중의성은 수식 관계, 주어의 범위, 서술어와 호응하는 논항의 범위, 수량사의 지배범위, 부정문의 지배범주 등에 의해 일어난다.

① 나이 많은 길동이와 을순이가 결혼을 한다.
② 그 녀석은 나와 아버지를 만났다.
③ 영희는 친구들을 기다리며 장갑을 끼고 있었다.
④ 그녀가 보고 싶은 친구들이 참 많다.

7 다음 글을 참고할 때, '깨진 유리창의 법칙'이 시사하는 바로 가장 적절한 설명은 무엇인가?

1969년 미국 스탠포드 대학의 심리학자인 필립 짐바르도 교수는 아주 흥미로운 심리실험을 진행했다. 범죄가 자주 발생하는 골목을 골라 새 승용차 한 대를 보닛을 열어놓은 상태로 방치시켰다. 일주일이 지난 뒤 확인해보니 그 차는 아무런 이상이 없었다. 원상태대로 보존된 것이다. 이번에는 똑같은 새 승용차를 보닛을 열어놓고, 한쪽 유리창을 깬 상태로 방치시켜 두었다. 놀라운 일이 벌어졌다. 불과 10분이 지나자 배터리가 없어지고 차 안에 쓰레기가 버려져 있었다. 시간이 지나면서 낙서, 도난, 파괴가 연이어 일어났다. 1주일이 지나자 그 차는 거의 고철상태가 되어 폐차장으로 실려 갈 정도가 되었던 것이다. 훗날 이 실험결과는 '깨진 유리창의 법칙'이라는 이름으로 불리게 된다.

1980년대의 뉴욕 시는 연간 60만 건 이상의 중범죄가 발생하는 범죄도시로 악명이 높았다. 당시 여행객들 사이에서 '뉴욕의 지하철은 절대 타지 마라'는 소문이 돌 정도였다. 미국 라토가스 대학의 젤링 교수는 '깨진 유리창의 법칙'에 근거하여, 뉴욕 시의 지하철 흉악 범죄를 줄이기 위한 대책으로 낙서를 철저하게 지울 것을 제안했다. 낙서가 방치되어 있는 상태는 창문이 깨져있는 자동차와 같은 상태라고 생각했기 때문이다.

① 범죄는 대중교통 이용 공간에서 발생확률이 가장 높다.
② 문제는 확인되기 전에 사전 단속이 중요하다.
③ 작은 일을 철저히 관리하면 큰 사고를 막을 수 있다.
④ 낙서는 가장 핵심적인 범죄의 원인이 된다.

8 다음은 S공사의 기간제 근로자 채용 공고문이다. 이에 대한 설명으로 바르지 않은 것은?

□ 접수기간 : 20xx. 2. 17.(금) ~ 20xx. 2. 21.(화) (09:00~18:00)
□ 접수방법 : 이메일(abcde@fg.or.kr)
□ 제출서류
– 이력서 및 자기소개서 1부(반드시 첨부 양식에 맞춰 작성요망)
– 자격증 사본 1부(해당자에 한함)
□ 서류전형발표 : 20xx. 2. 22.(수) 2시 이후(합격자에게만 개별 유선통보)
□ 면접전형 : 20xx. 2. 23.(목) 오후
– 면접장소 : 경기도 성남시 분당구 성남대로 54번길 3 경기지역본부 2층
□ 최종합격자 발표 : 20xx. 2. 24.(금) 오전(합격자에게만 개별 유선통보)
　※ 위 채용일정은 채용사정에 따라 변동 가능
□ 근로조건
– 구분 : 주거복지 보조
– 근무지 : S공사 경기지역본부
– 근무조건 : 1일 8시간(09~18시) 주 5일 근무
– 임금 : 월 170만 원 수준(수당 포함)
– 계약기간 : 6개월(최대 2년 미만)
– 4대 보험 가입
※ 최초 6개월 이후 근무성적평정 결과에 따라 추가 계약 가능
※ 예산 또는 업무량 감소로 인원 감축이 필요하거나 해당 업무가 종료되었을 경우에는 그 시기까지를 계약기간으로 함(최소 계약기간은 보장함).

---

① 접수 기간 내 접수가 가능한 시간은 근로자의 근무시간대와 동일하다.
② 제출서류는 양식에 맞춰 이메일로만 제출 가능하며, 모든 지원자가 관련 자격증을 제출해야 하는 것은 아니다.
③ 서류전형 발표일 오후 늦게까지 아무런 연락이 없을 경우, S공사 홈페이지에서 확인을 해야 한다.
④ 최종합격자의 공식 근무지는 경기도 성남시 분당구에 위치하게 된다.

9 다음 글의 밑줄 친 부분을 영문으로 바르게 표현한 것은?

The amount of our import has increased on a yearly basis up to <u>27,346,100tons</u> last year since we started import from Europe for the first time in 2008.

① Twenty seven million three hundred forty six thousand one hundred tons

② Two hundred thirteen million forty six thousand one hundred tons

③ Twenty seven millions three hundreds forty six thousands one hundred tons

④ Two million seven hundred thirty four thousand sixty one hundred tons

10 다음 글의 밑줄 친 ㉠~㉣ 중, 전체 글의 문맥과 논리적으로 어울리지 않는 의미를 포함하고 있는 것은 어느 것인가?

정부의 지방분권 강화의 흐름은 에너지정책 측면에서도 매우 시의적절해 보인다. 왜냐하면 현재 정부가 강력히 추진 중인 에너지전환정책의 성공 여부는 그 특성상 지자체의 협력과 역할에 달려 있기 때문이다.

현재까지의 중앙 정부 중심의 에너지정책은 필요한 에너지를 값싸게 충분히 안정적으로 공급한다는 공급관리 목표를 달성하는 데 매우 효율적이었다고 평가할 수 있다. 또한 중앙 정부 부처가 주도하는 현재의 정책 결정 구조는 에너지공급 설비와 비용을 최소화할 수 있으며, ㉠일관된 에너지정책을 추구하여 개별 에너지정책들 간의 충돌을 최소화할 수 있는 장점이 있다. 사실, 특정지역 대형설비 중심의 에너지정책을 추진할 때는 지역 경제보다는 국가경제 차원의 비용편익 분석이 타당성을 확보할 수 있고, 게다가 ㉡사업 추진 시 상대해야 할 민원도 특정지역으로 한정되는 경우가 많기 때문에 중앙정부 차원에서의 정책 추진이 효율적일 수 있다.

그러나 신재생에너지 전원과 같이 소규모로 거의 전 국토에 걸쳐 설치되어야 하는 분산형 전원 비중이 높아지는 에너지전환정책 추진에는 사정이 달라진다. 중앙 정부는 실제 설비가 들어서는 수많은 개별 지역의 특성을 세심히 살펴 추진할 수 없어 소규모 전원의 전국적 관리는 불가능하다. 실제로 현재 태양광이나 풍력의 보급이 지체되는 가장 큰 이유로 지자체의 인허가 단계에서 발생하는 다양한 민원이 지적되고 있다. 중앙정부 차원에서 평가한 신재생에너지의 보급 잠재력이 아무리 많아도, 실제 사업단계에서 부딪치는 다양한 어려움을 극복하지 못하면 보급 잠재력은 허수에 지나지 않게 된다. 따라서 ㉢소규모 분산전원의 확대는 거시적 정책이 아니라 지역별 특성을 세심히 고려한 미시적 정책에 달려 있다고 해도 지나치지 않다. 당연히 지역 특성을 잘 살필 수 있는 지자체가 분산전원 확산에 주도권을 쥐는 편이 에너지전환정책의 성공에 도움이 될 수 있다.

이뿐만 아니라 경제가 성장하면서 에너지소비 구조도 전력, 도시가스, 지역난방 등과 같은 네트워크에너지 중심으로 변화하다 보니 지역별 공급비용에 대한 불균형을 고려해 ㉣지역별 요금을 단일화해야 한다는 목소리도 점점 커지고 있고, 환경과 안전에 대한 국민들의 인식도 과거와 비교해 매우 높아져 이와 관련한 지역 사안에 관심도 커지고 있다. 이러한 변화는 때로는 지역 간 갈등으로 혹은 에너지시설 건설에 있어 님비(NIMBY)현상 등으로 표출되기도 한다. 모두 지역의 특성을 적극적으로 감안하고 지역주민들의 의견을 모아 해결해야 할 사안이다. 당연히 중앙정부보다 지자체가 훨씬 잘할 수 있는 영역이다.

하지만 중앙정부의 역할이 결코 축소되어서는 안 된다. 소규모 분산전원이 확대됨에 따라 에너지 공급의 안정성을 유지하기 위해 현재보다 더 많은 에너지 설비가 요구될 수 있으며 설비가 소형화되면서 공급 비용과 비효율성이 높아질 우려도 있기 때문이다. 따라서 지역 간 에너지시스템을 연계하는 등 공급 효율성을 높이기 위해 지자체 간의 협력과 중앙정부의 조정기능이 더욱 강조되어야 한다. 에너지전환정책은 중앙정부와 지자체 모두의 에너지정책 수요를 증가시키고 이들 간의 협력의 필요성을 더욱 요구할 것이다.

① ㉠

② ㉡

③ ㉢

④ ㉣

11 다음 글의 내용에 부합하지 않는 것은?

최근 환경부와 학계의 연구 결과에 의하면 우리나라 초미세먼지의 고농도 발생 시의 주된 성분은 질산암모늄인 것으로 알려졌다. 질산암모늄은 일반적으로 화석연료의 연소로부터 발생되는 질산화물(NO_X)의 영향과 농업, 축산, 공업 등으로부터 배출되는 암모니아(NH_3)의 주된 영향을 받는다고 할 수 있다. 황산화물(SO_X)이 주로 중국의 기원을 가리키는 지표물질이며, 질산암모늄과 같은 질소계열의 미세먼지는 국내영향을 의미하기 때문에 고농도 시에는 국내 배출의 영향을 받는다는 것을 알 수 있으며, 이 때문에 평소의 국내 질소계열의 오염물질 감소에 정책 우선순위를 두어야 한다.

우리나라 전국 배출 사업장(공장)의 수는 약 5만 8천 개에 이르고 있으나 자동 굴뚝측정망으로 실시간 감시가 되는 대형 사업장의 수는 전체 사업장의 10% 이하이다. 대다수를 차지하고 있는 중소 사업장의 배출량은 대형 사업장에 미치지 못하나 문제는 날로 늘어가고 있는 중소 사업장의 숫자이다. 이는 배출 물질과 배출량의 파악을 갈수록 어렵게 하여 배출원 관리 문제와 미세먼지 증가를 유발할 수 있다는 점에서 이에 대한 철저한 관리 감독이 가능하도록 국가적 역량을 집중할 필요가 있다.

2000년대 이후 국내 경유 차량의 수가 크게 증가한 것도 미세먼지 관리가 어려운 이유 중 하나이다. 특히 육상 차량 중 초미세먼지 배출의 약 70%를 차지하고 있는 경유 화물차는 2009~2018년 사이 약 17%가 증가하여 현재 약 330만 대를 상회하고 있다. 이 중 약 1/4를 차지하고 있는 경유차가 'Euro3' 수준의 초미세먼지를 배출하고 있는데, 이러한 미세먼지와 질산화물을 과다배출하고 있는 노후 경유차에 대한 조기 폐차 유도, 친환경차 전환 지원, 저감장치 보급과 관리감독이 여전히 시급한 상황이다.

암모니아(NH_3)는 현재 국내 가장 중요한 국내 미세먼지 발생 원인으로 받아들여지고 있다. 암모니아의 가장 주요한 배출원은 농업과 축산분야인데 주로 비료사용과 가축 분뇨 등에 의해 대기 중에 배출되는 특성을 보이고 있으며, 비료사용이 시작되는 이른 봄과 따뜻한 온도의 영향을 주로 받는다.

우리나라는 2000년 이후 암모니아의 농도가 정체 혹은 소폭 증가하고 있는 경향을 보이고 있다. 또한 2010년 이후 암모니아 배출에 영향을 주고 있는 가축분뇨 발생량과 농약 및 화학비료 사용량도 줄지 않고 있는 정체 현상을 보이고 있다. 암모니아 배출량은 바람과 온습도, 강우 등 기상조건의 영향을 받는데 국내의 암모니아 배출량 산정은 이러한 물리적 조건을 반영하지 않고 있어 매우 불확실하다. 따라서 비료 및 가축분뇨 등이 미세먼지의 주요 원료인 만큼 환경부뿐 아니라 농림수산식품부 차원의 적극적인 관리 정책도 시급하다고 할 수 있다.

① 가축의 분뇨 배출량 증가는 고농도 초미세먼지 발생을 유발할 수 있다.
② 현재 약 80만 대 이상의 경유 화물차가 'Euro3' 수준의 초미세먼지를 배출하고 있다.
③ 유해 물질을 배출하는 전국의 사업장 중 실시간 감시가 가능한 사업장의 수는 계속 감소하고 있다.
④ 이른 봄은 다른 시기보다 농업 분야에서의 초미세먼지 원인 물질 배출이 더 많아진다.

12 다음 중 주어진 글에서 언급되지 않은 내용은?

우리나라의 합계 출산율은 OECD 회원국 중 가장 낮은 수준으로 2016년 합계 출산율은 1.17명에 불과하다. 저출산·고령화의 심화로 인한 노동공급 감소, 노동 생산성 저하 등에 대응하고 지속가능한 발전을 위해서는 여성의 노동시장 참여가 절실히 요구되고 있다. 우리나라의 여성경제활동 참가율은 2008년 54.7%, 2009년 53.9%로 계속 낮아지다가 2010년 54.5%, 2011년 54.9%, 2012년 55.2%, 2013년 55.6%, 2014년 57.0%, 2015년 57.9%, 2016년 58.4%로 상승하여 2000년 이후 가장 높은 수준을 보이고 있으나 선진국에 비하여 여전히 낮은 수준이다.

정부는 저출산 위기를 극복하고 여성의 경제활동 참여를 증진하기 위해 '일·가정 양립'을 핵심개혁과제로 선정하여 여성고용률 제고 및 일·가정 양립 문화 확산을 적극적으로 추진하였고 이러한 범국가적 정책방향은 제3차 저출산·고령사회 기본계획('15.12월)에도 반영되었다. 정부는 우선 여성의 경제활동 참여를 촉진하기 위해 시간선택제 일자리를 확산하는 한편, 여성이 경력단절 없이 계속 일할 수 있는 여건 조성을 위하여 아빠의 달 기간 확대(1개월→3개월), 둘째 자녀부터 아빠의 달 상한액 인상(월 150→200만), 임신기 근로시간 단축제도 전 사업장 확대 등 법·제도를 개선하였다.

또한 중소기업의 직장어린이집 설치를 유도하기 위해 산업단지 등 중소기업 밀집지역에 입주한 사업주 단체 등이 직장어린이집을 설치하는 경우 지원 수준을 최대 20억 원까지 지원할 수 있도록 제도를 확대하였다.

우리나라 청년 고용률(15~24세 기준)은 OECD 회원국 중 낮은 수준으로 '15년 기준 OECD 평균은 38.7%인 반면, 한국의 청년 고용률은 26.9%이며, OECD 34개국 중 27위이다. 그러나 한국의 청년 고용률은 '13년 24.2%, '14년 25.8%으로 매년 조금씩 상승하고 있지만 '00년 29.4%에 비하면 낮은 수준을 못 벗어나고 있다. 아울러 청년층이 노동시장에 진입하는 연령이 점차 늦춰지고 있는 것을 감안해서 청년층을 15~29세로 확대해서 살펴보면 '15년 OECD 평균 고용률은 51.4%이고 한국은 41.5%로서, 15~24세의 OECD 평균 고용률의 격차 11.8%보다는 작은 9.9%의 차이를 보이고 있다.

이처럼 우리나라 청년 고용률이 낮은 이유는 높은 대학 진학률과 함께 제한된 일자리에 선호가 집중됨에 따라 과도한 스펙 쌓기로 인해 노동시장 진입이 늦어지는 등 15~24세 비경제활동 인구가 증가함에 따른 것으로 볼 수 있다. 저출산 고령화 사회 우리경제의 지속성장을 위해 대규모 은퇴가 예정되어 있는 베이비부머를 청년층이 대체할 필요가 심각함에도 불구하고, 청년층의 취업시기의 지연은 임금소득 감소 및 불안정한 고용상태로 귀착될 우려가 있다. 따라서 청년층의 교육·직업훈련, 구직·취업, 직장유지 및 이동 등 전 단계에 대한 실태분석을 통해 맞춤형 대책을 중점 추진할 필요가 있다.

① 연도별 우리나라 여성의 경제활동 참가율
② 여성의 경제활동 참여를 위한 정부의 구체적인 지원정책
③ 청년층에 대한 중소기업 지원 유인책 제시
④ 청년층 범위 규정에 따른 OECD 회원국과의 고용률 차이

13 다음 글은 비정규직 보호 및 차별해소 정책에 관한 글이다. 글에서 언급된 필자의 의견에 부합하지 않는 것은?

우리나라 임금근로자의 1/3이 비정규직으로(2012년 8월 기준) OECD 국가 중 비정규직 근로자 비중이 높은 편이며, 법적 의무사항인 2년 이상 근무한 비정규직 근로자의 정규직 전환율도 높지 않은 상황이다. 이에 따라, 비정규직에 대한 불합리한 차별과 고용불안을 해소를 위해 대책을 마련하였다. 특히, 상시·지속적 업무에 정규직 고용관행을 정착시키고 비정규직에 대한 불합리한 차별 해소 등 기간제 근로자 보호를 위해 2016년 4월에는 「기간제 근로자 고용안정 가이드라인」을 신규로 제정하고, 더불어 「사내하도급 근로자 고용안정 가이드라인」을 개정하여 비정규직 보호를 강화하는 한편, 실효성 확보를 위해 민간 전문가로 구성된 비정규직 서포터스 활동과 근로감독 등을 연계하여 가이드라인 현장 확산 노력을 펼친 결과, 2016년에는 194개 업체와 가이드라인 준수협약을 체결하는 성과를 이루었다. 아울러, 2016년부터 모든 사업장(12천 개소) 근로감독 시 차별항목을 필수적으로 점검하고, 비교대상 근로자가 없는 경우라도 가이드라인 내용에 따라 각종 복리후생 등에 차별이 없도록 행정지도를 펼치는 한편, 사내하도급 다수활용 사업장에 대한 감독 강화로 불법파견 근절을 통한 사내하도급 근로자 보호에 노력하였다. 또한, 기간제·파견 근로자를 정규직으로 전환 시 임금상승분의 일부를 지원하는 정규직 전환지원금 사업의 지원요건을 완화하고, 지원대상을 사내하도급 근로자 및 특수형태업무 종사자까지 확대하여 중소기업의 정규직 전환여건을 제고하였다. 이와 함께 비정규직, 특수형태업무 종사자 등 취약계층 근로자에 대한 사회안전망을 지속 강화하여 2016년 3월부터 특수형태업무 종사자에 대한 산재보험가입 특례도 종전 6개 직종에서 9개 직종으로 확대 적용되었으며, 구직급여 수급기간을 국민연금 가입 기간으로 산입해주는 실업크레딧 지원제도가 2016년 8월부터 도입되었다. 2016년 7월에는 제1호 공동근로복지기금 법인이 탄생하기도 하였다.

① 우리나라는 법적 의무사항으로 비정규직 생활 2년이 경과하면 정규직으로 전환이 되어야 한다.
② 상시 업무에 정규직 고용관행을 정착시키면 정규직으로의 전환을 촉진할 수 있다.
③ 제정된 가이드라인의 실효성을 높이기 위한 서포터스 활동은 성공적이었다.
④ 특수형태업무 종사자들은 종전에는 산재보험 가입이 되지 못하였다.

14 다음은 K공사의 회의실 사용에 대한 안내문이다. 안내문의 내용을 바르게 이해한 설명은 어느 것인가?

■ 이용안내

임대시간	기본 2시간, 1시간 단위로 연장
요금결제	이용일 7일전 까지 결제(7일 이내 예약 시에는 예약 당일 결제)
취소 수수료	• 결제완료 후 계약을 취소 시 취소수수료 발생 • 이용일 기준 7일 이전 : 전액 환불 • 이용일 기준 6일~3일 이전 : 납부금액의 10% • 이용일 기준 2일~1일 이전 : 납부금액의 50% • 이용일 당일 : 환불 없음
회의실/일자 변경	• 사용가능한 회의실이 있는 경우, 사용일 1일 전까지 가능(해당 역 담당자 전화 신청 필수) • 단, 회의실 임대일 변경, 사용시간 단축은 취소수수료 기준 동일 적용
세금계산서	• 세금계산서 발행을 원하실 경우 반드시 법인 명의로 예약하여 사업자등록번호 입력 • 현금영수증 발행 후에는 세금계산서 변경발행 불가

■ 회의실 이용 시 준수사항

※ 회의실 사용자는 공사의 승인 없이 다음 행위를 할 수 없습니다.

1. 공중에 대하여 불쾌감을 주거나 또는 통로, 기타 공용시설에 간판, 광고물의 설치, 게시, 부착 또는 각종기기의 설치 행위
2. 폭발물, 위험성 있는 물체 또는 인체에 유해하고 불쾌감을 줄 우려가 있는 물품 반입 및 보관행위
4. 공사의 동의 없이 시설물의 이동, 변경 배치행위
5. 공사의 동의 없이 장비, 중량물을 반입하는 등 제반 금지행위
6. 공공질서 및 미풍양식을 위해하는 행위
7. 알코올성 음료의 판매 및 식음행위
8. 흡연행위 및 음식물 등 반입행위
9. 임대의 위임 또는 재임대

① 임대일 4일 전에 예약이 되었을 경우, 이용요금 결제는 회의실 사용 당일에 해야 한다.
② 회의실 임대 예약 날짜를 변경할 경우, 3일 전 변경을 신청하면 10%의 수수료가 발생한다.
③ 이용 당일 임대 회의실을 변경하고자 하면 이용 요금 50%를 추가 지불해야 한다.
④ 팀장 개인 명의로 예약하여 결제해도 세금계산서를 발급받을 수 있다.

15 다음 글의 이후에 이어질 만한 내용으로 가장 거리가 먼 것은?

철도교통의 핵심 기능인 정거장의 위치 및 역간거리는 노선, 열차평균속도, 수요, 운송수입 등에 가장 큰 영향을 미치는 요소로 고속화, 기존선 개량 및 신선 건설시 주요 논의의 대상이 되고 있으며, 과다한 정차역은 사업비를 증가시켜 철도투자를 저해하는 주요 요인으로 작용하고 있다.

한편, 우리나라의 평균 역간거리는 고속철도 46km, 일반철도 6.7km, 광역철도 2.1km로 이는 외국에 비해 59~84% 짧은 수준이다. 경부고속철도의 경우 천안·아산역~오송역이 28.7km, 신경주역~울산역이 29.6km 떨어져 있는 등 1990년 기본계획 수립 이후 오송, 김천·구미, 신경주, 울산역 등 다수의 역 신설로 인해 운행 속도가 저하되어 표정속도가 선진국의 78% 수준이며, 경부선을 제외한 일반철도의 경우에도 표정속도가 45~60km/h 수준으로 운행함에 따라 타 교통수단 대비 속도경쟁력이 저하된 실정이다. 또한, 추가역 신설에 따른 역간거리 단축으로 인해 건설비 및 운영비의 대폭 증가도 불가피한 바, 경부고속철도의 경우 오송역 등 4개 역 신설로 인한 추가 건설비는 약 5,000억 원에 달한다. 운행시간도 당초 서울~부산 간 1시간 56분에서 2시간 18분으로 22분 지연되었으며, 역 추가 신설에 따른 선로분기기, 전환기, 신호기 등 시설물이 추가로 설치됨에 따라 유지보수비 증가 등 과잉 시설의 한 요인으로 작용했다. 이러한 역간 거리와 관련하여 도시철도의 경우 도시철도건설규칙에서 정거장 간 거리를 1km 이상으로 규정함으로써 표준 역간거리를 제시하고 있으나, 고속철도, 일반철도 및 광역철도의 정거장 위치와 역간 거리는 교통수요, 정거장 접근거리, 운행속도, 여객 및 화물열차 운행방법, 정거장 건설 및 운영비용, 선로용량 등 단일 차량과 단일 정차패턴이 기본인 도시철도에 비해 복잡한 변수를 내포함으로써 표준안을 제시하기가 용이하지 않았으며 관련 연구가 매우 부족한 상황이다.

① 외국인 노선별 역간 거리 비교
② 역간 거리가 철도·운행 사업자에게 미치는 영향 분석
③ 역간 거리 연장을 어렵게 하는 사회적인 요인 파악
④ 역세권 개발과 부동산 시장과의 상호 보완요인 파악

16 다음은 산유국과 세계 주요 원유 소비국들을 둘러싼 국제석유시장의 전망을 제시하고 있는 글이다. 다음 글에서 전망하는 국제석유시장의 동향을 가장 적절하게 요약한 것은?

2018년에도 세계석유 수요의 증가세 둔화가 계속될 전망이다. 완만한 세계경제 성장세가 지속됨에도 불구하고 높아진 유가와 각국의 석유 수요 대체 노력이 석유 수요 확대를 제약할 것으로 보이기 때문이다.

세계경제는 미국의 경기 회복세 지속과 자원가격 상승에 따른 신흥국의 회복 등에 힘입어 2018년에도 3% 중후반의 성장률을 유지할 것으로 예상되고 있다. 미국은 완만한 긴축에도 불구하고 고용시장 호조와 이로 인한 민간소비 확대가 경기 회복세를 계속 견인할 것으로 예상된다. 중국은 공급측면의 구조조정이 계속되고 안정적 성장을 위한 내수주도 성장으로의 전환이 이어지면서 완만한 성장 둔화가 계속될 것이다. 2016년 말 화폐개혁과 2017년 7월 단일부가가치세 도입으로 실물경제가 위축되었던 인도는 2018년에 점차 안정적 회복흐름이 재개될 것으로 기대되고 있다. 브라질과 러시아 등 원자재 가격에 크게 영향을 받는 신흥국들은 원유와 비철금속 가격 상승에 힘입어 경기회복이 나타날 것이다.

다만, 세계경제 회복에도 불구하고 세계석유 수요 증가세가 높아지기는 힘들 것으로 보인다. 세계 각국에서 전개되고 있는 탈석유와 유가 상승이 세계석유 수요 확대를 제약할 것이기 때문이다. 저유가 국면이 이어지고 있지만, 미국 등 선진국과 중국 등 개도국에서는 연비규제가 지속적으로 강화되고 있고 전기차 등 내연기관을 대체하는 자동차 보급도 계속 확대되고 있다. 전기차는 이미 1회 충전 당 300km가 넘는 2세대가 시판되고 있으며 일부 유럽 선진국들은 2025년 전후로 내연기관 자동차 판매를 중단할 계획인 가운데 중국도 최근 내연기관 자동차 판매 중단을 검토하고 있다. 이러한 수송부문을 중심으로 한 석유대체 노력의 결과, 세계경제 성장에 필요한 석유소비량은 지속적으로 줄어들고 있다. 2000년 0.83배럴을 기록한 석유 원 단위(세계 GDP 1천 달러 창출을 위한 석유 투입량)가 2018년에는 0.43배럴로 줄어들 전망이다. 또한 2017년에 높아진 유가도 석유수입국의 상대적 구매력을 저하시키면서 석유 수요 확대를 제약할 것이다. 두바이유 가격은 최근(11월 23일) 배럴당 61.1달러로 전년 대비 32.6%(15$/bbl)로 높게 상승했다.

① 유가 상승에 따른 구매력 약화로 석유 수요가 하락세를 이어갈 것이다.
② 미국의 경기 회복과 고용시장 호조로 인해 국제석유시장의 높은 성장세가 지속될 것이다.
③ 세계경제 회복에도 불구, 탈석유 움직임에 따라 석유 수요의 증가세가 둔화될 것이다.
④ 탈석유 기류에 따른 산유국의 저유가 정책으로 국제유가가 큰 폭으로 하락될 것이다.

17 다음 글에서 공자가 언급한 것으로, 빈칸 ㉠에 해당하는 말은 무엇인가?

(㉠)라는 말은 「논어」에서 공자의 수제자인 안연(顔淵)이 인(仁)에 대해 물었을 때, 공자가 대답한 말이지만 「춘추좌씨전」 소공(昭公)을 보면 공자가 이 말을 고어로 인용한 점으로 미뤄 보아 공자 이전부터 전해져온 말인 듯하다. 이에 대해 주희(朱熹)는 "일신의 사욕을 극복하는 것이요, 천리(天理)의 절문(節文)으로 돌아가는 것이다."라고 말했다.

이를 일견하면 인간 존재의 부정적 경향을 극복하고 외적인 규범에 따르는 것으로 볼 수 있지만, 인간의 존재를 곧 천리로 보는 성리학적 관점에서 보면 이 말은 인간 본연의 모습을 회복한다는 의미이다. 이는 성리학에서 인간의 올바른 주체를 확립하는 방법으로 제시된 '인욕을 막고 천리를 보존한다.'는 구조를 표현하고 있다.

그러나 이 말은 인간 존재가 갖는 본질적인 갈등 구조를 전제로 하고 있는 것이라 하겠다. 공자의 이 말을 받아 안연이 그 구체적 실천방법을 물었을 때 공자가 "예가 아니면 보지도 말고 듣지도 말고 말하지도 말고 행동하지도 말라."라고 했듯이 현실의 인간은 예가 아닌 것을 보고 듣고 말하고 행동하고자 하는 욕구가 있으며 동시에 그것을 거부하는 힘으로 이성이 존재하는 것이다.

그러나 맹자의 성선설(性善說)과 그것을 계승한 성리학의 인간관은 이전의 갈등적 구조를 인간의 현실적인 존재양상으로 이해할지언정 그것을 인간 존재의 본질로 인정하지는 않는다. 그리고 이런 관점에서 인욕도 반드시 부정적인 것으로 보지 않는 것이다.

이렇게 보면, 자신을 잘 다스리는 것, 그리고 잘 다스린 자신을 바탕으로 다른 사람에게 겸손하고 공손하게 대한다는 것이 안연에게 대답한 공자의 뜻이라는 것을 짐작할 수 있다. 예로 행해야 한다는 것을 강조한 것이며, 자신을 낮추어서 어른을 공경한다든지 다른 사람의 불편을 미리 헤아려서 양보한다든지 하는 것들이 모두 여기에 해당된다고 할 수 있다.

① 기소불욕 물시어인(己所不欲 勿施於人)

② 덕불고 필유인(德不孤 必有隣)

③ 음덕양보 (陰德陽報)

④ 극기복례(克己復禮)

18 다음은 정보공개제도에 대하여 설명하고 있는 글이다. 이 글의 내용을 제대로 이해하지 못한 것은?

☞ 정보공개란?

「정보공개제도」란 공공기관이 직무상 작성 또는 취득하여 관리하고 있는 정보를 수요자인 국민의 청구에 의하여 열람 · 사본 · 복제 등의 형태로 청구인에게 공개하거나 공공기관이 자발적으로 또는 법령 등의 규정에 의하여 의무적으로 보유하고 있는 정보를 배포 또는 공표 등의 형태로 제공하는 제도를 말합니다. 전자를 「청구공개」라 한다면, 후자는 「정보제공」이라 할 수 있습니다.

☞ 정보공개 청구권자

대한민국 모든 국민, 외국인(법인, 단체 포함)

• 국내에 일정한 주소를 두고 거주하는 자, 국내에 사무소를 두고 있는 법인 또는 단체
• 학술/연구를 위하여 일시적으로 체류하는 자

☞ 공개 대상 정보

　공공기관이 직무상 또는 취득하여 관리하고 있는 문서(전자문서를 포함), 도면, 사진, 필름, 테이프, 슬라이드 및 그 밖에 이에 준하는 매체 등에 기록된 사항

☞ 공개 대상 정보에 해당되지 않는 예(행정안전부 유권해석)

• 업무 참고자료로 활용하기 위해 비공식적으로 수집한 통계자료
• 결재 또는 공람절차 완료 등 공식적 형식요건 결여한 정보
• 관보, 신문, 잡지 등 불특정 다수인에게 판매 및 홍보를 목적으로 발간된 정보
• 합법적으로 폐기된 정보
• 보유 · 관리하는 정보만이 대상이므로 공공기관은 정보를 새로 작성(생성)하거나 취득하여 공개할 의무는 없음

☞ 비공개 정보(「공공기관의 정보공개에 관한 법률」 제9조)

• 법령에 의해 비밀 · 비공개로 규정된 정보
• 국가안보 · 국방 · 통일 · 외교관계 등에 관한 사항으로 공개될 경우 국가의 중대한 이익을 해할 우려가 있다고 인정되는 정보
• 공개될 경우 국민의 생명 · 신체 및 재산의 보호에 현저한 지장을 초래할 우려가 있다고 인정되는 정보
• 진행 중인 재판에 관련된 정보와 범죄의 예방, 수사, 공소의 제기 등에 관한 사항으로서 공개될 경우 그 직무수행을 현저히 곤란하게 하거나 피고인의 공정한 재판을 받을 권리를 침해한다고 인정되는 정보
• 감사 · 감독 · 검사 · 시험 · 규제 · 입찰계약 · 기술개발 · 인사관리 · 의사결정과정 또는 내부검토과정에 있는 사항 등으로서 공개될 경우 업무의 공정한 수행이나 연구 · 개발에 현저한 지장을 초래한다고 인정되는 정보
• 당해 정보에 포함되어 있는 이름 · 주민등록번호 등 개인에 관한 사항으로서 공개될 경우 개인의 사생활의 비밀 · 자유를 침해할 수 있는 정보
• 법인 · 단체 또는 개인(이하 "법인 등"이라 한다)의 경영 · 영업상 비밀에 관한 사항으로서 공개될 경우 법인 등의 정당한 이익을 현저히 해할 우려가 있다고 인정되는 정보
• 공개될 경우 부동산 투기 · 매점매석 등으로 특정인에게 이익 또는 불이익을 줄 우려가 있다고 인정되는 정보

① 공공기관은 국민이 원하는 정보를 요청자의 요구에 맞추어 작성, 배포해 주어야 한다.

② 공공기관의 정보는 반드시 국민의 요구가 있어야만 공개하는 것은 아니다.

③ 공공의 이익에 저해가 된다고 판단되는 정보는 공개하지 않을 수 있다.

④ 공식 요건을 갖추지 않은 미완의 정보는 공개하지 않을 수 있다.

▌19~20▐ 다음 글을 읽고 이어지는 물음에 답하시오.

경쟁의 승리는 다른 사람의 재산권을 침탈하지 않으면서 이기는 경쟁자의 능력, 즉 경쟁력에 달려 있다. 공정경쟁에서 원하는 물건의 소유주로부터 선택을 받으려면 소유주가 원하는 대가를 치를 능력이 있어야 하고 남보다 먼저 신 자원을 개발하거나 신 발상을 창안하려면 역시 그렇게 해낼 능력을 갖추어야 한다. 다른 기업보다 더 좋은 품질의 제품을 더 값싸게 생산하는 기업은 시장경쟁에서 이긴다. 우수한 자질을 타고났고, 탐사 또는 연구개발에 더 많은 노력을 기울인 개인이나 기업은 새로운 자원이나 발상을 대체로 남보다 앞서서 찾아낸다.

개인의 능력은 천차만별한데 그 차이는 타고나기도 하고 후천적 노력에 의해 결정되기도 한다. 능력이 후천적 노력만의 소산이라면 능력의 우수성에 따라 결정되는 경쟁 결과를 불공정하다고 불평하기는 어렵다. 그런데 능력의 많은 부분은 타고난 것이거나 부모에게서 직간접적으로 물려받은 유무형적 재산에 의한 것이다. 후천적 재능 습득에서도 그 성과는 보통 개발자가 타고난 자질에 따라 서로 다르다. 타고난 재능과 후천적 능력을 딱 부러지게 구분하기도 쉽지 않은 것이다.

어쨌든 내가 능력 개발에 소홀했던 탓에 경쟁에서 졌다면 패배를 승복해야 마땅하다. 그러나 순전히 타고난 불리함 때문에 불이익을 당했다면 억울함이 앞선다. 이 점을 내세워 타고난 재능으로 벌어들이는 소득은 그 재능 보유자의 몫으로 인정할 수 없다는 필자의 의견에 동의하는 학자도 많다. 자신의 재능을 발휘하여 경쟁에서 승리하였다 하더라도 해당 재능이 타고난 것이라면 승자의 몫이 온전히 재능 보유자의 것일 수 없고 마땅히 사회에 귀속되어야 한다는 말이다. 그런데 재능도 노동해야 발휘할 수 있으므로 재능발휘를 유도하려면 그 노고를 적절히 보상해주어야 한다. 이론상으로는 재능발휘로 벌어들인 수입에서 노고에 대한 보상만큼은 재능보유자의 소득으로 인정하고 나머지만 사회에 귀속시키면 된다.

19 윗글을 읽고 나눈 다음 대화의 ㉠~㉣ 중, 글의 내용에 따른 합리적인 의견 제기로 볼 수 없는 것은?

> A : "타고난 재능과 후천적 노력에 대하여 어떻게 보아야 할지에 대한 필자의 의견이 담겨 있는 글입니다."
>
> B : "맞아요. 이 글 대로라면 앞으로 ㉠선천적인 재능에 대한 경쟁이 더욱 치열해질 것 같습니다."
>
> A : "그런데 우리가 좀 더 확인해야 할 것은, ㉡과연 얼마만큼의 보상이 재능발휘 노동의 제공에 대한 몫이냐 하는 점입니다."
>
> B : "그와 함께, ㉢얻어진 결과물에서 어떻게 선천적 재능에 의한 부분을 구별해낼 수 있을까에 대한 물음 또한 과제로 남아 있다고 볼 수 있겠죠."
>
> A : "그뿐이 아닙니다. ㉣타고난 재능이 어떤 방식으로 사회에 귀속되어야 공정한 것인지, 특별나게 열심히 재능을 발휘할 유인은 어떻게 찾을 수 있을지에 대한 고민도 함께 이루어져야 하겠죠."

① ㉠

② ㉡

③ ㉢

④ ㉣

20 윗글에서 필자가 주장하는 내용과 견해가 다른 것은?

① 경쟁에서 승리하기 위해서는 능력이 필요하다.

② 능력에 의한 경쟁 결과가 불공정하다고 불평할 수 없다.

③ 선천적인 능력이 우수한 사람은 경쟁에서 이길 수 있는 확률이 높다.

④ 후천적인 능력이 모자란 결과에 대해서는 승복해야 한다.

21 다음은 도표의 작성절차에 대한 설명이다. 밑줄 친 ㉠~㉣ 중 올바르지 않은 설명을 모두 고른 것은?

1) 어떠한 도표로 작성할 것인지를 결정

업무수행 과정에서 도표를 작성할 때에는 우선 주어진 자료를 면밀히 검토하여 어떠한 도표를 활용하여 작성할 것인지를 결정한다. 도표는 목적이나 상황에 따라 올바르게 활용할 때 실효를 거둘 수 있으므로 우선적으로 어떠한 도표를 활용할 것인지를 결정하는 일이 선행되어야 한다.

2) 가로축과 세로축에 나타낼 것을 결정

주어진 자료를 활용하여 가로축과 세로축에 무엇을 나타낼 것인지를 결정하여야 한다. 일반적으로 ㉠가로축에는 수량(금액, 매출액 등), 세로축에는 명칭구분(연, 월, 장소 등)을 나타내며 ㉡축의 모양은 T 자형이 일반적이다.

3) 가로축과 세로축의 눈금의 크기를 결정

주어진 자료를 가장 잘 표현할 수 있도록 가로축과 세로축의 눈금의 크기를 결정하여야 한다. 한 눈금의 크기가 너무 크거나 작으면 자료의 변화를 잘 표현할 수 없으므로 자료를 가장 잘 표현할 수 있도록 한 눈금의 크기를 정하는 것이 바람직하다.

4) 자료를 가로축과 세로축이 만나는 곳에 표시

자료 각각을 결정된 축에 표시한다. 이때 ㉢가로축과 세로축이 교차하는 곳에 정확히 표시하여야 정확한 그래프를 작성할 수 있으므로 주의하여야 한다.

5) 표시된 점에 따라 도표 작성

표시된 점들을 활용하여 실제로 도표를 작성한다. ㉣선 그래프라면 표시된 점들을 선분으로 이어 도표를 작성하며, 막대그래프라면 표시된 점들을 활용하여 막대를 그려 도표를 작성하게 된다.

6) 도표의 제목 및 단위 표시

도표를 작성한 후에는 도표의 상단 혹은 하단에 제목과 함께 단위를 표기한다.

① ㉠, ㉡

② ㉠, ㉢

③ ㉠, ㉡, ㉢

④ ㉠, ㉢, ㉣

22 다음 중 그래프로 자료를 작성할 때의 주의사항으로 올바른 설명을 〈보기〉에서 모두 고른 것은?

〈보기〉
㈎ 해당 자료의 가로, 세로축을 나타내는 수치의 의미를 범례로 제시한다.
㈏ 사용된 수치 중 가장 중요하게 나타내고자 하는 자료의 단위만을 제시한다.
㈐ 축의 단위는 해당 수치의 범위가 모두 포함될 수 있도록 제시한다.
㈑ 무엇을 의미하는 그래프인지를 알 수 있도록 제목을 반드시 제시한다.

① ㈏, ㈐, ㈑
② ㈎, ㈐, ㈑
③ ㈎, ㈏, ㈑
④ ㈎, ㈏, ㈐

23 갑, 을, 병, 정, 무, 기 6명의 채용 시험 결과를 참고로 평균 점수를 구하여 편차를 계산하였더니 결과가 다음과 같다. 이에 대한 분산과 표준편차를 합한 값은 얼마인가?

직원	갑	을	병	정	무	기
편차	3	−1	( )	2	0	−3

① 3
② 4
③ 5
④ 6

24 다음은 대표적인 단위를 환산한 자료이다. 환산 내용 중 올바르지 않은 수치가 포함된 것은?

단위	단위환산
길이	$1cm = 10mm$, $1m = 100cm$, $1km = 1,000m$
넓이	$1cm^2 = 100mm^2$, $1m^2 = 10,000cm^2$, $1km^2 = 1,000,000m^2$
부피	$1cm^3 = 1,000mm^3$, $1m^3 = 1,000,000cm^3$, $1km^3 = 1,000,000,000m^3$
들이	$1m\ell = 1cm^3$, $1d\ell = 1,000cm^3 = 100m\ell$, $1\ell = 100cm^3 = 10d\ell$
무게	$1kg = 1,000g$, $1t = 1,000kg = 1,000,000g$
시간	$1분 = 60초$, $1시간 = 60분 = 3,600초$
할푼리	$1푼 = 0.1할$, $1리 = 0.01할$, 모 $= 0.001할$

① 부피　　　　　　　　　　　　　② 들이

③ 무게　　　　　　　　　　　　　④ 시간

25 두 개의 주사위를 동시에 던질 때 나오는 두 수의 합이 4보다 작거나 같을 확률은?

① $\dfrac{1}{2}$　　　　　　　　　　② $\dfrac{1}{3}$

② $\dfrac{1}{4}$　　　　　　　　　　④ $\dfrac{1}{6}$

26 자연수 중 연속한 두 짝수를 곱했더니 24가 되었다. 두 수를 더한 값은?

① 6　　　　　　　　　　　　　　② 10

③ 12　　　　　　　　　　　　　　④ 14

27 서로 맞물려 도는 톱니바퀴가 있다. 반지름이 32cm인 톱니바퀴 A가 2바퀴를 돌 때, 반지름이 8cm인 톱니바퀴 B는 몇 바퀴를 회전하는가?

① 6바퀴

② 7바퀴

③ 8바퀴

④ 9바퀴

28 A사원은 30장의 문서를 워드로 옮기는 데 2시간 30분이 걸린다. 동일한 문서를 B사원이 워드로 옮겼더니 4시간이 걸렸다. B사원이 다른 문서 60장을 워드로 옮기는 시간에 A사원은 몇 장의 동일한 문서를 워드로 옮길 수 있는가?

① 24장

② 48장

③ 66장

④ 96장

〈연도별 대기오염물질 배출량 현황〉

(단위 : 톤)

구분	황산화물	일산화탄소	질소산화물	미세먼지	유기화합물질
2017	401,741	766,269	1,061,210	116,808	866,358
2018	433,959	718,345	1,040,214	131,176	873,108
2019	417,645	703,586	1,075,207	119,980	911,322
2020	404,660	696,682	1,090,614	111,563	913,573
2021	343,161	594,454	1,135,743	97,918	905,803

29 다음 중 각 대기오염물질의 연도별 증감 추이가 같은 것끼리 짝지어진 것은?

① 일산화탄소, 유기화합물질

② 황산화물, 질소산화물

③ 미세먼지, 유기화합물질

④ 황산화물, 미세먼지

30 다음 중 2017년 대비 2021년의 총 대기오염물질 배출량의 증감률로 올바른 것은?

① 약 4.2%

② 약 3.9%

③ 약 2.8%

④ 약 -4.2%

31 다음 자료에 대한 올바른 설명을 〈보기〉에서 모두 고른 것은 어느 것인가?

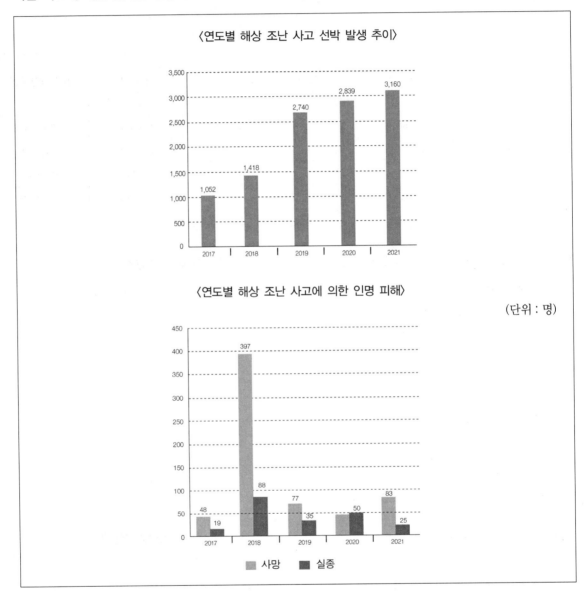

〈연도별 해상 조난 사고 선박 발생 추이〉

〈연도별 해상 조난 사고에 의한 인명 피해〉

(단위 : 명)

<보기>
㈎ 조난 사고 발생 선박 척수가 많은 해일수록 실종자 수도 더 많다.

㈏ 전년대비 사망자 수 증가율이 가장 큰 해에 실종자 수 증가율도 가장 크다.

㈐ 전년대비 조난 사고 발생 선박 척수가 많이 증가한 것은 2019년 > 2018년 > 2020년 > 2021년 순이다.

㈑ 조난 사고 발생 선박 1척당 평균 사망자 수는 2020년이 가장 적다.

① ㈎, ㈏   ② ㈎, ㈐

③ ㈏, ㈐   ④ ㈏, ㈑

32 다음 자료에 대한 설명으로 올바른 것은?

〈한우 연도별 등급 비율〉

(단위 : %, 두)

연도	육질 등급					합계	한우등급 판정두수
	1++	1+	1	2	3		
2015	7.5	19.5	27.0	25.2	19.9	99.1	588,003
2016	8.6	20.5	27.6	24.7	17.9	99.3	643,930
2017	9.7	22.7	30.7	25.2	11.0	99.3	602,016
2018	9.2	22.6	30.6	25.5	11.6	99.5	718,256
2019	9.3	20.2	28.6	27.3	14.1	99.5	842,771
2020	9.2	21.0	31.0	27.1	11.2	99.5	959,751
2021	9.3	22.6	32.8	25.4	8.8	98.9	839,161

① 1++ 등급으로 판정된 한우의 두수는 2017년이 2018년보다 더 많다.

② 1등급 이상이 60%를 넘은 해는 모두 3개년이다.

③ 3등급 판정을 받은 한우의 두수는 2017년이 가장 적다.

④ 전년보다 1++ 등급의 비율이 더 많아진 해에는 3등급의 비율이 매번 더 적어졌다.

33 다음은 '갑' 지역의 연도별 65세 기준 인구의 분포를 나타낸 예시자료이다. 이에 대한 올바른 해석은 어느 것인가?

구분	인구 수(명)		
	계	65세 미만	65세 이상
2014년	66,557	51,919	14,638
2015년	68,270	53,281	14,989
2016년	150,437	135,130	15,307
2017년	243,023	227,639	15,384
2018년	325,244	310,175	15,069
2019년	465,354	450,293	15,061
2020년	573,176	557,906	15,270
2021년	659,619	644,247	15,372

① 65세 미만 인구수는 조금씩 감소하였다.

② 전체 인구수는 매년 지속적으로 증가하였다.

③ 65세 이상 인구수는 매년 지속적으로 증가하였다.

④ 65세 이상 인구수는 매년 전체의 5% 이상이다.

34 다음과 같은 자료를 활용하여 작성할 수 있는 하위 자료로 적절하지 않은 것은?

(단위 : 천 가구, 천 명, %)

구분	2017	2018	2019	2020	2021
농가	1,142	1,121	1,089	1,068	1,042
농가 비율(%)	6.2	6.0	5.7	5.5	5.3
농가인구	2,847	2,752	2,569	2,496	2,422
남자	1,387	1,340	1,265	1,222	1,184
여자	1,461	1,412	1,305	1,275	1,238
성비	94.9	94.9	96.9	95.9	95.7
농가인구 비율(%)	5.6	5.4	5.0	4.9	4.7

※ 농가 비율과 농가인구 비율은 총 가구 및 총인구에 대한 농가 및 농가인구의 비율임.

① 2017년~2021년 기간의 연 평균 농가의 수

② 연도별 농가당 성인 농가인구의 수

③ 총인구 대비 남성과 여성의 농가인구 구성비

④ 연도별, 성별 농가인구 증감 수

35 다음은 A지역에서 개최하는 전시회의 연도별, 기업별 부스 방문객 현황을 나타낸 자료이다. 이를 통해 알 수 있는 내용으로 적절하지 않은 것은?

(단위 : 명)

연도 전시기업	2016	2017	2018	2019	2020	2021
甲 기업	1,742	2,011	2,135	2,243	2,413	2,432
乙 기업	2,418	2,499	2,513	2,132	2,521	2,145
丙 기업	3,224	3,424	3,124	3,017	3,114	3,011
丁 기업	1,245	1,526	1,655	1,899	2,013	2,114
戊 기업	2,366	2,666	2,974	3,015	3,115	3,458
己 기업	524	611	688	763	1,015	1,142
庚 기업	491	574	574	630	836	828
전체	12,010	13,311	13,663	13,699	15,027	15,130

① 전시회의 연도별 전체 방문객 방문 현황을 알 수 있다.

② 전시회 참여 업체의 평균 방문객 수를 알 수 있다.

③ 각 기업별 전시회 참여를 통한 매출 변동을 알 수 있다.

④ 방문객이 가장 많은 기업의 연도별 방문객 변동 내역을 확인할 수 있다.

36 다음은 丁국의 분야별 안전신고에 관한 자료이다. 이에 대한 설명으로 옳은 것은?

(단위 : 건)

연도 \ 구분	시설안전	교통안전	생활안전	산업안전	사회안전	학교안전	해양안전	기타
2017	278	524	145	54	113	237	4	133
2018	28,861	20,168	7,711	1,995	4,763	3,241	108	7,276
2019	66,810	38,490	13,937	11,389	8,909	3,677	91	9,465
2020	100,888	50,751	29,232	8,928	22,266	4,428	16	10,410
2021	94,887	62,013	28,935	11,699	22,055	7,249	–	9,164

분야	주요 신고내용	분야	주요 신고내용
시설안전	도로 · 인도 파손, 공공시설물 파손 등	사회안전	어린이집 · 소방시설 안전, 학교폭력 등
교통안전	신호등 및 교통시설물 안전, 차량운전 등	학교안전	학교 시설물, 통학로, 학교급식 등
생활안전	놀이시설 점검, 환경오염, 등산로 안전 등	해양안전	항만 · 선박 등
산업안전	가스통, 전선, 통신선 등의 안전	기타	내용이 불분명하거나 확인이 어려움 등

① 공공시설물 파손 등과 관련된 분야의 안전신고는 2021년이 2020년보다 많다.

② 2021년 어린이집 · 소방시설 등과 관련된 분야의 안전신고의 전년 대비 감소율은 1%를 넘지 않는다.

③ 2021년 전체 안전신고 중 가스통, 전선 등과 관련된 분야의 안전신고가 차지하는 비중은 4%가 안 된다.

④ 2021년 전년대비 안전신고가 증가한 분야는 총 2개 분야이다.

▍37~38 ▍ 다음은 8개 회사로 이루어진 어떤 단체에서 각 회원사가 내야 할 납입자금에 관한 자료이다. 물음에 답하시오.

〈표1〉 회원사 납입자금 산정기준

(단위 : 억 원)

전년도 매출액	당해연도 납입자금
2천억 원 미만	1.0
2천억 원 이상 5천억 원 미만	2.0
5천억 원 이상 1조원 미만	3.0
1조원 이상 2조원 미만	4.0
2조원 이상	5.0

※ 납입자금 산정기준은 연도에 따라 변하지 않음.
※ 납입자금은 전년도 매출액을 기준으로 당해연도 초에 납입함.

〈표2〉 2020년 회원사별 매출액

(단위 : 천억 원)

회원사	매출액	회원사	매출액
가	3.5	마	15.5
나	19.0	바	8.0
다	30.0	사	9.5
라	6.0	아	4.6

37 2021년에 3억 원의 납입금을 내는 회원사를 모두 고른 것은?

① 가, 라, 바
② 라, 바, 아
③ 라, 마, 아
④ 라, 바, 사

38 모든 회원사의 2021년 매출액이 전년대비 10% 증가한다면 2022년에 납입자금이 늘어나는 회원사는 몇 개인가?

① 5개
② 4개
③ 3개
④ 2개

| 39~40 | 다음 표는 정보통신 기술 분야 예산 신청금액 및 확정금액에 대한 조사한 예시 자료이다. 물음에 답하시오.

(단위 : 억 원)

연도 구분 기술분야	2019		2020		2021	
	신청	확정	신청	확정	신청	확정
네트워크	1,179	1,112	1,098	1,082	1,524	950
이동통신	1,769	1,679	1,627	1,227	1,493	805
메모리반도체	652	478	723	409	746	371
방송장비	892	720	1,052	740	967	983
디스플레이	443	294	548	324	691	282
LED	602	217	602	356	584	256
차세대컴퓨팅	207	199	206	195	295	188
시스템반도체	233	146	319	185	463	183
RFID	226	125	276	145	348	133
3D 장비	115	54	113	62	136	149
전체	6,318	5,024	6,564	4,725	7,247	4,300

39 2021년 신청금액이 전년대비 30% 이상 증가한 기술 분야는 총 몇 개인가?

① 2개
② 3개
③ 4개
④ 5개

40 2019년 확정금액 상위 3개 기술 분야의 확정금액 합은 2019년 전체 확정금액의 몇 %를 차지하는가? (단 소수점 첫째자리에서 반올림하시오.)

① 63%
② 65%
③ 68%
④ 70%

41 다음 중 업무상 일어나는 문제를 해결할 때 필요한 '분석적 사고'에 대한 설명으로 올바른 것은?

① 사실 지향의 문제는 기대하는 결과를 명시하고 효과적으로 달성하는 방법을 사전에 구상하고 실행에 옮겨야 한다.

② 가설 지향의 문제는 일상 업무에서 일어나는 상식, 편견을 타파하여 객관적 사실로부터 사고와 행동을 출발한다.

③ 전체를 각각의 요소로 나누어 그 요소의 의미를 도출한 다음 우선순위를 부여하고 구체적인 문제해결 방법을 실행하는 것이다.

④ 성과 지향의 문제는 현상 및 원인분석 전에 지식과 경험을 바탕으로 일의 과정이나 결과, 결론을 가정한 다음 검증 후 사실일 경우 다음 단계의 일을 수행한다.

42 다음 (가)~(다)에서 설명하고 있는 창의적 사고 개발 방법의 유형을 순서대로 알맞게 짝지은 것은?

(가) "신차 출시"라는 주제에 대해서 "홍보를 통해 판매량을 늘린다.", "회사 내 직원들의 반응을 살핀다.", "경쟁사의 자동차와 비교한다." 등의 자유로운 아이디어를 창출할 수 있도록 유도한다.

(나) "신차 출시"라는 같은 주제에 대해서 판매방법, 판매대상 등의 힌트를 통해 사고 방향을 미리 정해서 발상을 하는 방법이다. 이때 판매방법이라는 힌트에 대해서는 "신규 해외 수출 지역을 물색한다."라는 아이디어를 떠 올릴 수 있도록 유도한다.

(다) "신차 출시"라는 같은 주제에 대해서 생각해 보면 신차는 회사에서 새롭게 생산해 낸 제품을 의미한다. 따라서 새롭게 생산해 낸 제품이 무엇인지에 대한 힌트를 먼저 찾고, 만약 지난달에 히트를 친 비누라는 신상품이 있었다고 한다면, "지난달 신상품인 비누의 판매 전략을 토대로 신차의 판매 전략을 어떻게 수립할 수 있을까" 하는 아이디어를 도출할 수 있다.

	(가)	(나)	(다)
①	강제 연상법	비교 발상법	자유 연상법
②	자유 연상법	강제 연상법	비교 발상법
③	비교 발상법	강제 연상법	자유 연상법
④	강제 연상법	자유 연상법	비교 발상법

43 다음과 같은 상황 아래에서 'so what?' 기법을 활용한 논리적인 사고로 가장 바람직한 사고 행위는 무엇인가?

- 무역수지 적자가 사상 최고를 경신했다.
- 주요 도시 무역단지의 신규 인력 채용이 점점 어려워지고 있다.
- 상공회의소 발표 자료에서는 적자를 극복하지 못해 도산하는 기업이 증가하고 있다.

---

① 무역 업체 입사를 원하는 청년층이 줄어들고 있다.
② 정부의 대대적인 지원과 문제해결 노력이 시급히 요구된다.
③ 무역 업체 경영진의 물갈이가 필요하다.
④ 자동차, 반도체 등 수출 선도업체에 대한 지원이 필요하다.

44 업무상 발생하는 문제를 해결하기 위한 5단계 절차를 다음과 같이 도식화하여 나타낼 수 있다. 빈칸 (개)~(대)에 들어갈 말이 순서대로 올바르게 나열된 것은?

① 문제 인식, 문제 도출, 원인 분석
② 문제 인식, 원인 분석, 문제 도출
③ 문제 도출, 원인 분석, 문제 인식
④ 문제 도출, 문제 인식, 원인 분석

45 다음 설명의 빈칸에 공통으로 들어갈 말로 적절한 것은?

> (   )는 직장생활 중에서 지속적으로 요구되는 능력이다. (   )를 할 수 있는 능력이 없다면 아무리 많은 지식을 가지고 있더라도 자신이 만든 계획이나 주장을 주위 사람에게 이해시켜 실현시키기 어려울 것이며, 이때 다른 사람들을 설득하여야 하는 과정에 필요로 하는 것이 (   )이다. 이것은 사고의 전개에 있어서 전후의 관계가 일치하고 있는가를 살피고, 아이디어를 평가하는 능력을 의미한다. 이러한 사고는 다른 사람을 공감시켜 움직일 수 있게 하며, 짧은 시간에 헤매지 않고 사고할 수 있게 한다. 또한 행동하기 전에 생각을 먼저 하게 하며, 주위를 설득하는 일이 훨씬 쉬워진다.

① 전략적 사고   ② 기능적 사고
③ 창의적 사고   ④ 논리적 사고

46 영업팀 직원인 갑, 을, 병 3명은 어젯밤 과음을 한 것으로 의심되고 있다. 이에 대한 이들의 진술이 다음과 같을 때, 과음을 한 것이 확실한 직원과 과음을 하지 않은 것이 확실한 직원을 순서대로 바르게 짝지은 것은? (단, 과음을 한 직원은 거짓말을 하고, 과음을 하지 않은 직원은 사실을 말하였다)

> 갑 : "우리 중 1명만 거짓말을 하고 있습니다."
> 을 : "우리 중 2명이 거짓말을 하고 있습니다."
> 병 : "갑, 을 중 1명만 거짓말을 하고 있습니다."

① 갑, 을
② 을, 아무도 없음
③ 갑, 아무도 없음
④ 갑과 을, 병

47 다음 설명을 참고할 때, 대출금 지급이 조기에 만료되는 경우를 〈보기〉에서 모두 고른 것은? (단, 모두 주택연금 대출자로 가정한다)

[대출금 지급의 조기 만료]

　주택담보노후연금대출을 받고 본인에게 다음 각 항목의 사유 중 하나라도 발생한 경우 은행으로부터 독촉, 통지 등이 없어도 본인은 당연히 은행에 대한 당해 채무의 기한의 이익을 상실하여 곧 이를 갚아야 할 의무를 지며, 대출 기한일과 관계없이 대출금 지급이 조기에 종료됩니다.

- 본인 및 배우자가 모두 사망한 경우
- 본인이 사망한 후 배우자가 6월 이내에 담보주택의 소유권이전등기 및 채권자에 대한 보증부대출 채무의 인수를 마치지 아니한 경우
- 본인 및 배우자 담보주택에서 다른 장소로 이사한 경우
- 본인 및 배우자가 1년 이상 계속하여 담보주택에서 거주하지 아니한 경우. 다만, 입원 등 은행이 정하여 인터넷 홈페이지에 공고하는 불가피한 사유로 거주하지 아니한 경우는 제외한다.
- 본인이 담보주택의 소유권을 상실한 경우
- 주택담보노후연금대출 원리금이 근저당권의 설정 최고액을 초과할 것으로 예상되는 경우로서 채권자의 설정 최고액 변경 요구에 응하지 아니하는 경우
- 그밖에 은행의 주택금융운영위원회가 정하는 일정한 사유가 발생한 경우

〈보기〉

㈎ 7개월 전 대출 명의자인 남편이 사망하였으며, 은행에 보증부대출 채무 인수를 두 달 전 완료하여 소유권이전등기는 하지 않은 배우자 A씨

㈏ 5/1일부터 이듬해 4/30일까지의 기간 중 본인 및 배우자 모두 병원 입원 기간이 각각 1년을 초과하는 B씨 부부

㈐ 주택연금대출을 받고 3개월 후 살고 있던 집을 팔고 더 큰 집을 사서 이사한 C씨

㈑ 연금 대출금과 수시 인출금의 합이 담보주택에 대해 은행에서 행사할 수 있는 근저당권 최고금액을 초과하여 은행의 설정 최고액 변경 요구에 따라 필요한 절차를 수행하고 있는 D씨

① ㈎, ㈐　　　　　　　　　　　② ㈏, ㈑

③ ㈎, ㈏, ㈑　　　　　　　　　④ ㈎, ㈐, ㈑

48 새로 정할 교칙 Y에 대하여 교사 甲~辛 8명은 찬성이나 반대 중 한 의견을 제시하였다. 이들의 찬반 의견이 다음 〈조건〉과 같다고 할 때, 반대 의견을 제시한 최소 인원수는?

〈조건〉

- 甲이나 乙이 반대하면, 丙과 丁은 찬성하고 戊는 반대한다.
- 乙이나 丙이 찬성하면, 己 또는 庚 중 적어도 한 명이 찬성한다.
- 丁과 辛 중 한 명만이 찬성한다.
- 乙이나 丁 중 적어도 한 명이 반대하면, 戊가 반대하거나 辛이 찬성한다.
- 戊가 반대하면, 辛은 찬성한다.
- 丁은 찬성한다.

① 1명
③ 3명
② 2명
④ 4명

49 다음 글의 내용이 참일 때, 반드시 참인 것만을 〈보기〉에서 모두 고르면?

甲, 乙, 丙 세 명의 운동선수는 지난 시합이 열린 날짜와 요일에 대해 다음과 같이 기억을 달리 하고 있다.
- 甲은 시합이 5월 8일 목요일에 열렸다고 기억한다.
- 乙은 시합이 5월 10일 화요일에 열렸다고 기억한다.
- 丙은 시합이 6월 8일 금요일에 열렸다고 기억한다.

추가로 다음 사실이 확인됐다.
- 시합은 甲, 乙, 丙이 언급한 월, 일, 요일 중에 열렸다.
- 세 명의 운동선수가 기억한 내용 가운데, 한 사람은 월, 일, 요일의 세 가지 사항 중 하나만 맞혔고, 한 사람은 하나만 틀렸으며, 한 사람은 어느 것도 맞히지 못했다.

〈보기〉

㉠ 시합은 6월 10일에 열렸다.
㉡ 甲은 어느 것도 맞히지 못한 사람이다.
㉢ 丙이 하나만 맞힌 사람이라면 시합은 화요일에 열렸다.

① ㉠
③ ㉠, ㉡
② ㉡
④ ㉠, ㉡, ㉢

50 국가대표 선발 후보자 甲~丁에 관한 다음 진술들 중 하나만 참일 때, 후보자 가운데 국가대표로 선발된 사람의 최대 수는?

> • 甲이 선발이 된다면, 乙은 선발되지 않는다.
> • 甲과 丙과 丁 중 적어도 한 명은 선발되었다.
> • 乙과 丙 중 적어도 한 명은 선발되지 않았다.
> • 乙과 丙 중 한 명이라도 선발이 된다면, 丁도 선발이 돼야 한다.

① 0명

② 1명

③ 2명

④ 3명

51 대한은행이 출시한 다음 적금 상품에 대한 설명으로 올바르지 않은 것은?

1. 상품특징
- 영업점 창구에서 가입 시보다 높은 금리(+0.3%)가 제공되는 비대면 채널 전용상품

2. 거래조건

구분	내용		
가입자격	개인(1인 1계좌)		
가입금액	초입금 5만 원 이상, 매회 1만 원 이상(계좌별), 매월 2천만 원 이내(1인당), 총 불입액 2억 원 이내(1인당)에서 자유적립(단, 계약기간 3/4 경과 후 월 적립 가능 금액은 이전 월 평균 적립금액의 1/2 이내)		
가입기간	1년 이상 3년 이내 월 단위		
적용금리	**가입기간** / 1년 이상 / 2년 / 3년 **기본금리(연%)** / 2.18 / 2.29 / 2.41		
우대금리	■ 가입일 해당월로부터 만기일 전월말까지 대한카드 이용실적이 100만 원 이상인 경우 : 0.2% ■ 예금가입고객이 타인에게 이 상품을 추천하고 타인이 이 상품에 가입한 경우 : 추천 및 피추천계좌 각 0.1%(최대 0.3%)		
예금자 보호	이 예금은 예금자보호법에 따라 예금보험공사가 보호하되, 보호한도는 본 은행에 있는 귀하의 모든 예금보호대상 금융상품의 원금과 소정의 이자를 합하여 1인당 최고 5천만 원이며, 5천만 원을 초과하는 나머지 금액은 보호하지 않습니다.		

① 은행원의 도움을 직접 받아야 하는 어르신들이라도 창구를 직접 찾아가서 가입할 수 있는 상품이 아니다.

② 1년 계약을 한 가입자가 9개월이 지난 후 불입 총액이 90만 원이었다면, 10개월째부터는 월 5만 원이 적립 한도금액이 된다.

③ 가입기간이 길수록 우대금리가 적용되는 상품이다.

④ 상품의 특징을 활용하여 적용받을 수 있는 가장 높은 금리는 연리 2.71%이다.

52 A사는 다음과 같이 직원들의 부서 이동을 단행하였다. 다음 부서 이동 현황에 대한 올바른 설명은?

이동 전 ＼ 이동 후	영업팀	생산팀	관리팀
영업팀	25	7	11
생산팀	9	16	5
관리팀	10	12	15

① 이동 전과 후의 인원수의 변화가 가장 큰 부서는 생산팀이다.

② 이동 전과 후의 부서별 인원수가 많은 순위는 동일하다.

③ 이동 후에 인원수가 감소한 부서는 1개 팀이다.

④ 가장 많은 인원이 이동해 온 부서는 관리팀이다.

53 다음 〈조건〉을 근거로 판단할 때, 가장 많은 품삯을 받은 일꾼은? (단, 1전은 10푼이다)

〈조건〉
- 일꾼 다섯 명의 이름은 좀쇠, 작은놈, 어인놈, 상득, 정월쇠이다.
- 다섯 일꾼 중 김씨가 2명, 이씨가 1명, 박씨가 1명, 윤씨가 1명이다.
- 이들의 직업은 각각 목수, 단청공, 벽돌공, 대장장이, 미장공이다.
- 일당으로 목수와 미장공은 4전 2푼을 받고, 단청공과 벽돌공, 대장장이는 2전 5푼을 받는다.
- 윤씨는 4일, 박씨는 6일, 김씨 두 명은 각각 4일, 이씨는 3일 동안 동원되었다. 동원되었지만 일을 하지 못한 날에는 보통의 일당 대신 1전을 받는다.
- 박씨와 윤씨는 동원된 날 중 각각 하루씩은 배가 아파 일을 하지 못했다.
- 목수는 이씨이다.
- 좀쇠는 박씨도 이씨도 아니다.
- 어인놈은 단청공이다.
- 대장장이와 미장공은 김씨가 아니다.
- 정월쇠의 일당은 2전 5푼이다.
- 상득은 김씨이다.
- 윤씨는 대장장이가 아니다.

① 좀쇠
② 작은놈
③ 어인놈
④ 상득

54 다음 글을 근거로 판단할 때, 김 과장이 단식을 시작한 첫 주 월요일부터 일요일까지 한 끼만 먹은 요일(끼니때)은?

> 김 과장은 건강상의 이유로 간헐적 단식을 시작하기로 했다. 김 과장이 선택한 간헐적 단식 방법은 월요일부터 일요일까지 일주일 중에 2일을 선택하여 아침 혹은 저녁 한 끼 식사만 하는 것이다. 단, 단식을 하는 날 전후로 각각 최소 2일간은 정상적으로 세 끼 식사를 하고, 업무상의 식사 약속을 고려하여 단식일과 방법을 유동적으로 결정하기로 했다. 또한 단식을 하는 날 이외에는 항상 세 끼 식사를 한다.
>
> 간헐적 단식 2주째인 김 과장은 그동안 단식을 했던 날짜를 기록해두기 위해 아래와 같이 최근 식사와 관련된 기억을 떠올렸다.
> • 2주차 월요일에는 단식을 했다.
> • 지난주에 먹은 아침식사 횟수와 저녁식사 횟수가 같다.
> • 지난주 월요일, 수요일, 금요일에는 조찬회의에 참석하여 아침식사를 했다.
> • 지난주 목요일에는 업무약속이 있어서 점심식사를 했다.

① 월요일(저녁), 목요일(저녁)

② 화요일(아침), 금요일(아침)

③ 화요일(아침), 금요일(저녁)

④ 화요일(저녁), 금요일(아침)

55 다음 글을 근거로 판단할 때, 9월 17일(토)부터 책을 대여하기 시작한 甲이 마지막 편을 도서관에 반납할 요일은? (단, 다른 조건은 고려하지 않는다)

甲은 10편으로 구성된 위인전을 완독하기 위해 다음과 같이 계획하였다.

책을 빌리는 첫째 날은 한 권만 빌려 다음날 반납하고, 반납한 날 두 권을 빌려 당일 포함 2박 3일이 되는 날 반납한다. 이런 식으로 도서관을 방문할 때마다 대여하는 책의 수는 한 권씩 증가하지만, 대여 일수는 빌리는 책 권수를 n으로 했을 때 두 권 이상일 경우 (2n−1)의 규칙으로 증가한다.

예를 들어 3월 1일(월)에 1편을 빌렸다면 3월 2일(화)에 1편을 반납하고 그날 2, 3편을 빌려 3월 4일(목)에 반납한다. 4일에 4, 5, 6편을 빌려 3월 8일(월)에 반납하고 그날 7, 8, 9, 10편을 대여한다.

도서관은 일요일만 휴관하고, 이날은 반납과 대여가 불가능하므로 다음날인 월요일에 반납과 대여를 한다. 이 경우에 한하여 일요일은 대여 일수에 포함되지 않는다.

---

① 월요일　　　　　　　② 화요일

③ 수요일　　　　　　　④ 목요일

56 다음 글과 〈설립위치 선정 기준〉을 근거로 판단할 때, A사가 서비스센터를 설립하는 방식과 위치로 옳은 것은?

- 휴대폰 제조사 A는 B국에 고객서비스를 제공하기 위해 1개의 서비스센터 설립을 추진하려고 한다.
- 설립방식에는 ㈎ 방식과 ㈏ 방식이 있다.
- A사는 {(고객만족도 효과의 현재가치) − (비용의 현재가치)}의 값이 큰 방식을 선택한다.
- 비용에는 규제비용과 로열티비용이 있다.

구분		㈎ 방식	㈏ 방식
고객만족도 효과의 현재가치		5억 원	4.5억 원
비용의 현재가치	규제비용	3억 원 (설립 당해 년도만 발생)	없음
	로열티비용	없음	- 3년간 로열티비용을 지불함 - 로열티비용의 현재가치 환산액 : 설립 당해년도는 2억 원, 그 다음 해부터는 직전년도 로열티비용의 1/2씩 감액한 금액

※ 고객만족도 효과의 현재가치는 설립 당해년도를 기준으로 산정된 결과이다.

〈설립위치 선정 기준〉
- 설립위치로 B국의 甲, 乙, 丙3곳을 검토 중이며, 각 위치의 특성은 다음과 같다.

위치	유동인구(만 명)	20~30대 비율(%)	교통혼잡성
甲	80	75	3
乙	100	50	1
丙	75	60	2

- A사는 {(유동인구) × (20~30대 비율) / (교통혼잡성)} 값이 큰 곳을 선정한다. 다만 A사는 제품의 특성을 고려하여 20~30대 비율이 50% 이하인 지역은 선정대상에서 제외한다.

설립방식　　　　　　　　　　　　　설립위치
① 　㈎　　　　　　　　　　　　　　甲
② 　㈎　　　　　　　　　　　　　　丙
③ 　㈏　　　　　　　　　　　　　　甲
④ 　㈏　　　　　　　　　　　　　　乙

57 ○○정유회사에 근무하는 N씨는 상사로부터 다음과 같은 지시를 받았다. 다음 중 N씨가 표를 구성할 방식으로 가장 적절한 것은?

상사 : 이 자료를 간단하게 표로 작성해 줘. 다른 부분은 필요 없고, 어제 원유의 종류에 따라 전일 대비 각각 얼마씩 오르고 내렸는지 그 내용만 있으면 돼. 우리나라는 전국 단위만 표시하도록 하고. 한눈에 자료의 내용이 들어올 수 있도록, 알겠지?

자료
주요 국제유가는 중국의 경제성장률이 시장 전망치와 큰 차이를 보이지 않으면서 사흘째 올랐다. 우리나라 유가는 하락세를 지속했으나, 다음 주에는 상승세로 전환될 전망이다.   한국석유공사는 오늘(14일) 석유정보망(http://www.petronet.co.kr/)을 통해 13일 미국 뉴욕상업거래소에서 8월 인도분 서부텍사스산 원유(WTI)는 배럴당 87.10달러로 전날보다 1.02달러 오르면서 장을 마쳤다며 이같이 밝혔다. 또한 영국 런던 ICE선물시장에서 북해산 브렌트유도 배럴당 102.80달러로 전날보다 1.73달러 상승세로 장을 마감했다.   이는 중국의 지난 2 · 4분기 국내총생산(GDP)이 작년 동기 대비 7.6% 성장, 전분기(8.1%)보다 낮아졌으며 시장 전망을 벗어나지 않으면서 유가 상승세를 이끌었다고 공사 측은 분석했다. 이로 인해 중국 정부가 추가 경기 부양에 나설 것이라는 전망도 유가 상승에 힘을 보탰다.   13일 전국 주유소의 리터(ℓ)당 평균 휘발유가격은 1천892.14원, 경유가격은 1천718.72원으로 전날보다 각각 0.20원, 0.28원 떨어졌다. 이를 지역별로 보면 휘발유가격은 현재 전날보다 소폭 오른 경기 · 광주 · 대구를 제외하고 서울(1천970.78원, 0.02원↓) 등 나머지 지역에서는 인하됐다.   한편, 공사는 내주(15일~21일) 전국 평균 휘발유가격을 1천897원, 경유가격을 1천724원으로 예고, 이번 주 평균가격보다 각각 3원, 5원 오를 전망이다.

①

원유 종류	13일 가격	전일 대비
WTI	87.10 (달러/배럴)	▲ 1.02
북해산 브렌트유	102.80 (달러/배럴)	▲ 1.73
전국 휘발유	1892.14 (원/리터)	▼ 0.20
전국 경유	1718.72 (원/리터)	▼ 0.28

②

원유 종류	13일 가격	자료출처
WTI	87.10 (달러/배럴)	석유정보망 (http://www.petronet.co.kr/)
북해산 브렌트유	102.80 (달러/배럴)	
전국 휘발유	1892.14 (원/리터)	
전국 경유	1718.72 (원/리터)	

③

원유 종류	13일 가격	등락 폭
전국 휘발유	1892.14 (원/리터)	0.20 하락
서울 휘발유	1970.78 (원/리터)	0.02 하락
경기·광주·대구 휘발유	1718.12 (원/리터)	0.28 상승

④

원유 종류	내주 예상 가격	금주 대비	자료출처
전국 휘발유	1897 (원/리터)	▲ 3.0	한국석유공사
전국 경유	1724 (원/리터)	▲ 5.0	

58 다음은 T전자회사가 기획하고 있는 '전자제품 브랜드 인지도에 관한 설문조사'를 위하여 작성한 설문지의 표지 글이다. 다음 표지 글을 참고할 때, 설문조사의 항목에 포함되기에 가장 적절하지 않은 것은?

[전자제품 브랜드 인지도에 관한 설문조사]

안녕하세요? T전자회사 홍보팀입니다.

저희 T전자에서는 고객들에게 보다 나은 제품을 제공하기 위하여 전자제품 브랜드 인지도에 대한 고객 분들의 의견을 청취하고자 합니다. 전자제품 브랜드에 대한 여러분의 의견을 수렴하여 더 좋은 제품과 서비스를 공급하고자 하는 것이 이 설문조사의 목적입니다. 바쁘시더라도 잠시 시간을 내어 본 설문조사에 응해주시면 감사하겠습니다. 응답해 주신 사항에 대한 철저한 비밀 보장을 약속드립니다. 감사합니다.

T전자회사 홍보팀 담당자 홍길동
전화번호 : 1588-0000

---

① 귀하는 T전자회사의 브랜드인 'Think-U'를 알고 계십니까?

| ㉠ 예 | ㉡ 아니오 |

② 귀하가 주로 이용하는 전자제품은 어느 회사 제품입니까?

| ㉠ T전자회사 | ㉡ R전자회사 | ㉢ M전자회사 | ㉣ 기타 (   ) |

③ 귀하에게 전자제품 브랜드 선택에 가장 큰 영향을 미치는 요인은 무엇입니까?

| ㉠ 광고 | ㉡ 지인 추천 | ㉢ 기존 사용 제품 | ㉣ 기타(   ) |

④ 귀하가 일상생활에 가장 필수적이라고 생각하시는 전자제품은 무엇입니까?

| ㉠ TV | ㉡ 통신기기 | ㉢ 청소용품 | ㉣ 주방용품 |

│59~60│ 다음 사용설명서를 보고 이어지는 물음에 답하시오.

효율적인 업무를 위해 새롭게 문서 세단기를 구입한 총무팀에서는 제품을 설치하여 사용 중이다. 문서 세단기 옆 벽면에는 다음과 같은 사용설명서가 게시되어 있다.

〈사용 방법〉

1. 전원 코드를 콘센트에 연결해 주세요.
2. 기기의 프런트 도어를 연 후 전원 스위치를 켜 주세요.
3. 프런트 도어를 닫은 후 'OLED 표시부'에 '세단대기'가 표시되면 세단할 문서를 문서투입구에 넣어주세요.(CD 및 카드는 CD 투입구에 넣어주세요)
4. 절전모드 실행 중에는 전원버튼을 눌러 켠 후 문서를 넣어주세요.
5. 'OLED 표시부'에 부하량이 표시되면서 완료되면 '세단완료'가 표시됩니다.

〈사용 시 주의사항〉

1. 투입부에 종이 이외는 투입하지 마세요.
2. 부품에 물기가 묻지 않도록 주의하세요.
3. 넥타이 및 옷소매 등이 투입부에 말려들어가지 않도록 주의하세요.
4. 가스나 기타 인화물질 근처에서는 사용하지 마세요.
5. '파지비움' 표시의 경우 파지함을 비워주세요.
6. 세단량이 많을 경우 고장의 원인이 되므로 적정량을 투입하세요.
7. 세단량이 많을 때의 '모터과열' 표시의 경우 모터 보호를 위해 정상적으로 멈추는 것이니 30분정도 중지 후 다시 사용하세요.

〈고장신고 전 OLED 표시부 확인사항〉

증상	조치
1. 전원버튼을 눌러도 제품이 동작하지 않을 때 2. 전원스위치를 ON시켜도 동작하지 않을 때	◆ 전원코드가 꼽혀있는지 확인합니다. ◆ 프런트 도어를 열고 전원스위치가 ON되어 있는지 확인합니다.
3. 자동 역회전 후 '세단포기'가 표시되면서 제품이 정지했을 때	◆ 투입구에서 문서를 꺼낸 후 적정량만 투입합니다.
4. '모터과열'이 표시되면서 제품이 정지했을 때	◆ 과도한 투입 및 장시간 연속동작 시 모터가 과열되어 제품이 멈춘 상태이니 전원을 끄고 30분 후 사용합니다.
5. '파지비움'이 표시되면서 제품이 정지했을 때	◆ '프런트 도어'가 표시되면 프런트 도어를 열고 파지함을 비워줍니다. ◆ 파지함을 비워도 '파지비움' 표시가 없어지지 않으면 (파지 감지스위치에 이물질이 쌓여있을 수 있습니다) 파지 감지판을 흔들어 이물질을 제거합니다.
6. 문서를 투입하지 않았는데 자동으로 제품이 동작될 경우	◆ 투입구 안쪽으로 문서가 걸려있는 경우이므로 종이 2~3장을 여러 번 접어 안쪽에 걸려있는 문서를 밀어 넣습니다.
7. 전원을 켰을 때 '세단대기'가 표시되지 않고 세팅화면이 표시될 때	◆ 전원버튼을 길게 눌러 세팅모드에서 빠져 나옵니다.

59 다음 중 문서 세단기가 정상 작동하지 않는 원인이 아닌 것은?

① 파지를 비우지 않아 파지함이 꽉 찼을 경우

② 투입구 안쪽에 문서가 걸려있을 경우

③ 절전모드에서 전원버튼을 눌렀을 경우

④ 문서투입구에 CD가 투입될 경우

60 다음 OLED 표시부 표시 내용 중 성격이 나머지와 다른 것은?

① 세단포기

② 파지비움

③ 세단대기

④ 프런트 도어

61 다음에서 설명하는 것은 무엇인가?

> 장기요양보험료, 국가 및 지방자치단체의 부담금 등을 재원으로 하여 노인 등에게 장기요양급여를 제공하는 사업을 말한다.

① 장기요양급여   ② 장기요양사업

③ 장기요양기관   ④ 장기요양요원

62 노인등에게 장기요양급여를 제공하기 위한 장기요양사업의 재원으로 볼 수 없는 것은?

① 장기요양보험료

② 국가의 부담금

③ 국민건강보험료

④ 지방자치단체의 부담금

63 노인장기요양보험법상 장기요양보험료에 대한 다음의 설명 중 옳지 않은 것은?

① 공단은 장기요양사업에 사용되는 비용을 충당하기 위해 장기요양보험료를 징수하며, 이때 장기요양보험료는 건강보험료와 구분하여 징수한다.

② 장기요양보험료와 건강보험료는 구분하여 고지하며, 징수한 금액은 각각의 독립회계로 관리하여야 한다.

③ 장기요양보험료는 「국민건강보험법」에 따라 산정한 보험료액에서 경감 또는 면제되는 비용을 공제한 금액에 대통령령으로 정한 장기요양보험료율을 곱하여 산정한다.

④ 장애인 또는 이와 유사한 자로서 대통령령으로 정하는 자가 장기요양보험가입자인 경우 등급판정에 따른 수급자로 결정되지 못한 때 장기요양보험료의 전부 또는 일부를 감면할 수 있다.

64 다음은 장기요양인정 신청의 조사 규정이다. ( ) 안에 들어갈 내용에 해당하지 않는 것은?

> 공단은 장기요양인정 신청서를 접수한 때 보건복지부령으로 정하는 바에 따라 소속 직원으로 하여금 신청인의 심신상태, 필요한 장기요양급여의 종류 및 내용 등을 조사하게 하여야 한다. 다만, 지리적 사정 등으로 직접 조사하기 어려운 경우 또는 조사에 필요하다고 인정하는 경우 (   )·(   )·(   )에 대하여 조사를 의뢰하거나 공동으로 조사할 것을 요청할 수 있다.

① 특별자치시
② 특별자치도
③ 시·군·구
④ 읍·면

65 장기요양급여의 종류에 대한 설명으로 옳지 않은 것은?

① 방문요양 – 장기요양요원이 수급자의 가정 등을 방문하여 신체활동 및 가사활동 등을 지원하는 장기요양급여

② 방문목욕 – 장기요양요원이 목욕설비를 갖춘 장비를 이용하여 수급자의 가정 등을 방문하여 목욕을 제공하는 장기요양급여

③ 주·야간보호 – 수급자를 하루 중 일정한 시간 동안 장기요양기관에 보호하여 신체활동 지원 및 심신기능의 유지·향상을 위한 교육·훈련 등을 제공하는 장기요양급여

④ 단기보호 – 장기요양요원인 간호사 등이 의사, 한의사 또는 치과의사의 지시서(방문간호지시서)에 따라 수급자의 가정 등을 방문하여 간호, 진료의 보조, 요양에 관한 상담 또는 구강위생 등을 제공하는 장기요양급여

66 다음 중 공단이 장기요양급여의 전부 또는 일부를 제공하지 아니할 수 있는 경우에 해당하는 것은?

① 장기요양급여를 받고 있는 자가 거짓이나 그 밖의 부정한 방법으로 장기요양인정을 받은 경우

② 장기요양급여를 받고 있는 자가 고의로 사고를 발생하도록 하거나 본인의 위법행위에 기인하여 장기요양인정을 받은 경우

③ 장기요양급여를 받고 있는 자가 정당한 사유 없이 등급판정 관련 조사나 자료 제출 등의 요구에 응하지 아니하거나 답변을 거절한 경우

④ 장기요양급여를 받고 있는 자가 거동이 불편하거나 도서 · 벽지 지역에 거주하여 의료기관을 방문하기 어려운 경우

67 노인장기요양보험법상 장기요양기관 지정의 갱신에 관한 설명으로 옳지 않은 것은?

① 갱신 신청을 받은 특별자치시장 · 특별자치도지사 · 시장 · 군수 · 구청장은 갱신 심사에 필요하다고 판단되는 경우에는 장기요양기관에 추가자료의 제출을 요구하거나 소속 공무원으로 하여금 현장심사를 하게 할 수 있다.

② 지정 갱신이 지정 유효기간 내에 완료되지 못한 경우에는 지정이 무효된 것으로 본다.

③ 특별자치시장 · 특별자치도지사 · 시장 · 군수 · 구청장은 갱신 심사를 완료한 경우 그 결과를 지체 없이 해당 장기요양기관의 장에게 통보하여야 한다.

④ 지정 갱신의 기준, 절차 및 방법 등에 필요한 사항은 보건복지부령으로 정한다.

68 장기요양기관의 재무 · 회계기준에 대한 설명으로 옳지 않은 것은?

① 장기요양기관의 장은 보건복지부령으로 정하는 재무 · 회계에 관한 기준에 따라 장기요양기관을 투명하게 운영하여야 한다.

② 장기요양기관 중 「사회복지사업법」에 따라 설치한 사회복지시설은 「노인장기요양보험법」에 따른 재무 · 회계에 관한 기준에 따른다.

③ 보건복지부장관은 장기요양기관 재무 · 회계기준을 정할 때에는 장기요양기관의 시행시기 등을 고려하여야 한다.

④ 보건복지부장관은 장기요양기관 재무 · 회계기준을 정할 때에는 장기요양기관의 특성 등을 고려하여야 한다.

69 노인장기요양보험법상 장기요양기관 지정의 취소 등에 관한 규정에 대한 설명으로 옳지 않은 것은?

① 특별자치시장 · 특별자치도지사 · 시장 · 군수 · 구청장은 지정을 취소하거나 업무정지명령을 한 경우에는 6개월의 범위 내에 그 내용을 공단에 통보하고, 보건복지부령으로 정하는 바에 따라 보건복지부장관에게 통보하여야 한다.

② 특별자치시장 · 특별자치도지사 · 시장 · 군수 · 구청장은 장기요양기관이 지정취소 또는 업무정지 되는 경우에는 해당 장기요양기관을 이용하는 수급자의 권익을 보호하기 위하여 적극적으로 노력하여야 한다.

③ 지정취소 또는 업무정지 되는 장기요양기관의 장은 해당 기관에서 수급자가 부담한 비용 중 정산하여야 할 비용이 있는 경우 이를 정산하여야 한다.

④ 특별자치시장 · 특별자치도지사 · 시장 · 군수 · 구청장은 수급자의 권익을 보호하기 위하여 보건복지부령으로 정하는 바에 따라 행정처분의 내용을 우편 또는 정보통신망 이용 등의 방법으로 수급자 또는 그 보호자에게 통보하는 조치를 하여야 한다.

70 다음은 장기요양급여 제공의 제한 규정이다. ( ) 안에 들어갈 알맞은 것은?

> 특별자치시장 · 특별자치도지사 · 시장 · 군수 · 구청장은 장기요양기관의 종사자가 거짓이나 그 밖의 부정한 방법으로 재가급여비용 또는 시설급여비용을 청구하는 행위에 가담한 경우 해당 종사자가 장기요양급여를 제공하는 것을 ( )의 범위에서 제한하는 처분을 할 수 있다.

① 6개월   ② 1년

③ 3년   ④ 5년

71 다음 중 본인부담금의 100분의 60의 범위에서 차등하여 감경할 수 있는 자로 옳은 것은?

① 소득 · 재산 등이 보건복지부장관이 정하여 고시하는 일정 금액 이상인 자

② 보건복지부령으로 정하는 사유로 인하여 생계유지가 가능한 자

③ 도서 · 벽지 · 농어촌 등의 지역에 거주하는 자로 사회복지공무원이 지정한 자

④ 「의료급여법」에 따른 수급권자

72 다음 중 장기요양위원회의 위원으로 위촉될 수 없는 자는?

① 근로자단체를 대표하는 자

② 농어업인단체를 대표하는 자

③ 영리민간단체를 대표하는 자

④ 사용자단체를 대표하는 자

73 노인장기요양보험법상 공단의 관장 업무가 아닌 것은?

① 장기요양사업에 관한 조사·연구 및 홍보

② 수급자 및 그 가족에 대한 정보제공·안내·상담 등 장기요양급여 관련 이용지원에 관한 사항

③ 장기요양위원회 및 등급판정위원회의 운영

④ 노인장기요양보험법에 따른 부당이득금의 부과·징수 등

74 노인장기요양보험법상 재심사청구 규정에 관한 설명으로 옳지 않은 것은?

① 재심사위원회는 보건복지부장관 소속으로 두고, 위원장 1인을 포함한 20인 이내의 위원으로 구성한다.

② 재심사위원회의 위원은 관계 공무원, 법학, 그 밖에 장기요양사업 분야의 학식과 경험이 풍부한 자 중에서 보건복지부장관이 임명 또는 위촉한다.

③ 재심사위원회의 위원 선출시 공무원이 아닌 위원이 전체 위원의 과반수가 되지 않도록 하여야 한다.

④ 재심사위원회의 구성·운영 및 위원의 임기, 그 밖에 필요한 사항은 대통령령으로 정한다.

75 보건복지부장관이 보수·소득이나 그 밖에 보건복지부령으로 정하는 사항의 보고 또는 자료의 제출을 명하거나 소속 공무원으로 하여금 관계인에게 질문을 하게 하거나 관계 서류를 검사하게 할 수 있는 자에 해당하지 않는 자는?

① 장기요양보험가입자
② 피부양자
③ 의료급여수급권자
④ 장기요양요원

76 노인장기요양보험법에 대한 설명으로 옳지 않은 것은?

① 장기요양급여로 지급된 현금 등은 「국민기초생활 보장법」의 소득 또는 재산으로 보지 아니한다.
② 장기요양급여를 받을 권리는 양도 또는 압류하거나 담보로 제공할 수 있다.
③ 특별현금급여수급계좌의 예금에 관한 채권은 압류할 수 없다.
④ 공단은 징수 또는 반환하여야 할 금액이 1건당 1,000원 미만의 경우에는 징수 또는 반환하지 아니한다.

77 노인장기요양보험법상 과태료 부과대상이 아닌 것은?

① 거짓이나 그 밖의 부정한 방법으로 장기요양급여비용 청구에 가담한 사람
② 행정제재처분을 받았거나 그 절차가 진행 중인 사실을 양수인 등에게 지체 없이 알리지 아니한 자
③ 거짓이나 그 밖의 부정한 방법으로 장기요양급여를 받거나 다른 사람으로 하여금 장기요양급여를 받게 한 자
④ 변경지정을 받지 아니하거나 변경신고를 하지 아니한 자 또는 거짓이나 그 밖의 부정한 방법으로 변경지정을 받거나 변경신고를 한 자

78 노인장기요양보험법상 장기요양인정서에 관한 내용으로 옳지 않은 것은?

① 공단은 등급판정위원회가 장기요양인정 및 등급판정의 심의를 완료한 경우 30일 이내의 범위에서 장기요양인정서를 작성하여 수급자에게 송부하여야 한다.

② 공단은 등급판정위원회가 장기요양인정 및 등급판정의 심의를 완료한 경우 수급자로 판정받지 못한 신청인에게 그 내용 및 사유를 통보하여야 한다.

③ 공단은 장기요양인정서를 송부하는 때 장기요양급여를 원활히 이용할 수 있도록 월 한도액 범위 안에서 개인별장기용양이용계획서를 작성하여 이를 함께 송부하여야 한다.

④ 장기요양인정서 및 개인별장기요양이용계획서의 작성방법에 관하여 필요한 사항은 보건복지부령으로 정한다.

79 행정제재처분의 절차가 진행 중일 경우 그 절차를 계속 이어서 할 수 있는 자가 아닌 자는?

① 장기요양기관을 양도한 경우 양수인

② 장기요양기관을 양수한 경우 양도인

③ 법인이 합병된 경우 합병으로 신설되거나 합병 후 존속하는 법인

④ 장기요양기관 폐업 후 3년 이내에 같은 장소에서 장기요양기관을 운영하는 자 중 종전에 위반행위를 한 자나 그 배우자 또는 직계혈족

80 장기요양기관의 폐업 및 휴업에 대한 설명으로 옳지 않은 것은?

① 장기요양기관의 장은 폐업하거나 휴업하고자 하는 경우 폐업이나 휴업 예정일 전 30일까지 특별자치시장·특별자치도지사·시장·군수·구청장에게 신고하여야 한다.

② 특별자치시장·특별자치도지사·시장·군수·구청장은 폐업·휴업 신고를 접수한 경우 또는 장기요양기관의 장이 유효기간이 끝나기 30일 전까지 지정 갱신 신청을 하지 아니한 경우 장기요양기관의 장이 수급자의 권익을 보호하기 위한 조치를 취하였는지의 여부를 확인하고, 인근지역에 대체 장기요양기관이 없는 경우 등 장기요양급여에 중대한 차질이 우려되는 때에는 장기요양기관의 폐업·휴업 철회 또는 지정 갱신 신청을 권고하거나 그 밖의 다른 조치를 강구하여야 한다.

③ 특별자치시장·특별자치도지사·시장·군수·구청장은 「노인복지법」에 따라 노인의료복지시설 등(장기요양기관이 운영하는 시설인 경우에 한한다)에 대하여 사업정지 또는 폐지 명령을 하는 경우 지체 없이 공단에 그 내용을 통보하여야 한다.

④ 휴업 신고를 하는 장기요양기관의 장이 휴업 예정일 전까지 공단의 허가를 받은 경우에도 장기요양급여 제공 자료를 공단으로 이관하여야 한다.

80문항/90분 **실력평가 모의고사**

직업기초능력평가

1 다음 글의 문맥을 참고할 때, 빈칸에 들어갈 단어로 가장 적절한 것은?

> 최근 과학기술 평준화시대에 접어들며 의약품과 의료기술 성장은 인구 구조의 고령화를 촉진하여 노인인구의 급증은 치매를 포함한 신경계 질환 (   ) 증가에 영향을 주고 있다. 따라서 질병치료 이후의 재활, 입원기간 동안의 삶의 질 등 노년층의 건강한 생활에 대한 사회적 관심이 증가되고 있다. 사회적 통합 기능이 특징인 음악은 사람의 감정과 기분에 강한 영향을 주는 매체로 단순한 생활 소음과는 차별되어 아동기, 청소년기의 음악교과 활동뿐만 아니라 다양한 임상 분야와 심리치료 현장에서 활용되고 있다. 일반적으로 부정적 심리상태를 안정시키는 역할로 사용되던 음악은 최근 들어 구체적인 인체 부위의 생리적 기전(physiological mechanisms)에 미치는 효과에 관심을 갖게 되었다.

① 유병률　　　　　　　　　　② 전염률

③ 발병률　　　　　　　　　　④ 점유율

2 다음 대화 중 비즈니스 현장에서의 바람직한 의사소통 자세를 보여주지 못하는 것은?

① "내가 말을 어떻게 하느냐 하는 것도 중요하겠지만, 상대방의 말을 얼마나 잘 경청하느냐 하는 것이 올바른 의사소통을 위해 매우 중요하다고 봅니다."

② "서로를 잘 알고 호흡도 척척 맞는 사이에서는 말하지 않아도 미리 알아서 행동하고 생각하는 자세가 필요해요."

③ "나의 표현방법도 중요하지만, 상대방이 어떻게 받아들이게 될지에 대한 고려가 바탕이 되는 대화여야 하는 거죠."

④ "충분하고 우호적인 대화가 되었어도 사후에 확인하는 과정과 적절한 피드백이 있어야 완전한 의사소통이 되었다고 볼 수 있어요."

3 다음 중 의사소통의 두 가지 수단인 문서적인 의사소통과 언어적인 의사소통에 대하여 올바르게 설명 하지 못한 것은?

① 문서적인 의사소통은 언어적인 의사소통에 비해 권위감이 있다.
② 의사소통 시에는 일반적으로 언어적인 방법보다 문서적인 방법이 훨씬 많이 사용된다.
③ 문서적인 방법은 때로는 혼란과 곡해를 일으키는 경우가 있을 수 있다.
④ 언어적인 의사소통은 정확성을 기하기 힘든 경우가 있다.

4 다음 글의 문맥으로 보아 밑줄 친 단어의 쓰임이 올바른 것은?

> 우리나라의 저임금근로자가 소규모사업체 또는 자영업자에게 많이 고용되어 있기 때문에 최저임금 의 급하고 과도한 인상은 많은 자영업자의 추가적인 인건비 인상을 ㉠표출할 것이다. 이것은 최저임 금위원회의 심의 과정에서 지속적으로 논의된 사안이며 ㉡급박한 최저임금 인상에 대한 가장 강력한 반대 논리이기도 하다. 아마도 정부가 최저임금 결정 직후에 매우 포괄적인 자영업 지원대책을 발표 한 이유도 이것 때문으로 보인다. 정부의 대책에는 기존의 자영업 지원대책을 비롯하여 1차 분배를 개선하기 위한 장·단기적인 대책과 단기적 충격 완화를 위한 현금지원까지 포함되어 있다. 현금지 원의 1차적인 목적은 자영업자 보호이지만 최저임금제도가 근로자 보호를 위한 제도이기 때문에 궁 극적인 목적은 근로자의 고용 안정 도모이다. 현금지원에 고용안정자금이라는 꼬리표가 달린 이유도 이 때문일 것이다.
> 정부의 현금지원 발표 이후 이에 대한 비판이 쏟아졌다. 비판의 요지는 자영업자에게 최저임금 인상 으로 인한 추가적인 인건비 부담을 현금으로 지원할거면 최저임금을 덜 올리고 현금지원 예산으로 근 로 장려세제를 ㉢축소하면 되지 않느냐는 것이다. 그러나 이는 두 정책의 대상을 ㉣혼동하기 때문에 제기되는 주장이라고 판단된다. 최저임금은 1차 분배 단계에서 임금근로자를 보호하기 위한 제도적 틀 이고 근로 장려세제는 취업의 의지가 낮은 노동자의 노동시장 참여를 유인하기 위해 고안된 사회부조(2 차 분배)라는 점을 기억해야 할 것이다. 물론 현실적으로 두 정책의 적절한 조합이 필요할 것이다.

① ㉠   ② ㉡
③ ㉢   ④ ㉣

5 다음 중 밑줄 친 어휘의 사용이 올바르지 않은 것은?

① <u>가늠</u>이 안 되는 건물의 높이에 웃음으로 놀라움에 표현을 <u>갈음하였다</u>.

② 그렇게 여러 번 당해서 <u>데고도</u> 또 시간에 <u>대서</u> 오질 못했다.

③ 그녀는 잠자리에서 몸을 <u>추켜세우고는</u> 화장대에서 눈썹을 <u>치켜세우기</u> 시작하였다.

④ 콩이 <u>붓기</u> 시작하니 어머니는 가마솥에 물을 <u>붓고</u> 끓이기 시작하였다.

6 다음 보도자료 작성 요령을 참고할 때, 적절한 보도자료 문구를 〈보기〉에서 모두 고른 것은?

1. 인명과 호칭

〈우리나라 사람의 경우〉

• 우리나라 사람의 인명은 한글만 쓴다. 동명이인 등 부득이한 경우에만 괄호 안에 한자를 써준다.

• 직함은 소속기관과 함께 이름 뒤에 붙여 쓴다.

• 두 명 이상의 이름을 나열할 경우에는 맨 마지막 이름 뒤에 호칭을 붙인다.

〈외국인의 경우〉

• 중국 및 일본사람의 이름은 현지음을 한글로 외래어 표기법에 맞게 쓰고 괄호 안에 한자를 쓴다. 한자가 확인이 안 될 경우에는 현지음만 쓴다.

• 기타 외국인의 이름은 현지발음을 외래어 표기법에 맞게 한글로 적고 성과 이름 사이를 띄어 쓴다.

2. 지명

• 장소를 나타내는 국내 지명은 광역시·도→시·군·구→동·읍·면·리 순으로 표기한다.

• 시·도명은 줄여서 쓴다.

• 자치단체명은 '서울시', '대구시', '경기도', '전남도' 등으로 적는다.

• 중국과 일본 지명은 현지음을 한글로 외래어 표기법에 맞게 쓰고 괄호 안에 한자를 쓴다.(확인이 안 될 경우엔 현지음과 한자 중 택1)

• 외국 지명의 번역명이 통용되는 경우 관용에 따른다.

3. 기관·단체명

• 기관이나 단체 이름은 처음 나올 때는 정식 명칭을 적고 약칭이 있으면 괄호 안에 넣어주되 행정부처 등 관행화된 것은 넣지 않는다. 두 번째 표기부터는 약칭을 적는다.

• 기관이나 단체명에 대표 이름을 써야 할 필요가 있을 때는 괄호 안에 표기한다.

• 외국의 행정부처는 '부', 부처의 장은 '장관'으로 표기한다. 단, 한자권 지역은 그 나라에서 쓰는 정식명칭을 따른다.

- 국제기구나 외국 단체의 경우 처음에는 한글 명칭과 괄호 안에 영문 약어 표기를 쓴 다음 두 번째 부터는 영문 약어만 표기한다.
- 언론기관 명칭은 AP, UPI, CNN 등 잘 알려진 경우는 영문을 그대로 사용하되 잘 알려지지 않은 기관은 그 앞에 설명을 붙여 준다.
- 약어 영문 이니셜이 우리말로 굳어진 것은 우리말 발음대로 표기한다.

〈보기〉
⑺ '최한국 사장, 조대한 사장, 강민국 사장을 등 재계 주요 인사들은 모두 ~'
⑷ '버락오바마 미국 대통령의 임기는 ~'
⑸ '절강성 온주에서 열리는 박람회에는 ~'
⑹ '국제노동기구(ILO) 창설 기념일과 때를 같이하여 ILO 회원국들은 ~'

① ⑷
② ⑹
③ ⑺, ⑷
④ ⑺, ⑸, ⑹

7 다음 내용을 참고할 때, 빈칸에 들어갈 사자성어로 적절한 것은?

　　우리 속담에 (　　　　　)라는 사자성어가 있다. 군사시설 주변에는 이러한 사자성어에 해당하는 일이 다반사로 일어나고 있다. 군사시설을 지을 때는 인근 지역 주민이 생업에 지장을 초래하지 않고 최대한 민원이 발생하지 않도록 한적한 곳에 위치하게 한다. 하지만 세월이 흐르면서 인적이 드문 군사시설 주변에는 건물이 들어서고 상가가 조성되면서 점차 번화가로 탈바꿈하게 된다. 이럴 경우 군사시설 주변에 군 관련 크고 작은 민원이 제기됨으로써 화합을 도모해야 할 민·군이 갈등관계로 변모되는 사례가 종종 있어 왔다.

① 塞翁之馬
② 客反爲主
③ 燈火可親
④ 指鹿爲馬

8 다음 글의 문맥상 빈칸에 들어갈 말로 가장 적절한 것은?

> 기본적으로 전기차의 충전수요는 주택용 및 직장용 충전방식을 통해 상당부분 충족될 수 있다. 집과 직장은 우리가 하루 중 대부분의 시간을 보내는 장소이며, 그만큼 우리의 자동차가 가장 많은 시간을 보내는 장소이다. 그러나 서울 및 대도시를 포함하여, 전국적으로 주로 아파트 등 공동주택에 거주하는 가구비중이 높은 국내 현실을 감안한다면, 주택용 충전방식의 제약은 단기적으로 해결하기는 어려운 것이 또한 현실이다. 더욱이 우리가 자동차를 소유하고 활용할 때 직장으로의 통근용으로만 사용하지는 않는다. 때론 교외로 때론 지방으로 이동할 때 자유롭게 활용 가능해야 하며, 이때 (   ), 전기차의 시장침투는 그만큼 제약될 수밖에 없다. 직접 충전을 하지 않더라도 적어도 언제 어디서나 충전이 가능하다는 인식이 자동차 운전자들에게 보편화되지 않는다면, 배터리에 충전된 전력이 다 소진되어, 도로 한가운데서 꼼짝달싹할 수 없게 될 수도 있다는 두려움, 즉 주행가능거리에 대한 우려로 인해 기존 내연기관차에서 전기차로의 전환은 기피대상이 될 수밖에 없다.
>
> 결국 누구나 언제 어디서나 접근이 가능한 공공형 충전소가 도처에 설치되어야 하며, 이를 체계적으로 운영 관리하여 전기차 이용자들이 편하게 사용할 수 있는 분위기 마련이 시급하다. 이를 위해서는 무엇보다 전기차 충전서비스 시장이 두터워지고, 잘 작동해야 한다.

① 이동하고자 하는 거리가 너무 멀다면 ② 충전 요금이 과도하게 책정된다면

③ 전기차 보급이 활성화되어 있지 않다면 ④ 기존 내연기관차보다 불편함이 있다면

9 다음 글의 밑줄 친 ㉠~㉣의 한자 표기에 대한 설명으로 옳은 것은?

> 서울시는 신종 코로나바이러스 감염증 확산 방지를 위해 ㉠'다중이용시설 동선 추적 조사반'을 구성한다고 밝혔다. 의사 출신인 박○○ 서울시 보건의료정책과장은 이날 오후 서울시 유튜브 라이브 방송에 ㉡출연, 코로나바이러스 감염증 관련 대시민 브리핑을 갖고 "시는 2차, 3차 감염발생에 따라 ㉢역학조사를 강화해 조기에 발견하고 관련 정보를 빠르게 제공하려고 한다."라며 이같이 밝혔다. 박 과장은 "확진환자 이동경로 공개㉣지연에 따라 시민 불안감이 조성된다는 말이 많다."며 "더욱이 다중이용시설의 경우 확인이 어려운 접촉자가 존재할 가능성도 있다."라고 지적했다

① ㉠ '다중'의 '중'은 '삼중구조'의 '중'과 같은 한자를 쓴다.

② ㉡ '출연'의 '연'은 '연극'의 '연'과 다른 한자를 쓴다.

③ ㉢ '역학'의 '역'에 해당하는 한자는 '歷'과 '易' 모두 아니다.

④ ㉣ '지연'은 '止延'으로 쓴다.

10 다음 글의 논지 전개 방식과 관련한 서술상의 특징으로 적절하지 않은 것은?

생명은 탄생과 죽음으로 하나의 단위를 형성한다. 우리의 관심은 '잘 사는 것'과 '잘 죽는 것'으로 표현할 수 있다. 죽음은 인간의 총체를 형성하는 결정적인 요소이다. 이러한 요소 때문에 탄생보다는 죽음에 대한 철학적이고 문화적인 이해가 훨씬 더 많이 발달할 수밖에 없었다. 게다가 죽음이란 한 존재의 사멸, 부정의 의미이므로 여러 가지 인격을 갖고 살아가고 있는 현대인의 어떤 정체성을 부정하거나 사멸시키는 하나의 행위로서 은유적으로 사용되기도 한다. 이것은 죽음이 철학적 사변의 대상이 될 뿐만 아니라 어느 시대나 그 시대를 살아가는 문화적 관습의 근거가 되기도 하며 더 나아가 예술의 핵심을 형성하고 있다는 말이 된다. 그러한 물음을 모아보면 다음과 같은 것들을 꼽을 수 있다. 모든 인간 하나하나는 자신이 죽는다는 사실을 확실하게 아는가? 인간은 모든 인간은 죽는다는 사실을 확실하게 아는가? 죽는다는 사실은 나쁜 것인가?

많은 심리학자들은 죽음에 대한 이해는 인간이 타고나면서 저절로 알게 되는 것은 아니라고 한다. 그보다는 죽음이란 이 세상을 살아가면서 배워서 아는 것이라고 한다. 말하자면 어린이들은 죽음에 대한 개념이 없다가 점차 주변의 죽음을 이해하고 죽음에 대한 가르침을 통해서 죽음이란 무엇인가를 배운다는 것이다. 또 지금까지 많은 사람들이 죽었다고 해서 모든 사람들이 다 죽는다고 결론을 내릴 수 없다는 것은 상식이다. 죽음을 이겨낸 사람이 있다는 믿음을 가진 사람들이 있고 죽음이 필연적이라는 데 대해서 확고한 증거를 제시할 수도 없다.

생명의 출발로부터 시작해서 죽음에 이르는 긴 시간의 과정이 바로 삶의 전체이다. 하지만 생명의 출발에 대한 이해도 여러 가지의 국면으로 나누어 이해할 수 있다. 나 자신의 물질적인 근거, 생물학적인 존재로서 나의 출발이다. 수정되어 태아 상태를 거쳐 하나의 성체가 되기까지의 나의 존재의 기원을 물질주의적으로 생물학적으로 묻는다.

또 하나는 철학적, 목적적으로 묻는 일이다. 즉 나는 이 세상에 왜 태어났는가 하는 것이다. 나의 이 세상에서 살아야 하는 목적을 묻게 되면 필연적으로 그것은 철학적, 윤리적, 가치론적 입장이 되지 않을 수가 없다. 인간 종의 기원에 대한 물음도 물질주의적 생물학적인 근거를 추적하는 일과 존재론적인, 목적론적인 원인을 추적하는 일로 나누어 생각해볼 수 있다. 그래서 인간의 기원을 외부로부터 들어온 유기물이 원시 지구의 환경 속에서 성장한 것이라고 생각할 수도 있겠지만, 두루미나 호박벌이 가져온 골칫거리라고 생각할 수도 있다. 어느 것이 더 믿을 만하냐 라고 묻더라도 어떤 종류의 믿음을 말하느냐에 따라 달라진다.

이처럼 인간이라는 한 존재의 기원과 소멸까지는 단순히 하나의 분과 학문으로서만 이해할 수 있는 성질의 것은 아니다. 여러 학문, 특히 과학 기술적 접근과 인문주의적 접근이 동시에 이루어짐으로써 그것에 대하여 보다 풍성한 이해를 유도할 수 있다.

① 핵심 단어에 대한 정의를 찾아가며 논점을 전개하고 있다.
② 드러난 상식으로부터 새로운 가치를 도출하려는 시도를 하려고 한다.
③ 특정 현상을 다양한 각도에서 조명해 보고자 한다.
④ 반대되는 논거를 제시하여 절충된 가치를 통해 글의 주제에 접근하고 있다.

11 신재생 에너지의 보급과 관련된 다음 글을 참고할 때, 밑줄 친 '솔루션'이 갖추어야 할 특성으로 가장 거리가 먼 것은?

신재생 에너지란 태양, 바람, 해수와 같이 자연을 이용한 신에너지와 폐열, 열병합, 폐열 재활용과 같은 재생에너지가 합쳐진 말이다. 현재 신재생 에너지는 미래 인류의 에너지로서 다양한 연구가 이루어지고 있다. 특히 과거에는 이들의 발전 효율을 높이는 연구가 주로 이루어졌으나 현재는 이들을 관리하고 사용자가 쉽게 사용하도록 하는 연구와 개발이 많이 진행되고 있다. 신재생 에너지는 화석 연료의 에너지 생산 비용에 근접하고 있으며 향후에 유가가 상승되고 신재생 에너지 시스템의 효율이 높아짐에 따라 신재생 에너지의 생산 비용이 오히려 더 저렴해질 것으로 보인다.

따라서 미래의 신재생 에너지의 보급은 지금 보다 훨씬 광범위하게 다양한 곳에서 이루어 질 것이며 현재의 전력 공급 체계를 변화시킬 것이다. 현재 중앙 집중식으로 되어있는 전력공급의 체계가 미래에는 다양한 곳에서 발전이 이루어지는 분산형으로 변할 것으로 보인다. 분산형 전원 시스템 체계에서 가장 중요한 기술인 스마트 그리드는 전력과 IT가 융합한 형태로서 많은 연구가 이루어지고 있다.

스마트 그리드 기반의 분산형 전원 보급이 활발해질 미래에는 곳곳에 중소규모의 신재생 에너지 시스템이 설치될 것으로 예상하며, 따라서 이들을 통합적으로 관리하고 정보 교환 기술을 갖춘 다양한 솔루션이 등장할 것으로 보인다.

신재생 에너지 시스템의 보급은 인류의 에너지 문제를 해결하는 유일한 방안이지만 화석 에너지와 달리 발전량을 쉽게 제어할 수 없는 문제점을 가지고 있다. 또한 같은 시스템일지라도 지역의 환경에 따라 발전량이 서로 다르게 될 것이기 때문에 스마트 그리드를 기반으로 한 마이크로 그리드 시스템이 구축될 때 정보 처리 기술은 신재생 에너지 시스템 관리 측면에서 중요한 인자가 될 것이다.

신재생 에너지 시스템을 관리하기 위해선 에너지 데이터 처리가 중요할 것으로 보인다. 특히 미래 신재생 에너지 관리 시스템은 관리가 체계적으로 되어 있을 발전단지보다는 비교적 관리 체계가 확립되기 힘든 주택, 빌딩 등에서 필요할 것으로 보인다. 다시 말해 주택, 빌딩에 신재생 에너지 시스템이 설치가 되면 이들을 관리할 수 있는 <u>솔루션</u>이 함께 설치해야 하며 이들을 운용하기 위한 애플리케이션도 함께 등장해야 한다.

① 소비자가 에너지의 생산과 소비를 모두 고려할 수 있는 지능형 에너지 서비스
② 잉여 에너지가 발생되지 않도록 수요와 공급에 맞는 발전량 자동 조절 기능
③ 다양한 OS로 기능을 구현할 수 있는 웹 서비스 기반의 범호환적인 플랫폼 기술
④ 생성된 에너지 데이터를 종합·분석하여 맞춤형 서비스를 제공

12 다음 글의 내용을 근거로 한 설명 중 바르지 않은 것은?

우리의 의지나 노력과는 크게 상관없이 국제 정세 및 금융시장 등의 변화에 따라 우리나라가 수입에 의존하는 원자재 가격은 크게 출렁이곤 한다. 물론 이러한 가격 변동은 다른 가격에도 영향을 미치게 된다. 예를 들어 중동지역의 불안한 정세로 인해 원유 가격이 상승했고, 이로 인해 국내의 전기료도 올랐다고 해 보자. 그러면 국내 주유소들은 휘발유 가격을 그대로 유지할지 아니면 어느 정도 인상할 것인지에 대해 고민에 빠질 것이다. 만일 어느 한 주유소가 혼자 휘발유 가격을 종전에 비해 2% 정도 인상한다면, 아마 그 주유소의 매상은 가격이 오른 비율 2%보다 더 크게 줄어들어 주유소 문을 닫아야 할 지경에 이를지도 모른다. 주유소 주인의 입장에서는 가격 인상 폭이 미미한 것이라 하여도, 고객들이 즉시 값이 싼 다른 주유소에서 휘발유를 구입하기 때문이다. 그러나 전기료가 2% 오른다 하더라도 전기 사용량에는 큰 변화가 없을 것이다. 사람들이 물론 전기를 아껴 쓰게 되겠지만, 전기 사용량을 갑자기 크게 줄이기도 힘들고 더군다나 다른 전기 공급자를 찾기도 어렵기 때문이다.

이처럼 휘발유시장과 전기시장은 큰 차이를 보이는데, 그 이유는 두 시장에서 경쟁의 정도가 다르기 때문이다. 우리 주변에 휘발유를 파는 주유소는 여러 곳인 반면, 전기를 공급하는 기업은 그 수가 제한되어 있어 한 곳에서 전기 공급을 담당하는 것이 보통이다. 휘발유시장이 비록 완전경쟁시장은 아니지만, 전기시장에 비해서는 경쟁의 정도가 훨씬 크다. 휘발유시장의 공급자와 수요자는 시장 규모에 비해 개별 거래규모가 매우 작기 때문에 어느 한 경제주체의 행동이 시장가격에 영향을 미치기는 어렵다. 즉, 휘발유시장은 어느 정도 경쟁적이다. 이와는 대조적으로 전기 공급자는 시장가격에 영향을 미칠 수 있는 시장 지배력을 갖고 있기 때문에, 전기시장은 경쟁적이지 못하다.

① 재화의 소비자와 생산자의 수 측면에서 볼 때 휘발유시장은 전기시장보다 더 경쟁적이다.

② 새로운 기업이 시장 활동에 참가하는 것이 얼마나 자유로운가의 정도로 볼 때 휘발유시장은 전기시장보다 더 경쟁적이다.

③ 기존 기업들이 담합을 통한 단체행동을 할 수 있다는 측면에서 볼 때 휘발유시장이 완전 경쟁적이라고 할 수는 없다.

④ 휘발유시장의 경우와 같이 전기 공급자가 많아지게 된다면 전기시장은 휘발유시장보다 더 경쟁적인 시장이 된다.

13 다음 글을 통해 알 수 있는 내용으로 옳지 않은 것은?

우리의 공간은 태초부터 존재해 온 기본 값으로서 3차원으로 비어 있다. 우리가 일상 속에서 생활하는 거리나 광장의 공간이나 우주의 비어 있는 공간은 똑같은 공간이다. 우리가 흐린 날 하늘을 바라보면 검은색으로 깊이감이 없어 보인다. 마찬가지로 우주왕복선에서 찍은 사진 속의 우주 공간도 무한한 공간이지만 실제로는 잘 인식이 되지 않는다. 하지만 거기에 별과 달이 보이기 시작하면 공간감이 생겨나기 시작한다. 이를 미루어 보아 공간은 인식 불가능하지만 그 공간에 물질이 생성되고 태양빛이 그 물질을 때리게 되고 특정한 파장의 빛만 반사되어 우리 눈에 들어오게 되면서 공간은 인식되기 시작한다는 것을 알 수 있다. 인류가 건축을 하기 전에도 지구상에는 땅, 나무, 하늘의 구름 같은 물질에 의지해서 공간이 구획된다. 그 빈 땅 위에 건축물이 들어서게 되면서 건물과 건물 사이에 거리라는 새로운 공간이 구축되고 우리는 인식하게 된다. 그리고 이 거리는 주변에 들어선 건물의 높이와 거리의 폭에 의해서 각기 다른 형태의 보이드 공간(현관, 계단 등 주변에 동선이 집중된 공간과 대규모 홀, 식당 등 내부 구성에서 열려 있는 빈 공간)을 갖게 된다. 우리는 정지된 물리량인 도로와 건물을 만들고, 그로 인해서 만들어지는 부산물인 비어 있는 보이드 공간을 사용한다. 그리고 그 빈 공간에 사람과 자동차 같은 움직이는 객체가 들어가게 되면서 공간은 비로소 쓰임새를 가지며 완성이 된다. 이처럼 도로와 건물 같은 물리적인 조건 이외에 거리에서 움직이는 개체도 거리의 성격을 규정하는 한 요인이 된다. 움직이는 개체들이 거리라는 공간에 에너지를 부여하기 때문에 움직이는 개체의 속도가 중요하다. 왜냐하면 물체의 속도는 그 물체의 운동에너지($E=\frac{1}{2}mv^2$, m은 질량, v는 속력)를 결정하는 요소이기 때문이다.

이처럼 공간은 움직이는 개체가 공간에 쏟아 붓는 운동에너지에 의해서 크게 변한다. 이와 비슷한 현상은 뉴욕의 록펠러 센터의 선큰가든에서도 일어난다. 록펠러 센터 선큰가든은 여름에는 정적인 레스토랑으로 운영되고, 겨울에는 움직임이 많은 스케이트장으로 운영이 된다. 같은 물리적인 공간이지만 그 공간이 의자에 앉아 있는 레스토랑 손님으로 채워졌을 때와 스케이트 타는 사람으로 채워졌을 때는 느낌이 달라진다.

① 공간은 건축물에 의해서만 우리 눈에 인식되는 것은 아니다.
② 거리에 차도보다 주차장 면적이 넓을수록 공간 에너지는 줄어들게 된다.
③ 록펠러 센터의 선큰가든은 여름보다 겨울에 공간 내의 에너지가 더 많다.
④ 거리의 사람들의 움직이는 속력이 평균 1km에서 8km로 빨라지면 공간 에너지는 16배 많아진다.

14 다음 글을 바탕으로 '자유무역이 가져다주는 이득'으로 추론할 수 있는 내용이 아닌 것은?

오늘날 세계경제의 개방화가 진전되면서 국제무역이 계속해서 크게 늘어나고 있다. 국가 간의 무역 규모는 수출과 수입을 합한 금액이 국민총소득(GNI)에서 차지하는 비율로 측정할 수 있다. 우리나라의 20××년 '수출입의 대 GNI 비율'은 99.5%로 미국이나 일본 등의 선진국과 비교할 때 매우 높은 편에 속한다.

그렇다면 국가 간의 무역은 왜 발생하는 것일까? 가까운 곳에서 먼저 예를 찾아보자. 어떤 사람이 복숭아를 제외한 여러 가지 과일을 재배하고 있다. 만약 이 사람이 복숭아가 먹고 싶을 때 이를 다른 사람에게서 사야만 한다. 이와 같은 맥락에서 나라 간의 무역도 부존자원의 유무와 양적 차이에서 일차적으로 발생할 수 있다. 헌데 이러한 무역을 통해 얻을 수 있는 이득이 크다면 왜 선진국에서조차 완전한 자유무역이 실행되고 있지 않을까? 세계 각국에 자유무역을 확대할 것을 주장하는 미국도 자국의 이익에 따라 관세 부과 등의 방법으로 무역에 개입하고 있는 실정이다. 그렇다면 비교우위에 따른 자유무역이 교역 당사국 모두에게 이익을 가져다준다는 것은 이상에 불과한 것일까?

세계 각국이 보호무역을 취하는 것은 무엇보다 자국 산업을 보호하기 위한 것이다. 비교우위가 없는 산업을 외국기업과의 경쟁으로부터 어느 정도의 경쟁력을 갖출 때까지 일정 기간 보호하려는 데 그 목적이 있는 것이다.

우리나라의 경우 쌀 농업에서 특히 보호주의가 강력히 주장되고 있다. 우리의 주식인 쌀을 생산하는 농업이 비교우위가 없다고 해서 쌀을 모두 외국에서 수입한다면 식량안보 차원에서 문제가 될 수 있으므로 국내 농사를 전면적으로 포기할 수 없다는 논리이다.

교역 당사국 각자는 비교우위가 있는 재화의 생산에 특화해서 자유무역을 통해 서로 교환할 경우 기본적으로 거래의 이득을 보게 된다. 자유무역은 이러한 경제적 잉여의 증가 이외에 다음과 같은 측면에서도 이득을 가져다준다.

① 각국 소비자들에게 다양한 소비 기회를 제공한다.
② 비교우위에 있는 재화의 수출을 통한 규모의 경제를 이루어 생산비를 절감할 수 있다.
③ 비교우위에 의한 자유무역의 이득은 결국 한 나라 내의 모든 경제주체가 누리게 된다.
④ 경쟁을 활성화하여 경제 전체의 후생 수준을 높일 수 있다.

15 다음 글이 궁극적으로 의미하는 바를 가장 적절하게 요약한 것은?

'여가'는 개인의 문제인 동시에 요즘 사회적인 뜨거운 화두이기도 하다. 주 5일 근무제로 매주 2박 3일의 휴가가 생겼는데도 그 휴가를 제대로 사용하지 못하고 무의미하게 흘려보낸다면 그것은 심각한 사회문제일 수 있다. 이처럼 사회 구성원들이 여가를 어떻게 보내는가 하는 문제는 개인의 차원에서 벗어나 사회학적·심리학적·경제학적 연구 대상이 되고 있다.

'레저 사이언스(Leisure Science)'라고 불리는 여가학은 서구 사회에서는 이미 학문의 한 영역에 편입된 지 오래다. 미국의 일리노이 주립대와 조지아대, 캐나다의 워털루대 등에 학과가 개설돼 있다. 사회과학, 사회체육, 관광학 등이 여가학의 모태다. 사회과학자들은 심리학, 사회학 문화이론의 관점에서 여가학을 연구하는 데 반해, 사회체육은 '여가치료'라는 개념으로 여가학을 조망한다. 반면 관광학 쪽은 산업의 측면에서 여가학을 다루고 있다. 국내에서도 M대학에 여가정보학과가 개설되어 있다.

M대학 여가정보학과의 김 교수는 "여가를 즐기는 것은 단순히 노는 게 아니라 문화를 구성하는 과정입니다. 세계 어느 나라나 일하는 패턴은 비슷합니다. 그러나 각 나라마다 노는 방식은 천차만별이죠. 따라서 여가학은 문화연구의 한 분야라고 할 수 있습니다."라고 말한다. 그는 또 '여가에 대한 환상을 버리라'고 충고한다. 개개인이 가족과 함께 놀 수 있는 능력을 개발하지 않는 한, 긴 여가는 오히려 괴로운 시간이 될지도 모른다는 것이다. "한국의 성인 남성들은 '독수리 5형제 증후군'에 빠져 있습니다. 무언가 대단한 일을 하지 않으면 인생의 의미가 없다는 식의 시각이죠. 하지만 여가를 잘 보내기 위해서는 사소하고 작은 일에도 재미를 느끼고 그 재미를 가족과 공유할 수 있는 자세가 필요합니다."

그렇다면 왜 한국인들은 여가를 제대로 즐기지 못하는 것일까? 적잖은 기성세대는 '놀이'라고 하면 기껏해야 술을 마시거나 고스톱 정도밖에 떠올리지 못하는 것이 현실이다. 지난 91년 일찌감치 한국인의 여가문화 분야에서 박사학위를 받은 부산대의 한 교수는 여가를 규정하는 중요한 변수 두 가지로 시간과 경제적 요인, 즉 돈을 꼽았다. 휴일이 늘어난다고 해도 경제적 여유와 직업의 안정성이 함께 충족되지 않는 한, 여가를 즐길 수 있는 마음의 여유가 생겨나기는 어렵다. 결국 잠을 자거나 아무 생각 없이 몰두할 수 있는 술, 도박 등에 빠지게 된다는 것이다.

사실 진정한 의미의 여가는 주말에만 국한되는 것이 아니다. 최근의 직장인들이 느끼는 '체감정년'은 38세라고 한다. 반면 평균수명은 이미 70세를 훌쩍 넘어 80세를 넘보고 있다. 직장 은퇴 이후 30여 년의 여가를 어떻게 보내는가는 어떠한 직장을 선택하느냐 못지않게 중요한 문제가 되었다. 결국 여가학은 단순히 주말을 어떻게 보내는가의 차원이 아니라 좀 더 잘살 수 있는 방법에 대한 연구, 즉 삶의 질을 높이기 위한 학문인 셈이다.

① 한국인들의 놀이문화는 한두 가지 방법에 국한되어 있다.
② 놀 줄 모르는 한국인들은 여가학에 관심을 가질 필요가 있다.
③ 국내에도 여가학을 공부할 수 있는 대학 과정이 보강되어야 한다.
④ 여가를 즐기기 위해 경제적인 독립을 이루어야 한다.

16 다음 글의 제목으로 가장 적절한 것은?

4차 산업혁명이 문화예술에 영향을 끼치는 사회적 변화 요인으로는 급속한 고령화 사회와 1인 가구의 증가 등 인구구조의 변화와 문화다양성 사회로의 진전, 디지털 네트워크의 발전 등을 들 수 있다. 이로 인해 문화예술 소비층이 시니어와 1인 중심으로 변화하고 있으며 문화 복지대상도 어린이, 장애인, 시니어로 확장되고 있다.

디지털기기 사용이 일상화 되면서 문화향유 범위도 이전의 음악, 미술, 공연 중심에서 모바일 창작과 게임, 놀이 등으로 점차 확대되고 특히 고령화가 심화됨에 따라 높은 문화적 욕구를 지닌 시니어 층이 새로운 기술에 관심을 보이고 자신들의 건강한 삶을 위해 테크놀로지 수용에 적극적인 모습을 보이면서 문화예술 향유계층도 다양해질 전망이다. 유쾌함과 즐거움 중심의 일상적 여가는 스마트폰을 통한 스낵컬처적 여가활동이 중심이 되겠지만 지식과 경험을 획득하고 삶의 의미를 찾고 성취감을 느끼고 싶어 하는 진지한 여가에 대한 열망도 점차 높아질 것으로 관측된다.

기술의 발전과 더불어 근로시간의 축소 등으로 여가시간이 늘어나면서 일과 여가의 균형을 맞추려는 워라밸(Work and Life Balance) 현상이 자리 잡아가고 있다. 문화관광연구원에서 실시한 국민인식조사에 따르면 기존에 문화여가를 즐기지 않던 사람들이 문화여가를 즐기기 시작하고 있다고 답한 비율이 약 47%로 나타난 것은 문화여가를 여가활동의 일부로 인식하는 국민수준이 높아지고 있다는 것을 보여준다. 또한, 경제적 수준이나 지식수준에 상관없이 문화예술 활동을 다양하게 즐기는 사람들이 많아지고 있다고 인식하는 비율이 38%로 나타났다. 이는 문화가 국민 모두가 향유해야 할 보편적 가치로 자리잡아가고 있다는 것을 말해 준다.

디지털·스마트 문화가 일상문화의 많은 부분을 차지하는 중요 요소로 자리 잡으면서 일상적 여가뿐 아니라 콘텐츠 유통, 창작활동 등에 많은 변화를 가져오고 있다. 이러한 디지털 기기의 사용이 문화산업분야에서는 소비자 및 향유자들의 적극적인 참여로 그 가능성에 주목하고 있으나, 순수문화예술 부분은 아직까지 홍보의 부차적 수단 정도로 활용되고 있어 기대감은 떨어지고 있다.

① 4차 산업혁명이 변화시킬 노인들의 삶
② 4차 산업혁명이 문화예술에 미치는 영향
③ 4차 산업혁명에 의해 나타나는 사회적 부작용
④ 순수문화예술과 디지털기기의 접목

❙17~18❙ 다음 글을 읽고 이어지는 물음에 답하시오.

⑺ 고려시대의 상업에 대한 연구가 그리 많지는 않으나 그것이 활발했음은 분명하다. 국내에 조성된 상권 내부에서 매매·유통이 활발했을 뿐 아니라 외부시장과의 거래도 꾸준했기 때문이다. 정형화된 시장(수도)과 다양한 상인, 그리고 제품과 화폐의 꾸준한 매매가 고려시대 내내 확인된다. 중앙 장시는 매 시기 주기적으로 확장될 만큼 거대했고 이동상인들과 공인들은 상황에 따라 분화돼 있었으며, 고위층과 하위민들을 위한 별도의 통화(은병과 포필)가 전국적으로 통용됐다.

⑻ 물론 고려의 그러한 '유통 질서'가 언제나 정상적인 모습만 보였다고는 할 순 없다. 상인들의 활동에 일종의 투자자로 동참하던 정상적 공권력이 존재했던 한편으로, 상인들이 거둔 이윤을 갈취하는 데 골몰했던 폭압적 권위자들도 적지 않았기 때문이다. 어떤 경우에는 한 주체가 두 모습을 모두 보인 경우도 있어 주목되는데 국왕, 정부, 종실, 관료들은 사실 모두 그랬다. 이들은 자신들의 수중에 있던, 가치가 하락한 은병을 처분하고자 백성들의 물품을 빼앗았으며, 심지어 외국에 내다 팔 물건들을 확보하기 위해 터무니없는 싼 가격에 그것을 백성들로부터 빼앗아오기도 하였다.

⑼ 아울러 불교사찰들 역시 그와 매우 달랐다고 하기 어렵다. 물론 사원들은 어디까지나 종교 공간에 해당했던 만큼 앞서 언급한 행위를 보였더라도 그 수위가 권세가들과는 달랐으며, 생산 활동을 겸한 존재였다는 점에서 사회경제에의 기여도 남달랐음이 확인된다. 민간과의 관계 또한 '거래'보다는 '신앙'을 매개로 한 것이어서 일반 경제주체와 달리보아야 할 필요가 없지 않다. 그러나 그럼에도 불구하고, 상황과 경우에 따라 국내 상인들을 대하는 불교사원들의 입장과 관점이 그리 순수하지만은 않은 경우도 분명 존재하였다.

⑽ 이런 상황에서 고려의 국내 상인들은 과연 어떤 삶을 살았을까? 안타깝게도 고려시대의 기록에 상인들이 그리 자주 등장하지 않는 바, 그 생애들의 제면모를 찾아내 재구성하기란 대단히 어렵다. 상인들의 동태가 시장 질서를 해치거나 국왕의 정책에 반하는 것일 경우 징벌 대상으로는 등장해도, 그 사람의 영업행위나 개인적 일생이 관찬사료에 담길 이유는 적어도 당시인들의 관점에서는 거의 없었을 것이기 때문이다. 경우에 따라 정부나 관료들과 결탁한 상인들이 있어 특권을 토대로 영리를 도모했을 가능성도 적지 않지만, 그것이 당대 상인들이 보였던 모습의 전부가 아니었음은 물론이라 할 것이다. 선량한 상인들의 경우 그 행적이 사료에 남아 전해지기란 애초 불가능한 일이었을 수도 있다.

17 다음 중 윗글의 단락 ㈎~㈑에 대한 설명으로 적절한 것은?

① 고려시대 시장의 상황을 묘사한 단락은 ㈎뿐이다.

② ㈏에서는 당시 권세가들의 이중적인 모습을 엿볼 수 있다.

③ ㈐에서는 권세가들이 시장에 끼친 영향과 상반되는 모습을 언급하고 있다.

④ ㈑를 통해 부패한 고려 상인들이 많았음을 알 수 있다.

18 다음 중 윗글의 내용과 일치하지 않는 설명은?

① 고려시대의 은병과 포필은 화폐로서의 역할을 하였다.

② 고려시대 불교 사찰은 고위층에 못지않은 비리와 부패의 온상이었다.

③ 고려시대의 많은 권세가들은 시장에 투자자로서의 역할을 수행하였다.

④ 고려시대에는 해외 무역도 진행되고 있었다.

(가) 당뇨병 환자가 밤잠을 잘 못 이룬다면 합병증의 신호일 수 있어 주의를 해야 한다. 당뇨병 환자가 가장 많이 겪는 합병증인 '당뇨병성 신경병증'이 있는 경우 다리 화끈거림 등의 증상으로 수면장애를 겪는 경우가 많기 때문이다. 당뇨병성 신경병증은 높은 혈당에 의해 말초신경이 손상돼 생기며, 당뇨병 합병증 중에 가장 먼저 생기는 질환이다. 그 다음이 당뇨병성 망막병증, 당뇨병성 콩팥질환 순으로 발병한다. 2013년 자료에 따르면, 전체 당뇨병 환자의 14.4%가 당뇨병성 신경병증을 앓고 있다.

(나) 통증(Pain)잡지에 발표된 논문에 따르면 당뇨병성 신경병증은 일반적으로 아침에 가장 통증이 적고 오후시간이 되면서 통증이 점차 증가해 밤 시간에 가장 극심해진다. 또한 당뇨병성 신경병증은 통증 등의 증상이 누워있을 때 악화되는 경우도 많아 수면의 질에 큰 영향을 미친다. 실제로 당뇨병성 신경병증 통증을 갖고 있는 환자 1,338명을 대상으로 수면장애 정도를 조사한 결과, 수면의 질을 100점으로 했을 경우 '충분히 많이 잠을 잤다'고 느끼는 경우는 32.69점, '일어났을 때 잘 쉬었다'고 느끼는 경우는 38.27점에 머물렀다. '삶의 질'에 대한 당뇨병성 신경병증 환자의 만족도 역시 67.65점에 머물러 합병증이 없는 당뇨병 환자 74.29보다 낮았다. 이는 일반인의 평균점수인 90점에는 크게 못 미치는 결과이다.

(다) 당뇨병성 신경병증은 당뇨병 진단 초기에 이미 환자의 6%가 앓고 있을 정도로 흔하다. 당뇨병 진단 10년 후에는 20%까지 증가하고, 25년 후에는 50%에 달해 당뇨병 유병기간이 길수록 당뇨병성 신경병증에 걸릴 확률이 크게 높아진다. 따라서 당뇨병을 오래 앓고 있는 사람은 당뇨병성 신경병증의 신호를 잘 살펴야 한다. 당뇨병 진단을 처음 받았거나 혈당 관리를 꾸준히 잘 해온 환자 역시 당뇨병성 신경병증 위험이 있으므로 증상을 잘 살펴야 한다.

(라) 당뇨병성 신경병증의 4대 증상은 찌르는 듯한 통증, 스멀거리고 가려운 이상감각, 화끈거리는 듯한 작열감, 저리거나 무딘 무감각증이다. 환자에 따라 '화끈거린다', '전기자극을 받는 것 같다', '칼로 베거나 찌르는 듯하다', '얼어버린 것 같다'는 등의 증상을 호소하는 경우가 많다. 당뇨병성 신경병증의 가장 큰 문제는 피부 감각이 둔해져 상처를 입어도 잘 모르는데다. 상처를 입으면 치유가 잘 되지 않아 궤양, 감염이 잘 생긴다는 것이다. 특히 발에 궤양·감염이 잘 생기는데, 심하면 발을 절단해야 하는 상황에까지 이르게 된다. 실제로 족부 절단 원인의 절반은 당뇨병으로 인한 것이라는 연구 결과도 있다. 따라서 당뇨병 환자는 진단받은 시점부터 정기적으로 감각신경·운동신경 검사를 받아야 한다.

(마) 모든 당뇨병 합병증과 마찬가지로 당뇨병성 신경병증 또한 혈당조절을 기본으로 한다. 혈당 조절은 당뇨병성 신경병증의 예방뿐만 당뇨병성 망막병증 같은 눈의 합병증, 당뇨병성 콩팥질환 같은 콩팥 합병증이 생기는 것도 막을 수 있다. 그러나 이미 신경병증으로 인해 통증이 심한 환자의 경우에는 통증에 대한 약물 치료가 필요한 경우도 있다. 치료제로는 삼환계항우울제, 항경련제, 선택적 세로토닌/노르아드레날린 재흡수억제제, 아편유사제, 국소도포제 등이 처방되고 있다. 다만 약제 선택 시 통증 이외에도 수면장애 등 동반되는 증상까지 고려하고, 다른 약물과의 상호작용이 적은 약제를 선택해야 한다. 말초 혈액순환을 원활하게 하는 것도 중요하다. 그래야 말초 신경 손상이 악화되는 것을 예방할 수 있다. 말초 혈액순환을 원활히 하기 위해서는 금연이 중요하다. 당뇨병 환자가 금연을 하면 당뇨병성 신경병증이 약화되는 것은 물론, 눈·콩팥 등 다른 합병증도 예방할 수 있다.

19 윗글의 각 단락별 내용을 참고할 때, 다음과 같은 글이 삽입되기에 가장 적절한 단락은 어느 것인가?

> 대다수가 앓고 있는 제2형 당뇨병의 경우는 발병 시점이 명확하지 않기 때문에 당뇨병을 얼마나 앓았는지 모르는 경우가 많다. 당장 당뇨병성 신경병증이 없더라도 대한당뇨병학회는 당뇨병 환자라면 매년 한 번씩 진찰을 받으라고 권하고 있다.

① (가)
② (나)
③ (다)
④ (라)

20 윗글에서 필자가 논점을 전개하는 방식에 대한 설명 중 적절한 것은?

① 특정 환자들의 사례를 구체적으로 제시하여 논리의 근거를 마련하였다.
② 각 증상별 차이를 비교 분석하여 질환의 정도를 설명하였다.
③ 해당 병증을 앓고 있는 환자들의 통계를 분석하여 일반화된 정보를 추출하였다.
④ 의학계의 전문가 소견을 참고로 논리를 정당화시켰다.

21 업무를 수행할 때 활용하는 통계를 작성함으로써 얻을 수 있는 이점이 아닌 것은?

① 통계는 많은 수량적 자료를 처리가능하고 쉽게 이해할 수 있는 형태로 축소한다.

② 표본을 통해 연구대상 집단의 특성을 유추할 수 있다.

③ 의사결정의 보조수단으로 활용할 수 있다.

④ 어떤 사람의 재산, 한라산의 높이 등 어떤 개체에 관한 구체적 사항을 알 수 있다.

22 다음은 다양한 그래프의 종류와 그 활용 사례를 정리한 도표이다. 그래프의 종류에 맞는 활용 사례가 아닌 것은?

종류	활용 방법	활용 사례
㉠ 원그래프	내역이나 내용의 구성비를 분할하여 나타내고자 할 때	제품별 매출액 구성비
㉡ 점그래프	지역분포를 비롯하여 도시, 지방, 기업, 상품 등의 평가나 위치, 성격을 표시	광고비율과 이익률의 관계
㉢ 층별 그래프	합계와 각 부분의 크기를 백분율로 나타내고 시간적 변화를 보고자 할 때	상품별 매출액 추이
㉣ 막대그래프	비교하고자 하는 수량을 막대 길이로 표시하고, 그 길이를 비교하여 각 수량 간의 대소 관계를 나타내고자 할 때	연도별 매출액 추이 변화

① ㉠

② ㉡

③ ㉢

④ ㉣

23 다음은 신입사원인 길동이가 작성한 조기노령연금의 연령별, 성별 지급액 현황 그래프이다. 이에 대한 팀장의 지적사항 중 옳은 것을 모두 고르면?

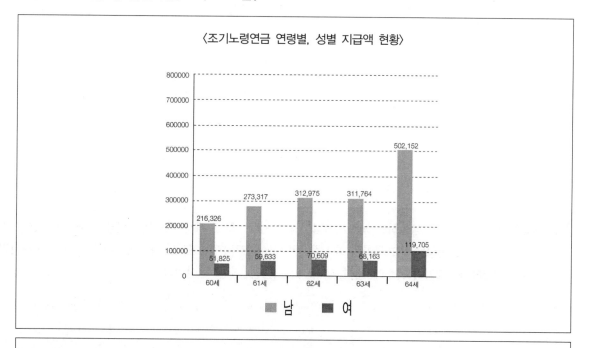

〈팀장의 지적사항〉

㉮ "그래프의 수치 단위가 누락되었군."

㉯ "축 서식의 범위가 과도하게 넓게 설정되었네."

㉰ "두 개의 막대를 비교할 때에는 추이선을 반드시 삽입해야 하네."

㉱ "큰 숫자에는 천 단위를 구분하는 쉼표가 있어야 하네."

① ㉮, ㉯, ㉰
② ㉮, ㉯, ㉱
③ ㉮, ㉰, ㉱
④ ㉯, ㉰, ㉱

24 △△부대 김병장, 이상병, 심일병의 명중률이 각각 $\frac{3}{5}$, $\frac{2}{7}$, $\frac{1}{3}$ 이라면 세 사람이 동시에 하나의 목표물을 향해 1발씩 사격을 실시하였을 때 목표물이 맞을 확률은?

① $\frac{1}{3}$ ② $\frac{4}{5}$

③ $\frac{14}{17}$ ④ $\frac{17}{21}$

25 B양은 자동차 부품을 생산하는 M기계산업에 근무한다. 최근 자사 제품의 품질관리를 위해 생산 라인별 직원 1인당 생산량을 비교하라는 지시를 받았다. 자료를 참고할 때, B생산라인에 5명, D생산라인에 6명, E생산라인에 2명이 하루에 생산 할 수 있는 총생산량은 얼마인가?

생산라인	시설비	유지비	1인당 생산량
A : 수동라인	2천만 원	월 200만 원	하루 200set
B : 반자동라인	4천만 원	월 150만 원	하루 500set
C : 수동＋반자동라인	5천만 원	월 180만 원	하루 600set
D : 반자동라인	8천만 원	월 120만 원	하루 700set
E : 자동라인	1억 원	월 100만 원	하루 800set

※ 생산 라인별 동일 제품 생산 시 직원 1인당 생산량 비교

① 6,300set   ② 6,800set

③ 7,300set   ④ 8,300set

26 아래 표에는 ○○반도체의 올해 3분기까지의 판매 실적이 나와 있다. ○○반도체는 표에 나온 4가지 제품만을 취급한다고 할 때, 다음 중 옳지 않은 설명을 고르면?

실적 제품	분기별 판매량(단위 : 만 개)			분기별 판매액(단위 : 억 원)		
	1분기	2분기	3분기	1분기	2분기	3분기
A	70	100	140	65	120	160
B	55	50	80	70	60	130
C	85	80	110	75	120	130
D	40	70	70	65	60	100
합계	250	300	400	275	360	520

① 1분기부터 3분기까지 판매액 합계 상위 2개 제품은 A와 C이다.

② 2분기에 전 분기 대비 판매량, 판매액 모두 증가한 제품은 A뿐이다.

③ 1분기보다 2분기, 2분기보다 3분기에 제품의 평균 판매 단가가 높았다.

④ 3분기 A제품의 판매량과 판매액 모두 전체의 1/3을 넘었다.

27 다음 글을 근거로 판단할 때, 甲금속회사가 생산한 제품 A, B를 모두 판매하여 얻을 수 있는 최대 금액은?

- 甲금속회사는 특수구리합금 제품 A와 B를 생산 및 판매한다.
- 특수구리합금 제품 A, B는 10kg 단위로만 생산된다.
- 제품 A의 1kg당 가격은 300원이고, 제품 B의 1kg당 가격은 200원이다.
- 甲금속회사는 보유하고 있던 구리 660kg, 철 15kg, 주석 30kg, 아연 165kg, 망간 30kg 중 일부를 활용하여 아래 표의 질량 배합 비율에 따라 제품 A를 300kg 생산한 상태이다. (단, 개별 금속의 추가구입은 불가능하다)
- 합금 제품별 질량 배합 비율은 아래와 같으며 배합 비율을 만족하는 경우에만 제품이 될 수 있다.

(단위 : %)

구분	구리	철	주석	아연	망간
A	60	5	0	25	10
B	80	0	5	15	0

※ 배합된 개별 금속 질량의 합은 생산된 합금 제품의 질량과 같다.

---

① 200,000원

② 210,000원

③ 220,000원

④ 230,000원

28 학생 A, B, C, D, E가 있다. 이 중 회장 1명과 부회장 2명을 뽑을 때 A가 부회장에 뽑힐 확률은?

① $\dfrac{2}{5}$

② $\dfrac{11}{25}$

③ $\dfrac{3}{27}$

④ $\dfrac{7}{30}$

| 29~30 | 다음 예시 자료를 보고 이어지는 물음에 답하시오.

〈국민해외관광객〉

(단위 : 백만 명)

구분	국민해외관광객
2016년	13.7
2017년	14.8
2018년	16.1
2019년	19.3
2020년	22.4
2021년	26.5

〈한국관광수지〉

(단위 : 백만 달러, 달러)

구분	관광수입	1인당 관광수입($)	관광지출
2016년	13,357	1,199	16,495
2017년	14,525	1,193	17,341
2018년	17,712	1,247	19,470
2019년	15,092	1,141	21,528
2020년	17,200	998	23,689
2021년	13,324	999	27,073

※ 1인당 관광수입=관광수입 ÷ 방한외래관광객
※ 1인당 관광지출=관광지출 ÷ 국민해외관광객
※ 관광수지=관광수입−관광지출

29 다음 중 2016년의 1인당 관광 지출로 알맞은 것은? (소수점 이하 버림으로 처리함)

① 1,155달러

② 1,180달러

③ 1,204달러

④ 1,288달러

30 다음 중 연간 관광수지가 가장 높은 해와 가장 낮은 해의 관광수지 차액은 얼마인가?

① 11,991백만 달러

② 12,004백만 달러

③ 12,350백만 달러

④ 12,998백만 달러

31 다음과 같은 분석 내용에 부합하는 그래프는 어느 것인가?

미국과 중국의 상호 관세 부과의 영향으로 양국의 수출에는 모두 타격이 가해졌다. 그러나 우리나라의 대미, 대중 수출은 상반된 모습을 보였다. 대미 수출은 미중 간 교역 감소에 따른 중간재 수요 하락, 미국의 성장둔화 등에 따른 수출 감소 효과에도 불구하고 무역전환 효과에 힘입어 제재품목에 대한 미국의 대한국 수입은 크게 증가했다. 반면, 중국의 대한국 수입은 중국 경기둔화 및 중간재 수요 감소에 따른 영향이 더 크게 작용하면서 크게 감소했다.

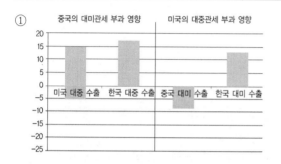

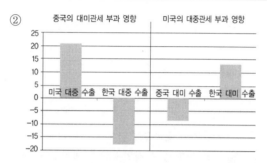

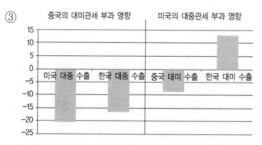

32 다음은 5개 지역별 민방위대 편성에 관한 자료이다. 이에 대한 설명으로 옳지 않은 것을 보기에서 모두 고른면?

(단위 : 대, 명)

지역＼구분	통리민방위대		기술지원대		직장민방위대	
	대수	대원수	대수	대원수	대수	대원수
서울	12,382	663,154	25	2,442	2,024	66,820
부산	4,556	211,004	16	1,728	368	11,683
대구	3,661	145,952	8	689	290	7,970
인천	4,582	201,952	10	850	290	12,570
광주	2,500	92,378	5	441	240	9,520

〈보기〉
㉠ 서울지역 통리민방위대 1대당 대원수는 50명 이상이다.
㉡ 5개 지역 중 통리민방위대 대원수가 직장민방위대 대원수의 10배 이상인 곳은 2곳이다.
㉢ 5개 지역 중 기술지원대 1대당 대원수가 100명 이상인 지역은 부산뿐이다.
㉣ 5개 지역 직장민방위대의 평균 대수는 600대가 안 된다.

① ㉠㉡
② ㉠㉢
③ ㉡㉢
④ ㉡㉣

33 다음은 어느 해 5개 지역별 낙뢰발생 횟수에 대한 자료이다. 이에 대한 설명으로 옳은 것은?

(단위 : 회)

월＼지역	서울	세종	부산	대구	인천
1월	–	–	–	–	–
2월	8	–	1	–	22
3월	–	1	60	42	1
4월	1	14	1	2	2
5월	1,100	4	–	332	1,771
6월	43	62	124	84	52
7월	188	188	15	330	131
8월	291	23	122	94	783
9월	–	1	50	–	5
10월	24	15	–	1	206
11월	1	–	29	–	7
12월	–	–	1	–	–

① 5개 지역 모두에서 12월에는 낙뢰가 발생하지 않았다.

② 1년 동안 낙뢰가 가장 많이 발생한 지역은 서울이다.

③ 서울에서는 매월 평균 138회의 낙뢰가 발생했다.

④ 6월 5개 지역의 평균 낙뢰발생 횟수는 71회이다.

34 다음은 2018년과 2021년에 甲~丁 국가 전체 인구를 대상으로 통신 가입자 현황을 조사한 자료이다. 〈보기〉에서 이에 대한 설명으로 옳지 않은 것을 모두 고른 것은?

〈국가별 2015년과 2018년 통신 가입자 현황〉

(단위 : 만 명)

연도 구분 국가	2018				2021			
	유선통신 가입자	무선통신 가입자	유·무선 통신동시 가입자	미가입자	유선통신 가입자	무선통신 가입자	유·무선 통신 동시 가입자	미가입자
甲	( )	4,100	700	200	1,600	5,700	400	100
乙	1,900	3,000	300	400	1,400	( )	100	200
丙	3,200	7,700	( )	700	3,000	5,500	1,100	400
丁	1,100	1,300	500	100	1,100	2,500	800	( )

※ 유·무선 통신 동시 가입자는 유선 통신 가입자와 무선 통신 가입자에도 포함됨.

〈보기〉
㉠ 甲국의 2018년 인구 100명당 유선 통신 가입자가 40명이라면, 유선 통신 가입자는 2,200만 명이다.
㉡ 乙국의 2018년 대비 2021년 무선 통신 가입자 수의 비율이 1.5라면, 2021년 무선 통신 가입자는 5,000만 명이다.
㉢ 丁국의 2018년 대비 2021년 인구 비율이 1.5라면, 2021년 미가입자는 200만 명이다.
㉣ 2018년 유선 통신만 가입한 인구는 乙국이 丁국의 3배가 안 된다.

① ㉠㉡

② ㉠㉢

③ ㉡㉢

④ ㉡㉣

35 다음 중 위의 자료에 대한 올바른 설명을 〈보기〉에서 모두 고른 것은?

〈가정용 정화조에서 수집한 샘플의 수중 질소 성분 농도〉

(단위 : mg/L)

샘플 \ 목항	총질소	암모니아성 질소	질산성 질소	유기성 질소	TKN
A	46.24	14.25	2.88	29.11	43.36
B	37.38	6.46	( )	25.01	( )
C	40.63	15.29	5.01	20.33	35.62
D	54.38	( )	( )	36.91	49.39
E	41.42	13.92	4.04	23.46	37.38
F	( )	( )	5.82	( )	34.51
G	30.73	5.27	3.29	22.17	27.44
H	25.29	12.84	( )	7.88	20.72
I	( )	5.27	1.12	35.19	40.46
J	38.82	7.01	5.76	26.05	33.06
평균	39.68	( )	4.34	( )	35.34

※ 총질소 농도 = 암모니아성 질소 농도 + 질산성 질소 농도 + 유기성 질소 농도

※ TKN 농도 = 암모니아성 질소 농도 + 유기성 질소 농도

〈보기〉

㉠ 샘플 A의 총질소 농도는 샘플 I의 총질소 농도보다 높다.

㉡ 샘플 B의 TKN 농도는 30mg/L 이상이다.

㉢ 샘플 B의 질산성 질소 농도는 샘플 D의 질산성 질소 농도보다 낮다.

㉣ 샘플 F는 암모니아성 질소 농도가 유기성 질소 농도보다 높다.

---

① ㉠㉡

② ㉠㉢

③ ㉡㉢

④ ㉠㉢㉣

36 다음은 한국, 중국, 일본 3개국의 배타적경제수역(EEZ) 내 조업현황을 예시로 나타낸 것이다. 이에 대한 설명으로 옳은 것은?

(단위 : 척, 일, 톤)

해역	어선 국적	구분	2020년 12월	2021년 11월	2021년 12월
한국 EEZ	일본	입어척수	30	70	57
		조업일수	166	1,061	277
		어획량	338	2,176	1,177
	중국	입어척수	1,556	1,468	1,536
		조업일수	27,070	28,454	27,946
		어획량	18,911	9,445	21,230
중국 EEZ	한국	입어척수	68	58	62
		조업일수	1,211	789	1,122
		어획량	463	64	401
일본 EEZ	한국	입어척수	335	242	368
		조업일수	3,992	1,340	3,236
		어획량	5,949	500	8,233

① 2021년 12월 중국 EEZ 내 한국어선 조업일수는 전월대비 감소하였다.

② 2021년 11월 한국어선의 일본 EEZ 입어척수는 전년 동월 대비 감소하였다.

③ 2021년 12월 일본 EEZ 내 한국어선의 조업일수는 같은 기간 중국 EEZ 내 한국어선 조업일수의 3배 이상이다.

④ 2021년 11월 일본어선과 중국어선의 한국 EEZ 내 어획량 합은 같은 기간 중국 EEZ와 일본 EEZ 내 한국어선 어획량 합의 20배 이상이다.

| 37~38 | 다음은 S군의 군수선거결과에 대한 예시 자료이다. 물음에 답하시오.

〈표1〉 2017년 후보자별 득표수 분포

(단위 : 표)

| 후보자 이름 | 출신지 | 지역 | | | | | 부재자 | 합 |
		A읍	B읍	C면	D면	E면		
갑	B읍	106	307	101	68	110	69	761
을	A읍	833	347	107	294	199	85	1,865
병	B읍	632	1,826	789	477	704	168	4,596
정	A읍	481	366	136	490	1,198	144	2,815
무	A읍	1,153	1,075	567	818	843	141	4,597
계		3,205	3,921	1,700	2,147	3,054	607	14,634

〈표2〉 2021년 후보자별 득표수 분포

(단위 : 표)

| 후보자 이름 | 출신지 | 지역 | | | | | 부재자 | 합 |
		A읍	B읍	C면	D면	E면		
병	B읍	1,446	2,323	930	1,043	1,670	601	8,013
무	A읍	1,846	1,651	835	1,118	2,152	619	8,221
기	B읍	578	621	175	375	437	175	2,361
계		3,870	4,595	1,940	2,536	4,259	1,395	18,595

※ 2017년과 2021년의 후보자 수는 각각 5명, 3명이며 동명이인은 없음.

※ 두 번의 선거 모두 무효표는 없었음.

※ S군에는 A읍, B읍, C면, D면, E면만 있음.

37 2017년과 2021년의 S군 총 유권자수가 25,000명으로 동일하다면, 2021년 투표율은 2017년에 비해 몇 % 증가하였나? (단 각 년도의 투표율은 소수점 첫째자리에서 반올림하시오.)

① 13%

② 14%

③ 15%

④ 16%

38 위 자료를 바탕으로 할 때 옳은 것은?

① 2017년과 2021년 모두 부재자 투표에서 다른 어떤 후보자보다도 더 많이 득표한 후보자가 득표수의 합도 가장 컸다.

② 부재자 득표수를 제외할 때, 2017년과 2021년 두 번의 선거에서 모든 후보자는 다른 지역보다 본인의 출신지에서 가장 많은 표를 얻었다.

③ 2017년 최고 득표자의 득표수는 최저 득표자의 득표수의 6배가 넘지 않는다.

④ 부재자 득표수를 제외할 때, 2017년과 2021년 모두 출마한 후보자의 경우 A~E 5개 읍면에서의 득표 수는 각각 2017년에 비해 2021년에 증가하였다.

┃39~40┃ 다음은 어느 해 지방자치단체별 신기술 A의 도입 현황에 대한 조사 결과이다. 물음에 답하시오.

(단위 : 개)

구분		지방자치 단체 수	응답			미응답	도입률	응답률
			도입	미도입	소계			
광역지방 자치단체	시	8	7	1	8	0	87.5	100.0
	도	9	7	1	8	1	77.8	88.9
	소계	17	14	2	16	1	( )	94.1
기초지방 자치단체	시	74	( )	15	66	8	68.9	( )
	군	84	( )	22	78	6	66.7	( )
	구	69	43	19	62	7	62.3	( )
	소계	227	150	56	206	21	( )	90.7
전체		244	164	58	222	22	67.2	91.0

※ 1) 신기술 A의 도입 여부는 광역지방자치단체 시, 도와 기초지방자치단체 시, 군, 구가 각각 결정함.

2) 도입률(%) = $\dfrac{\text{'도입'으로 응답한 지방자치단체 수}}{\text{지방자치단체 수}} \times 100$

39 미응답한 구가 모두 '도입'으로 응답한다면 구의 도입률은 몇 %인가? (단, 소수점 둘째자리에서 반올림 하시오.)

① 70.5%

② 71%

③ 71.5%

④ 72.5%

40 광역지방자치단체의 도입률은 기초지방자치단체의 도입률보다 몇 % 이상 높은가? (단, 소수점 둘째자리에서 반올림하시오.)

① 16.3%

② 16.9%

③ 17.3%

④ 17.9%

41 다음 ㈎~㈐의 5가지 문제 유형 중 같은 유형으로 분류할 수 있는 세 가지를 제외한 나머지 두 가지는 어느 것인가?

> ㈎ 정 대리는 소홀한 준비로 인해 중요한 계약 기회를 놓치게 되었다.
> ㈏ A사는 숙련공의 퇴사율이 높아 제품의 불량률이 눈에 띄게 높아졌다.
> ㈐ 지난 주 태풍으로 인해 B사의 창고 시설 대부분이 심각하게 파손되었다.
> ㈑ 영업팀 직원들에게 올해에 주어진 매출 목표를 반드시 달성해야 하는 임무가 주어졌다.
> ㈒ 오늘 아침 출근 버스에 사고가 나서 많은 직원들이 점심시간이 다 되어 출근하였다.

① ㈏, ㈑

② ㈐, ㈒

③ ㈎, ㈐

④ ㈑, ㈒

42 다음 중 문제 해결을 위한 기본적인 사고방식으로 가장 적절하지 않은 것은?

① 어려운 해결책을 찾으려 하지 말고 우리가 알고 있는 단순한 정보라도 이용해서 실마리를 풀어가야 한다.

② 문제 전체에 매달리기보다 문제를 각각의 요소로 나누어 그 요소의 의미를 도출하고 우선순위를 부여하는 방법이 바람직하다.

③ 고정관념을 버리고 새로운 시각에서 문제를 바라볼 수 있어야 한다.

④ 나에게 필요한 자원을 확보할 계획을 짜서 그것들을 효과적으로 활용할 수 있어야 한다.

43 다음 SWOT 분석기법에 대한 설명과 분석 결과 사례를 토대로 한 대응 전략으로 가장 적절한 것은?

> SWOT 분석은 내부 환경요인과 외부 환경요인의 2개의 축으로 구성되어 있다. 내부 환경요인은 자사 내부의 환경을 분석하는 것으로 분석은 다시 자사의 강점과 약점으로 분석된다. 외부환경요인은 자사 외부의 환경을 분석하는 것으로 분석은 다시 기회와 위협으로 구분된다. 내부환경요인과 외부환경요인에 대한 분석이 끝난 후에 매트릭스가 겹치는 SO, WO, ST, WT에 해당되는 최종 분석을 실시하게 된다. 내부의 강점과 약점을, 외부의 기회와 위협을 대응시켜 기업의 목표를 달성하려는 SWOT 분석에 의한 발전전략의 특성은 다음과 같다.
>
> • SO전략 : 외부 환경의 기회를 활용하기 위해 강점을 사용하는 전략 선택
> • ST전략 : 외부 환경의 위협을 회피하기 위해 강점을 사용하는 전략 선택
> • WO전략 : 자신의 약점을 극복함으로써 외부 환경의 기회를 활용하는 전략 선택
> • WT전략 : 외부 환경의 위협을 회피하고 자신의 약점을 최소화하는 전략 선택
>
> [분석 결과 사례]
>
> | | |
> |---|---|
> | 강점(Strength) | • 해외 조직 관리 경험 풍부
• 자사 해외 네트워크 및 유통망 다수 확보 |
> | 약점(Weakness) | • 순환 보직으로 인한 잦은 담당자 교체로 업무 효율성 저하
• 브랜드 이미지 관리에 따른 업무 융통성 부족 |
> | 기회(Opportunity) | • 현지에서 친숙한 자사 이미지
• 현지 정부의 우대 혜택 및 세제 지원 약속 |
> | 위협(Threat) | • 일본 경쟁업체와의 본격 경쟁체제 돌입
• 위안화 환율 불안에 따른 환차손 우려 |

내부환경 외부환경	강점(Strength)	약점(Weakness)
기회(Opportunity)	① 세제 혜택을 통하여 환차손 리스크 회피 모색	② 타 해외 조직의 운영 경험을 살려 업무 효율성 벤치마킹
위협(Threat)	③ 다양한 유통채널을 통하여 경쟁체제 우회 극복	④ 해외 진출 경험으로 축적된 우수 인력 투입으로 업무 누수 방지

44 다음 항목들 중 비판적 사고를 개발하기 위한 태도로 적절한 것들로 짝지어진 것은?

- 브레인스토밍
- 결단성
- 비교 발상법
- 지적 호기심
- 생각하는 습관
- 타인에 대한 이해
- 다른 관점에 대한 존중

① 결단성, 지적 호기심, 다른 관점에 대한 존중
② 생각하는 습관, 타인에 대한 이해, 다른 관점에 대한 존중
③ 비교 발상법, 지적 호기심, 생각하는 습관
④ 브레인스토밍, 지적 호기심, 타인에 대한 이해

45 다음 글에서 엿볼 수 있는 문제의 유형과 사고력의 유형이 알맞게 짝지어진 것은?

대한상사는 가전제품을 수출하는 기업이다. 주요 거래처가 미주와 유럽에 있다 보니 대한상사는 늘 환율 변동에 대한 리스크를 안고 있다. 최근 북한과 중동의 급변하는 정세 때문에 연일 환율이 요동치고 있어 대한상사는 도저히 향후 손익 계획을 가름해 볼 수 없는 상황이다. 이에 따라 가격 오퍼 시 고정 환율을 적용하거나 현지에 생산 공장을 설립하는 문제를 심각하게 검토하고 있다.

	문제의 유형	사고력 유형
①	탐색형 문제	논리적 사고
②	설정형 문제	논리적 사고
③	탐색형 문제	비판적 사고
④	설정형 문제	창의적 사고

46 한국전자는 영업팀 6명의 직원(A~F)과 관리팀 4명의 직원(갑~정)이 매일 각 팀당 1명씩 총 2명이 당직 근무를 선다. 2일 날 A와 갑 직원이 당직 근무를 서고 팀별 순서(A~F, 갑~정)대로 돌아가며 근무를 선다면, E와 병이 함께 근무를 서는 날은 언제인가? (단, 근무를 서지 않는 날은 없다고 가정한다)

① 10일   ② 11일

③ 12일   ④ 13일

47 8층에서 엘리베이터를 타게 된 갑, 을, 병, 정, 무 5명은 5층부터 내리기 시작하여 마지막 다섯 번째 사람이 1층에서 내리게 되었다. 다음 〈조건〉을 만족할 때, 1층에서 내린 사람은 누구인가?

〈조건〉
- 2명이 함께 내린 층은 4층이며, 나머지는 모두 1명씩만 내렸다.
- 을이 내리기 직전 층에서는 아무도 내리지 않았다.
- 무는 정의 바로 다음 층에서 내렸다.
- 갑과 을은 1층에서 내리지 않았다.

① 갑   ② 을

③ 병   ④ 정

48 다음 조건을 바탕으로 을순이의 사무실과 어제 갔던 식당이 위치한 곳을 올바르게 짝지은 것은?

- 갑동, 을순, 병호는 각각 10동, 11동, 12동 중 한 곳에 사무실이 있으며 서로 같은 동에 사무실이 있지 않다.
- 이들 세 명은 어제 각각 자신의 사무실이 있는 건물이 아닌 다른 동에 있는 식당에 갔었으며, 서로 같은 동의 식당에 가지 않았다.
- 병호는 12동에서 근무하며, 갑동이와 을순이는 어제 11동 식당에 가지 않았다.
- 을순이는 병호가 어제 갔던 식당이 있는 동에서 근무한다.

	사무실	식당
①	11동	10동
②	10동	11동
③	12동	12동
④	11동	12동

┃49~50┃ 다음 전기요금 계산 안내문을 보고 이어지는 물음에 답하시오.

○ 주택용 전력(저압)

기본요금(원/호)		전력량 요금(원/kWh)	
200kWh 이하 사용	900	처음 200kWh까지	90
201~400kWh 사용	1,800	다음 200kWh까지	180
400kWh 초과 사용	7,200	400kWh 초과	279

1) 주거용 고객, 계약전력 3kWh 이하의 고객
2) 필수사용량 보장공제 : 200kWh 이하 사용 시 월 4,000원 한도 감액(감액 후 최저요금 1,000원)
3) 슈퍼유저요금 : 동하계(7~8월, 12~2월) 1,000kWh 초과 전력량 요금은 720원/kWh 적용

○ 주택용 전력(고압)

기본요금(원/호)		전력량 요금(원/kWh)	
200kWh 이하 사용	720	처음 200kWh까지	72
201~400kWh 사용	1,260	다음 200kWh까지	153
400kWh 초과 사용	6,300	400kWh 초과	216

1) 주택용 전력(저압)에 해당되지 않는 주택용 전력 고객
2) 필수사용량 보장공제 : 200kWh 이하 사용 시 월 2,500원 한도 감액(감액 후 최저요금 1,000원)
3) 슈퍼유저요금 : 동하계(7~8월, 12~2월) 1,000kWh 초과 전력량 요금은 576원/kWh 적용

49 다음 두 전기 사용자인 갑과 을의 전기요금 합산 금액으로 올바른 것은?

갑 : 주택용 전력 저압 300kWh 사용
을 : 주택용 전력 고압 300kWh 사용

① 68,600원
② 68,660원
③ 68,700원
④ 68,760원

50 위의 전기요금 계산 안내문에 대한 설명으로 올바르지 않은 것은?

① 주택용 전력은 고압 요금이 저압 요금보다 더 저렴하다.
② 동계와 하계에 1,000kWh가 넘는 전력을 사용하면 기본요금과 전력량 요금이 모두 2배 이상 증가한다.
③ 저압 요금 사용자가 전기를 3kWh만 사용할 경우의 전기요금은 1,000원이다.
④ 가전기기의 소비전력을 알 경우, 전기요금 절감을 위해 전기 사용량을 200kWh 단위로 나누어 관리할 수 있다.

51 다음 글의 내용이 참일 때 반드시 참인 것만을 〈보기〉에서 모두 고르면?

  A 부서에서는 새로운 프로젝트를 진행할 예정이다. A 부서는 남자 사원 경호, 수호, 민호, 영호 4명과 여자 사원 경지, 수지, 민지 3명으로 구성되어 있다.

아래의 조건을 지키면서 이들 가운데 4명을 뽑아 새로운 프로젝트의 전담팀을 꾸리고자 한다.

- 남자 사원 가운데 적어도 한 사람은 뽑아야 한다.
- 여자 사원 가운데 적어도 한 사람은 뽑지 말아야 한다.
- 경호, 수호 중 적어도 한 사람을 뽑으면 영호와 민지도 뽑아야 한다.
- 민호를 뽑으면, 경지와 수지는 뽑지 말아야 한다.
- 민지를 뽑으면, 경지도 뽑아야 한다.

〈보기〉

㉠ 남녀 동수로 팀이 구성된다.
㉡ 민호와 수지 둘 다 팀에 포함되지 않는다.
㉢ 영호와 경지 둘 다 팀에 포함된다.

---

① ㉠

② ㉠, ㉡

① ㉡

③ ㉠, ㉡, ㉢

52 다음 글의 내용이 모두 참일 때 반드시 참인 것만을 〈보기〉에서 모두 고르면?

신생벤처기업 지원투자 사업이나 벤처기업 입주지원 사업이 10월에 진행된다면 벤처기업 대표자 간담회도 10월에 열려야 한다. 그런데 창업지원센터가 10월에 간담회 장소로 대관되지 않을 경우 벤처기업 입주지원 사업이 10월에 진행된다. 만일 대관된다면 벤처기업 입주지원 사업은 11월로 연기된다. 또한 기존 중소기업 지원 사업이 10월에 진행된다면 벤처기업 대표자 간담회는 11월로 연기된다. 벤처기업 대표자 간담회가 10월에 열릴 경우 창업지원센터는 간담회 장소로 대관된다. 벤처기업 대표자 간담회 외의 일로 창업지원센터가 대관되는 일은 없다. 이러한 상황에서 신생벤처기업 지원투자 사업과 기존 중소기업 지원 사업 중 한 개의 사업만이 10월에 진행된다는 것이 밝혀졌다.

〈보기〉
㉠ 벤처기업 입주지원 사업은 10월에 진행되지 않는다.
㉡ 벤처기업 대표자 간담회는 10월에 진행되지 않는다.
㉢ 신생벤처기업지원투자 사업은 10월에 진행되지 않는다.

① ㉠

② ㉡

③ ㉠, ㉡

④ ㉠, ㉢

53 사과, 배, 딸기, 오렌지, 귤 등 다섯 가지 상품만을 파는 과일가게가 있다. 가게 주인은 다음과 같은 조건을 걸고 이를 만족하는 손님에게만 물건을 팔았는데, 한 손님이 이 조건을 만족해 물건을 구입해 갔다. 이 손님이 구입한 상품으로 가능한 것은?

- 오렌지와 귤 중 한 가지를 반드시 사야 한다.
- 배와 딸기 중에서는 한 가지밖에 살 수 없다.
- 딸기와 오렌지를 사려면 둘 다 사야 한다.
- 귤을 사려면 사과와 오렌지도 반드시 사야 한다.

① 오렌지, 귤

② 배, 딸기

③ 딸기, 오렌지

④ 사과, 딸기, 귤

54 다음 글과 〈대회 종료 후 대화〉를 근거로 판단할 때, 비긴 볼링 게임의 총 수는?

다섯 명의 선수(A~E)가 볼링 게임 대회에 참가했다. 각 선수는 대회에 참가한 다른 모든 선수들과 1:1로 한 번씩 볼링 게임을 했다. 각 게임의 승자는 점수 2점을 받고, 비긴 선수는 점수 1점을 받고, 패자는 점수를 받지 못한다.

이 볼링 게임 대회에서 각 선수가 얻은 점수의 총합이 큰 순으로 매긴 순위는 A, B, C, D, E 순이고 동점은 존재하지 않는다.

〈대회 종료 후 대화〉

B : 난 한 게임도 안 진 유일한 사람이야.
E : 난 한 게임도 못 이긴 유일한 사람이야.

① 2번　　　　　　　　　　② 3번
③ 4번　　　　　　　　　　④ 5번

55 다음을 근거로 판단할 때, 도형의 모양을 옳게 짝지은 것은?

5명의 학생은 5개 도형 A~E의 모양을 맞히는 게임을 하고 있다. 5개의 도형은 모두 서로 다른 모양을 가지며 각각 삼각형, 사각형, 오각형, 육각형, 원 중 하나의 모양으로 이루어진다. 학생들에게 아주 짧은 시간 동안 5개의 도형을 보여준 후 도형의 모양을 2개씩 진술하게 하였다. 학생들이 진술한 도형의 모양은 다음과 같고, 모두 하나씩만 정확하게 맞혔다.

〈진술〉

甲 : C = 삼각형, D = 사각형
乙 : B = 오각형, E = 사각형
丙 : C = 원,　　 D = 오각형
丁 : A = 육각형, E = 사각형
戊 : A = 육각형, B = 삼각형

① A = 육각형, D = 사각형
② B = 오각형, C = 삼각형
③ A = 삼각형, E = 사각형
④ C = 오각형, D = 원

56 다음 글을 근거로 판단할 때, 참을 말하고 있는 사람은?

음악동아리 5명의 학생 각각은 미술동아리 학생들과 30회씩 가위바위보 게임을 했다. 각 게임에서 이길 경우 5점, 비길 경우 1점, 질 경우 −1점을 받는다. 게임이 모두 끝나자 A동아리 5명의 학생들은 자신이 얻은 합산 점수를 다음과 같이 말했다.

甲 : 내 점수는 148점이야.

乙 : 내 점수는 145점이야.

丙 : 내 점수는 143점이야.

丁 : 내 점수는 140점이야.

戊 : 내 점수는 139점이야.

① 甲
② 乙
③ 丙
④ 丁

57 다음을 근거로 판단할 때, 36개의 로봇 중 가장 빠른 로봇 1, 2위를 선발하기 위해 필요한 최소 경기 수는?

- 전국 로봇달리기 대회에 36개의 로봇이 참가한다.
- 경주 레인은 총 6개이고, 경기당 각 레인에 하나의 로봇만 배정할 수 있으나, 한 경기에 모든 레인을 사용할 필요는 없다.
- 배정된 레인 내에서 결승점을 먼저 통과하는 순서대로 순위를 정한다.
- 속력과 시간의 측정은 불가능하고, 오직 경기 결과에 의해서만 순위를 결정한다.
- 로봇별 속력은 모두 다르고 각 로봇의 속력은 항상 일정하다.
- 로봇의 고장과 같은 다른 요인은 경기 결과에 영향을 미치지 않는다.

① 7
② 8
③ 9
④ 10

58 다음 〈조건〉과 〈정보〉를 근거로 판단할 때, 곶감의 위치와 착한 호랑이, 나쁜 호랑이의 조합으로 가능한 것은?

〈조건〉

- 착한 호랑이는 2마리이고, 나쁜 호랑이는 3마리로 총 5마리의 호랑이(甲~戊)가 있다.
- 착한 호랑이는 참말만 하고, 나쁜 호랑이는 거짓말만 한다.
- 곶감은 꿀단지, 아궁이, 소쿠리 중 한 곳에만 있다.

〈정보〉

甲 : 곶감은 아궁이에 있지.
乙 : 여기서 나만 곶감의 위치를 알아.
丙 : 甲은 나쁜 호랑이야.
丁 : 나는 곶감이 어디 있는지 알지.
戊 : 곶감은 꿀단지에 있어.

	곶감의 위치	착한 호랑이	나쁜 호랑이
①	꿀단지	戊	丙
②	소쿠리	丁	乙
③	소쿠리	乙	丙
④	아궁이	丙	戊

| 59~60 | ○○보증기금에서 근무하는 박 차장은 보증서를 발급하면서 고객의 보증료를 산출하고 있다. 보증료 산출에 관한 주요 규정이 다음과 같을 때, 물음에 답하시오.

■ 보증료 계산 : 보증금액 × 보증료율 × 보증기간/365
　－계산은 십원단위로 하고 10원 미만 단수는 버림
■ 기준보증료율 기술사업평가등급에 따라 다음과 같이 적용한다.

등급	적용요율	등급	적용요율	등급	적용요율
AAA	0.8%	BBB	1.4%	CCC	1.7%
AA	1.0%	BB	1.5%	CC	1.8%
A	1.2%	B	1.6%	C	2.2%

■ 아래에 해당되는 경우 기준보증료율에서 해당 감면율을 감면할 수 있다.

가산사유	가산요율
1. 벤처·이노비즈기업	−0.2%p
2. 장애인기업	−0.3%p
3. 국가유공자기업	−0.3%p
4. 지방기술유망기업	−0.3%p
5. 지역주력산업 영위기업	−0.1%p

※ 감면은 항목은 중복해서 적용할 수 없으며, 감면율이 가장 큰 항목을 우선 적용한다.
※ 사고기업(사고유보기업 포함)에 대해서는 보증료율의 감면을 적용하지 아니한다.
■ 아래에 해당되는 경우 산출된 보증료율에 해당 가산율을 가산한다.

가산사유	가산요율
1. 고액보증기업	
가. 보증금액이 15억원 초과 30억원 이하 기업	+0.1%p
나. 보증금액이 30억원 초과 기업	+0.2%p
2. 장기이용기업	
가. 보증이용기간이 5년 초과 10년 이하 기업	+0.1%p
나. 보증이용기간이 10년 초과 15년 이하 기업	+0.2%p
다. 보증이용기간이 15년 초과 기업	+0.3%p

※ 가산사유가 중복되는 경우에는 사유별 가산율을 모두 적용한다.
※ 경영개선지원기업으로 확정된 기업에 대해서는 가산요율을 적용하지 않는다.
■ 감면사유와 가산사유에 모두 해당되는 경우 감면사유를 먼저 적용한 후 가산사유를 적용한다.

59 ㈜서원의 회계과장인 이 과장은 보증서 발급에 앞서 보증료가 얼마나 산출되었는지 박 차장에게 다음과 같이 이메일로 문의하였다. 문의에 따라 보증료를 계산한다면 ㈜서원의 보증료는 얼마인가?

안녕하세요, 박 차장님.

㈜서원의 회계과장인 이ㅁㅁ입니다. 대표님께서 오늘 보증서(보증금액 5억원, 보증기간 365일)를 발급받으러 가시는데, 보증료가 얼마나 산출되었는지 궁금하여 문의드립니다.

저희 회사의 기술사업평가등급은 BBB등급이고, 지방기술사업을 영위하고 있으며 작년에 벤처기업 인증을 받았습니다. 다른 특이사항은 없습니다.

① 4,000천원

② 4,500천원

③ 5,500천원

④ 5,500천원

60 박 차장은 아래 자료들을 토대로 갑, 을, 병 3개 회사의 보증료를 산출하였다. 보증료가 높은 순서대로 정렬한 것은?

구분	기술사업 평가등급	특이사항	보증금액(신규)	보증기간
갑	BBB	• 국가유공자기업 • 지역주력산업영위기업 • 신규보증금액 포함한 총보증금액 100억원 • 보증이용기간 7년	10억원	365일
을	BB	• 벤처기업 • 이노비즈기업 • 보증이용기간 20년 • 경영개선지원기업	10억원	365일
병	BB	• 장애인기업 • 이노비즈기업 • 보증이용기간 1년	10억원	365일

① 갑 - 을 - 병

② 갑 - 병 - 을

③ 을 - 갑 - 병

④ 을 - 병 - 갑

61 노인장기요양보험법에서 정의하는 '노인등'에 대한 설명으로 알맞은 것은?

① 61세 이상의 노인 또는 61세 미만의 자로서 치매·뇌혈관성질환 등 대통령령으로 정하는 노인성 질병을 가진 자

② 63세 이상의 노인 또는 63세 미만의 자로서 치매·뇌혈관성질환 등 대통령령으로 정하는 노인성 질병을 가진 자

③ 65세 이상의 노인 또는 65세 미만의 자로서 치매·뇌혈관성질환 등 대통령령으로 정하는 노인성 질병을 가진 자

④ 65세 미만의 노인 또는 65세 이상의 자로서 치매·뇌혈관성질환 등 대통령령으로 정하는 노인성 질병을 가진 자

62 다음 중 장기요양보험료의 전부 또는 일부를 감면받을 수 있는 자는?

① 독거노인

② 한부모가족

③ 장애인

④ 긴급생계지원대상자

63 장기요양인정 신청의 조사를 위하여 담당직원이 신청인에게 미리 통보하여야 할 사항으로 옳지 않은 것은?

① 조사일시

② 조사장소

③ 조사를 담당하는 자의 인적사항

④ 장기요양급여의 종류 및 내용

64 노인장기요양보험법상 등급판정 등에 관한 설명으로 옳지 않은 것은?

① 공단은 조사가 완료된 때 조사결과서, 신청서, 의사소견서, 그 밖에 심의에 필요한 자료를 등급판정위원회에 제출하여야 한다.

② 등급판정위원회는 신청인이 신청자격요건을 충족하고 6개월 이상 동안 혼자서 일상생활을 수행하기 어렵다고 인정하는 경우 심신상태 및 장기요양이 필요한 정도 등 대통령령으로 정하는 등급판정기준에 따라 수급자로 판정한다.

③ 등급판정위원회는 제출된 조사 결과를 토대로 다시 등급판정을 할 수 없다.

④ 공단은 장기요양급여를 받고 있거나 받을 수 있는 자가 거짓이나 그 밖의 부정한 방법으로 장기요양인정을 받은 경우라고 의심되는 경우에는 조사하여 그 결과를 등급판정위원회에 제출하여야 한다.

65 장기요양급여를 받고 있는 수급자가 공단에 변경신청을 할 수 있는 사항이 아닌 것은?

① 장기요양등급

② 장기요양급여의 종류

③ 장기요양급여의 내용

④ 장기요양인정의 기간

66 다음에서 설명하는 것은 무엇인가?

> 수급자의 일상생활·신체활동 지원 및 인지기능의 유지·향상에 필요한 용구를 제공하거나 가정을 방문하여 재활에 관한 지원 등을 제공하는 장기요양급여로서 대통령령으로 정하는 것

① 특별현금급여

② 시설급여

③ 재가급여

④ 기타재가급여

67 장기요양기관의 장은 장기요양요원이 요청하는 경우 업무 전환 등 적절한 보호조치를 취할 수 있다. 다음 중 「노인장기요양보험법」에서 규정하고 있는 보호조치를 취하여야 하는 경우에 해당하지 않는 것은?

① 수급자 및 그 가족이 장기요양요원에게 폭언을 하는 경우

② 수급자 및 그 가족이 장기요양요원에게 급여외행위의 제공을 요구하는 경우

③ 수급자 및 그 가족이 장기요양요원에게 성희롱 행위를 하는 경우

④ 수급자 및 그 가족이 장기요양요원에게 시설수리를 요구하는 경우

68 다음은 과징금의 부과 규정이다. ( ) 안에 들어갈 알맞은 것은?

> 특별자치시장·특별자치도지사·시장·군수·구청장은 거짓이나 그 밖의 부정한 방법으로 재가 및 시설 급여비용을 청구한 경우에 해당하는 행위를 이유로 업무정지명령을 하여야 하는 경우로서 그 업무 정지가 해당 장기요양기관을 이용하는 수급자에게 심한 불편을 줄 우려가 있는 등 보건복지부장관이 정하는 특별한 사유가 있다고 인정되는 경우에는 업무정지명령을 갈음하여 거짓이나 그 밖의 부정한 방법으로 청구한 금액의 (   ) 이하의 금액을 과징금으로 부과할 수 있다.

① 2배

③ 5배

② 3배

④ 10배

69 수급자가 장기요양급여를 쉽게 선택하도록 하고 장기요양기관이 제공하는 급여의 질을 보장하기 위하여 장기요양기관이 공단 인터넷 홈페이지에 게시하여야 하는 내용이 아닌 것은?

① 장기요양기관별 급여의 내용

② 장기요양기관별 시설 현황자료

③ 장기요양기관별 인력 현황자료

④ 장기요양기관별 자본 현황자료

70 다음에서 설명하는 것은 무엇인가?

> • 공단은 제3자의 행위로 인한 장기요양급여의 제공사유가 발생하여 수급자에게 장기요양급여를 행한 때 그 급여에 사용된 비용의 한도 안에서 그 제3자에 대한 손해배상의 권리를 얻는다.
> • 공단은 장기요양급여를 받은 자가 제3자로부터 이미 손해배상을 받은 때 그 손해배상액의 한도 안에서 장기요양급여를 행하지 아니한다.

① 연대권   ② 구상권
③ 보증권   ④ 수급권

71 장기요양급여의 관리 및 평가 규정에 대한 설명으로 옳지 않은 것은?

① 공단은 장기요양기관이 제공하는 장기요양급여 내용을 지속적으로 관리 · 평가하여 장기요양급여의 수준이 향상되도록 노력하여야 한다.
② 공단은 장기요양기관이 장기요양급여의 제공 기준 · 절차 · 방법 등에 따라 적정하게 장기요양급여를 제공하였는지 평가를 실시하고 그 결과를 공단의 홈페이지 등에 공표하는 등 필요한 조치를 할 수 있다.
③ 장기요양급여 제공 내용의 평가 방법 및 평가 결과의 공표 방법, 그 밖에 필요한 사항은 보건복지부령으로 정한다.
④ 공단은 장기요양보험가입자 및 그 피부양자와 의료급여수급권자의 자격을 관리 · 평가하여 공단의 홈페이지 등에 공표하여야 한다.

72 다음 중 국가 및 지방자치단체가 전액 부담하여야 하는 비용으로 옳지 않은 것은?

① 의료급여수급권자의 장기요양급여비용 중 공단이 부담하여야 할 비용
② 의사소견서 발급비용 중 공단이 부담하여야 할 비용
③ 관리운영비 중 공단이 부담하여야 할 비용
④ 방문간호지시서 발급비용 중 공단이 부담하여야 할 비용

73 보건복지부장관의 명령으로 관계인 및 관계기관에 질문 및 검사를 하여야 하는 소속 공무원이 관계인에게 내보여야 하는 증표 및 서류의 내용으로 볼 수 없는 것은?

① 그 권한을 표시하는 증표

② 조사기간

③ 조사범위

④ 조사기관

74 노인장기요양보험법에 따른 벌칙 규정에서 그 처분 내용이 다른 하나는?

① 거짓이나 그 밖의 부정한 방법으로 장기요양기관을 지정받은 자

② 업무수행 중 알게 된 비밀을 누설한 자

③ 거짓이나 그 밖의 부정한 방법으로 다른 사람으로 하여금 장기요양급여를 받게 한 자

④ 지정받지 아니하고 장기요양기관을 운영한 자

75 노인장기요양사업의 실태파악을 위해 실시하는 조사 항목으로 보기 어려운 것은?

① 장기요양인정에 관한 사항

② 장기요양등급판정위원회의 판정에 따라 장기요양급여를 받을 사람의 규모

③ 장기요양등급판정위원회의 규모에 관한 사항

④ 장기요양요원의 근로조건

76 노인장기요양보험법상 공단 또는 조사를 의뢰받은 특별자치시·특별자치도·시·군·구는 장기요양인 정 신청의 조사를 완료한 때에는 무엇을 작성하여야 하는가?

① 조사신청서

② 조사결과서

③ 조사일지서

④ 조사의뢰서

77 국민건강보험공단은 장기요양급여를 받고 있거나 받을 수 있는 자가 고의로 사고를 발생하도록 하거나 본인의 위법행위에 기인하여 장기요양인정을 받은 경우로 의심되는 경우 장기요양인정 관련 조사를 한 후 그 결과를 누구에게 제출하여야 하는가?

① 보건복지부장관

② 시·도지사

③ 등급판정위원회

④ 구청장

78 장기요양기관의 지정절차 및 그 밖에 필요한 사항을 정하는 기준은 무엇인가?

① 대통령령

② 국무총리령

③ 보건복지부령

④ 행정안전부령

79 장기요양기관의 장이 폐업하거나 휴업하려는 경우 또는 장기요양기관의 지정 갱신을 하지 아니하려는 경우 보건복지부령으로 정하는 바에 따라 수급자의 권익을 보호하기 위하여 취해야 할 조치에 해당하지 않는 것은?

① 해당 장기요양기관을 이용하는 수급자가 다른 장기요양기관을 선택하여 이용할 수 있도록 계획을 수립하고 이행하는 조치

② 해당 장기요양기관에서 수급자가 부담한 비용 중 정산하여야 할 비용이 있는 경우 이를 정산하는 조치

③ 수급자의 권익 보호를 위하여 필요하다고 인정되는 보건복지부령으로 정하는 조치

④ 해당 장기요양기관에서 수급자가 장기요양요원에게 급여외행위의 제공을 요구하였는지 파악하는 조치

80 장기요양기관의 지정 취소 또는 6개월 범위의 업무정지행위를 이유로 한 행정제재처분의 효과는 그 처분을 한 날부터 얼마간 양수인 및 법인 등에게 승계되는가?

① 6개월
② 12개월
③ 3년
④ 5년

Chapter 01   제01회 정답 및 해설

Chapter 02   제02회 정답 및 해설

Chapter 03   제03회 정답 및 해설

Chapter 04   제04회 정답 및 해설

Chapter 05   제05회 정답 및 해설

정답 및 해설

1	2	3	4	5	6	7	8	9	10	11	12	13	14	15	16	17	18	19	20
①	④	②	④	④	④	②	③	②	④	②	②	①	②	④	③	③	②	②	②
21	22	23	24	25	26	27	28	29	30	31	32	33	34	35	36	37	38	39	40
③	④	④	①	①	②	④	②	②	④	②	③	②	①	③	①	①	③	④	③
41	42	43	44	45	46	47	48	49	50	51	52	53	54	55	56	57	58	59	60
④	③	②	④	④	②	③	①	③	③	①	④	②	④	④	①	③	①	③	③
61	62	63	64	65	66	67	68	69	70	71	72	73	74	75	76	77	78	79	80
②	④	②	④	③	③	②	②	①	④	④	②	①	②	①	④	④	③	③	④

직업기초능력평가

1. ①

공문서는 시행일자 뒤에 수신처에서 문서를 보존할 기간을 기입해야 하지만 행정기관이 아닌 경우에는 기재를 하지 않아도 된다. 참고로 보존기간의 표시로는 영구, 준영구, 10년, 5년, 3년, 1년 등을 사용한다.

2. ④

④ 제주도의 60개 하천은 지방하천이라고 명시되어 있으므로 국토교통부 장관이 아닌, 시·도지사가 그 명칭과 구간을 지정하게 된다.

① 소하천이 아닌 국가하천과 지방하천은 하천법의 적용을 받는다.

② 지방의 공공이해와 밀접한 관계가 있는 하천은 지방하천으로 분류되어 시·도지사가 그 명칭과 구간을 지정하게 된다.

③ 국토보전, 국민경제, 지방의 공공이익 등이 국가하천과 지방하천의 구분 기준이 된다.

3. ②

밑줄 친 ㉠에서 '지다'는 '책임이나 의무를 맡다'라는 의미이다.

① 신세나 은혜를 입다.

③ 무엇을 뒤쪽에 두다.

④ 물건을 짊어서 등에 얹다.

4. ④

④ 허드래는 허드레의 잘못된 표기이므로 허드렛일로 고쳐야 한다.

5. ④

토론의 주제는 찬성과 반대로 뚜렷하게 나뉘어질 수 있는 것이 좋다. 위 토론의 주제는 찬성(전교생을 대상으로 무료급식을 시행해야 한다.)과 반대(전교생을 대상으로 무료급식을 시행해서는 안 된다.)로 분명하게 나뉘어지므로 옳은 주제라 할 수 있다.

6. ④

④ 자극의 특정 대상이나 속성에 대해서만 주의를 기울이고 정보를 처리하는 것이 선택적 지각이다. 가족이 모두 모이는 저녁 시간에 광고를 집중 편성하는 것은 이와 관련이 없다.

7. ②

담배가 인체에 미치는 해악을 보여 주는 광고는 흡연자 입장에서는 거부하고자 하는 자극으로 받아들여지기 때문에 광고를 보지 않으려 한다. 이는 거부해야 할 자극을 선별하는 지각적 방어의 예로 볼 수 있다.

8. ③

① 건강보험공단에서 지원하는 제도이다.
② 임신지원금은 임신 1회당 일태아 100만원이나 다태아 임신 시에는 140만원이 지급된다.
④ 사용기간은 이용권 발급일 후부터 분만 예정인, 출산(유산 · 사산)일부터 2년까지이다.

9. ②

② 늙지[늘찌] → 늙지[늑찌]

10. ④

ⓒ '우리 동아리 회장이 진정으로 뛰어난 리더였다면, 단원들의 의견도 존중해서 자발적으로 동참하도록 만들었을 거야.'라고 말하는 부분에서 알 수 있다.
ⓔ '그것은 합창반 반장이 처음부터 합리적으로 계획을 세우지 못했기 때문이야. 좋은 성과를 얻기 위해서는 계획을 잘 세워야 해.'라고 말하는 부분에서 알 수 있다.

11. ②

합창반의 사례를 들어 '좋은 성과를 위해서는 어느 정도의 희생은 불가피하다고 생각한다'는 자신의 주장을 내세우고 있다.

12. ②

㉠ 품의서(稟議書) : 어떠한 일의 집행을 시행하기에 앞서 결재권자에게 특정한 사안을 승인해 줄 것을 요청하는 문서이다. 일반적으로 문서번호, 결재란, 품의부서, 협조부서, 처리기간, 문서제목, 품의내용 등으로 구성된다.
㉡ 단위(單位) : 길이, 무게, 수효, 시간 따위의 수량을 수치로 나타낼 때 기초가 되는 일정한 기준을 뜻한다.
㉢ 단가(單價) : 물건 한 단위(單位)의 가격을 뜻한다.

13. ①

① '취업 전략'이라는 말을 자주 접하다 보면, 이 말에 영향을 받아 '취업(就業)'을 '전쟁(戰爭)'으로 생각하게 된다는 것이다.
'전략(戰略)'이라는 말이, 그 말을 자주 접하는 사람들의 상상력을 그런 방향으로 유도한 것이다.

14. ②

수립(樹立) : 국가나 정부, 제도, 계획 따위를 이룩하여 세움.

적립(積立) : 모아서 쌓아 둠.

확립(確立) : 체계나 견해, 조직 따위가 굳게 섬. 또는 그렇게 함.

15. ④

의사소통은 내가 상대방에게 메시지를 전달하는 과정이 아니라 상대방과의 상호작용을 통해 메시지를 다루는 과정이다. 우리가 남들에게 일방적으로 언어 혹은 문서를 통해 의사를 전달하는 것은 엄격한 의미에서 말하는 것이지 의사소통이라고 할 수 없다. 의사소통이란 다른 이해와 의미를 가지고 있는 사람들이 공통적으로 공유할 수 있는 의미와 이해를 만들어 내기 위해 서로 언어 또는 문서, 그리고 비언어적인 수단을 통해 상호 노력하는 과정이기 때문에 일방적인 말하기가 아니라 의사소통이 되기 위해서는 의사소통의 정확한 목적을 알고, 의견을 나누는 자세가 필요하다.

16. ③

가장 먼저 해야 할 일은 비서실에 연락하여 회의 자료를 받는 일이다.

17. ③

바닷가재 요리를 이미 주문하였으므로 그 비용은 매몰된 상태이고 기회비용에 포함되지 않으므로 음식을 남기거나 억지로 다 먹는다고 하여 달라질 것은 없다 때문에 건강을 생각해서 남기고 그냥 나오는 것이 A의 선택이 된다.

18. ②

① 위의 행동강령은 공단이 설치·운영하는 의료시설 및 장기요양기관에서 근무하는 직원을 제외한, 국민건강보험공단의 모든 임직원에게 적용된다.

③ 윤리위원회는 위의 행동강령의 운영에 관한 것과 관련된 주요 사항을 심의·의결한다.

④ 임직원들은 청렴서약서를 행동강령책임관에게 제출한다.

19. ②

최선(最善) : 가장 좋고 훌륭함, 또는 그런 일, 온 정성과 힘

차선(次善) : 최선의 다음

20. ②

(개)(내) 판매모델(물건)은 존대의 대상이 아니다.

(대) '주시다'와 '드리다'는 모두 존대의 표현이지만 문제의 상황에서 고객을 높이기 위해서는 '드리다'를 사용해야 한다.

21. ③

$5 \times 3 + 6 = 21$, $6 \times 3 + 7 = 25$를 통해

$\rightarrow$ ㉢ $=$ ㉠ $\times 3 +$ ㉡의 규칙을 알 수 있다.

그러므로 $7 \times 3 + 8 = 29$가 된다.

22. ④

하루에 A가 하는 일의 양은 $\dfrac{1}{6}$, 하루에 B가 하는 일의 양은 $\dfrac{1}{12}$

B는 처음부터 8일 동안 계속해서 일을 하였으므로 B가 한 일의 양은 $\dfrac{1}{12} \times 8$

(일의 양) $-$ (B가 한 일의 양) $=$ (A가 한 일의 양)

$1 - \dfrac{8}{12} = \dfrac{4}{12}$

A가 일을 하는데 걸린 시간은 $\dfrac{4}{12} \div \dfrac{1}{6} = 2$(일)

작업기간 $-$ A가 일한 기간 $=$ A가 쉬었던 날이므로 $8 - 2 = 6$(일)

23. ④

한 변의 길이를 x라고 하면 $(1 - 0.2)x = 0.8x$,

$(1 - 0.5)x = 0.5x$, $(1 - 0.8)x = 0.2x$의 길이를 갖는다. 부피는 가로 $\times$ 세로 $\times$ 높이이므로

$0.8x \times 0.5x \times 0.2x = 0.08x^3$이다. 원래의 x^3인 부피에서 0.92가 줄어들었다. 즉, 92%가 감소하였다.

24. ①

① 피자 2개, 아이스크림 2개, 도넛 1개를 살 경우, 행사 적용에 의해 피자 2개, 아이스크림 3개, 도넛 1개, 콜라 1개를 사는 효과가 있다. 따라서 총 칼로리는 $(600 \times 2) + (350 \times 3) + 250 + 150 = 2,650$kcal이다.

② 돈가스 2개(8,000원), 피자 1개(2,500원), 콜라 1개(500원)의 조합은 예산 10,000원을 초과한다.

③ 아이스크림 2개, 도넛 6개를 살 경우, 행사 적용에 의해 아이스크림 3개, 도넛 6개를 구입하는 효과가 있다. 따라서 총 칼로리는 $(350 \times 3) + (250 \times 6) = 2,550$kcal이다.

④ 돈가스 2개, 도넛 2개를 살 경우, 행사 적용에 의해 돈가스 3개, 도넛 2개를 구입하는 효과가 있다. 따라서 총 칼로리는 $(650 \times 3) + (250 \times 2) = 2,450$kcal이다.

25. ①

㉠ 한국 $2,015 - 3,232 = -1,217$,

중국 $5,954 - 9,172 = -3,218$,

일본 $2,089 - 4,760 = -2,671$

모두 적자이다.

㉡ 소비재는 50% 이상 증가하지 않았다.

	원자재	소비재	자본재
2018	2,015	138	3,444
2015	578	117	1,028

㉢ 자본재 수출경쟁력을 구하면 한국이 일본보다 높다.

한국 $= \dfrac{3,444 - 1,549}{3,444 + 1,549} = 0.38$

일본 $= \dfrac{4,541 - 2,209}{4,541 + 2,209} = 0.34$

26. ②

② 생산가능인구 수가 해마다 증가하고, 고령생산가능인구비중도 증가하고 있으므로 고령생산가능인구 수가 해마다 증가한다는 것을 알 수 있다.

① 실업률은 실업자가 경제활동인구에서 차지하는 비율을 말하는 것이므로, 실업률이 같다고 해도 경제활동인구 수에 따라 실업자 수가 달라진다.

③ 고령자실업률의 경우에는 2018년에는 동일했고, 2019년에는 오히려 감소했다.

④ 경제활동참가율이 경제활동인구/생산가능인구를 나타내므로 고령자경제활동인구/고령생산가능인구는 고령자경제활동참가율을 나타낸다고 볼 수 있다.

27. ④

$0.164 \times 35,951$천 명 $= 5,895,964$명

28. ②

0.602×36,107천 명=21,736,414명

29. ②

① 맞벌이 부부가 공평하게 가사 분담하는 비율이 부인이 주로 가사 담당하는 비율보다 낮다.

③ 60~64세의 부부 중 비맞벌이가 대부분인지는 알 수 없다.

④ 대체로 부인이 가사를 주도하는 경우가 가장 높은 비율을 차지하고 있다.

30. ④

표에서는 비중만 제시되어 있으므로 ①의 출생아 수와 ③의 여성의 수는 파악할 수 없다.

② 5명 이상을 출산한 여성은 37.4%에 불과하다.

④ 3명 이상 출산 여성은 전체의 34.2%로 22%의 1명 이하 출산 여성보다 많다.

31. ②

ⓒ 65세 이상 대상자 1인당 전체 대상자수는 2018년이 가장 적다.

ⓔ 2014년, 2017년, 2021년은 그렇지 않다.

32. ③

① 300만원×0.0686 = 205,800

205,800×0.1152 = 23708.16

② 300만원×0.03495 = 104,850원

③ 미림이가 희귀난치성질환자라면 장기요양보험료는

23708.16원×0.7 = 16595.712, 약 16,595원이다.

④ 300만원×0.0686×0.8 = 164,640원

33. ②

① 제시된 자료로는 60대 인구가 스트레스 해소로 목욕·사우나를 하는지 알 수 없다.

③ 60대 인20년에 증가하였고 2021년은 전년과 동일한 비중을 차지하였다.

④ 여가활동을 목욕·사우나로 보내는 비율이 60대 인구의 여가활동 가운데 가장 높다.

34. ①

$$\frac{x}{25\text{만}} \times 100 = 52\%$$

$x = 13$만 명

35. ③

$545 \times (0.43 + 0.1) = 288.85 \to 289$건

36. ①

$244 \times 0.03 = 7.32$건 $\to 7.3$건

37. ①

① 20대 이하 인구가 3개월간 1권 이상 구입한 일반도서량은 2019년과 2021년 전년에 비해 감소했다.

※ 자료 해석에 있어 구별해야 할 용어

　　㉠ 대체로/일반적으로 증가(감소)한다.

　　㉡ 해마다/지속적으로/꾸준히 증가(감소)한다.

　　㉢ 증감이 반복된다/경향성을 예측할 수 없다.

　　㉣ 자료를 통하여 판단하기 어렵다/알 수 없다.

38. ③

③ $242 \div 302 \times 100 = 80.13$

① $215 \div 271 \times 100 = 79.33$

② $57 \div 295 \times 100 = 19.32$

④ 2021년에는 전체교통비가 감소했다.

39. ④

가구 월평균 소비지출 중 교통비가 차지하는 비율이 교통비 지출율이므로 이를 이용해서 2021년 가구 월평균 소비지출을 구할 수 있다.

2021년 가구 월평균 소비지출 $= \dfrac{322,000}{0.125} = 2,576,000$원

40. ③

노후를 부모 스스로 해결해야 한다는 응답률의 감소폭

㉠ 남자 : $2.1(=9.2-7.1)$%포인트

㉡ 여자 : $1.6(=10.0-8.4)$%포인트

41. ④

고객은 많은 문제를 풀어보기를 원하므로 우선적으로 예상문제의 수가 많은 것을 찾아야 한다.

42. ③

고객의 요구인 20,000원 가격선과 예상문제의 수가 많은 도서는 문제완성이 된다.

43. ②

먼저 아래 표를 항목별로 가중치를 부여하여 계산하면,

구분	1/4 분기	2/4 분기	3/4 분기	4/4 분기
유용성	$8 \times \frac{4}{10} = 3.2$	$8 \times \frac{4}{10} = 3.2$	$10 \times \frac{4}{10} = 4.0$	$8 \times \frac{4}{10} = 3.2$
안전성	$8 \times \frac{4}{10} = 3.2$	$6 \times \frac{4}{10} = 2.4$	$8 \times \frac{4}{10} = 3.2$	$8 \times \frac{4}{10} = 3.2$
서비스 만족도	$6 \times \frac{2}{10} = 1.2$	$8 \times \frac{2}{10} = 1.6$	$10 \times \frac{2}{10} = 2.0$	$8 \times \frac{2}{10} = 1.6$
합계	7.6	7.2	9.2	8
성과평가 등급	C	C	A	B
성과급 지급액	80만 원	80만 원	110만 원	90만 원

성과평가 등급이 A이면 직전분기 차감액의 50%를 가산하여 지급한다고 하였으므로, 3/4분기의 성과급은 직전분기 차감액 20만 원의 50%인 10만 원을 가산하여 지급한다.

∴ $80 + 80 + 110 + 90 = 360$(만 원)

44. ④

시간 $= \dfrac{거리}{속도}$ 공식을 이용하여, 먼저 각 경로에서 걸리는 시간을 구한다.

구간	경로	시간			
		출근 시간대		기타 시간대	
A→B	경로 1	$\dfrac{30}{30} = 1.0$	1시간	$\dfrac{30}{45} \fallingdotseq 0.67$	약 40분
	경로 2	$\dfrac{30}{60} = 0.5$	30분	$\dfrac{30}{90} \fallingdotseq 0.33$	약 20분
B→C	경로 3	$\dfrac{40}{40} = 1.0$	1시간	$\dfrac{40}{60} \fallingdotseq 0.67$	약 40분
	경로 4	$\dfrac{40}{80} = 0.5$	30분	$\dfrac{40}{120} \fallingdotseq 0.33$	약 20분

④ 경로 2와 3을 이용하는 경우와 경로 1과 경로 4를 이용하는 경우 C지점에 도착하는 시각은 1시간 20분으로 동일하다.

① C지점에 가장 빨리 도착하는 방법은 경로 2와 경로 4를 이용하는 경우이므로, 가장 빨리 도착하는 시각은 1시간이 걸려서 오전 9시가 된다.

② C지점에 가장 늦게 도착하는 방법은 경로 1과 경로 3을 이용하는 경우이므로, 가장 늦게 도착하는 시각은 1시간 40분이 걸려서 오전 9시 40분이 된다.

③ B지점에 가장 빨리 도착하는 방법은 경로 2이므로, 가장 빨리 도착하는 시각은 30분이 걸려서 오전 8시 30분이 된다.

45. ④

보증료 = 보증금액 × 최종 적용 보증료율 × $\dfrac{보증기간}{365}$

보증금액은 150억 원

최종 적용 보증료율은 CCRS 기준 K6등급이므로 1.2%의 보증료율, 보증비율 미충족이므로 가산요율 0.2%p, 물가안정 모범업소로 지정받았으므로 차감요율 0.2%p를 모두 합하여 계산하면 150억 원 × (1.2%+0.2%−0.2%) × $\dfrac{73}{365}$ = 3,600만 원이 된다.

46. ②

금융 관련 긴급 상황 발생 행동요령을 참고하여 신용카드를 분실했을 경우 가장 먼저 카드회사 고객센터에 분실 신고를 한다.

47. ③

대출사기를 당한 경우 경찰서나 금융감독원에 전화로 신고하거나 금융감독원 홈페이지 참여마당을 통해 신고한다.

48. ①

실수로 다른 사람 계좌에 잘못 송금한 경우 전화로 잘못 송금한 사실을 알린 후 거래은행에 방문하여 착오입금 반환서를 신청한다.

49. ③

㈎㈏ 첨단 소재를 활용한 고기능성 제품 및 소비자의 다양한 기호 변화에 따라 다품종 소량생산 체제를 갖추는 것이 필요하다.

㈐ 1인 가구 증가에 따른 소포장 제품을 개발하여야 한다.

50. ③

가장 확실한 조건(B는 204호, F는 203호)을 바탕으로 조건들을 채워나가면 다음과 같다.

a라인	201 H	202 A	203 F	204 B	205 빈 방
복도					
b라인	210 G	209 C	208 빈 방	207 E	206 D

∴ D의 방은 206호이다.

51. ①

C가 4번째 정거장이므로 표를 완성하면 다음과 같다.

순서	1	2	3	4	5	6
정거장	D	F	E	C	A	B

따라서 E 바로 전의 정거장은 F이다.

52. ④

새로운 판매 촉진 활동의 강화와 유통 경로를 변경하기 위해서는 마케팅 관리 활동을 강화하여야 한다.

53. ②

② 시제품 B는 C에 비해 독창성 점수가 2점 높지만 총점은 같다. 따라서 옳지 않은 발언이다.

54. ④

미 달러에 대한 환율 인상은 원화 가치 하락으로 수출 대금 환전은 늦추며 미국 현지 투자는 앞당겨야 유리하다. 엔화에 대한 환율 인하 시에는 외채 부담이 감소한다.

55. ④

두 번째 조건을 부등호로 나타내면, C < A < E
세 번째 조건을 부등호로 나타내면, B < D, B < A
네 번째 조건을 부등호로 나타내면, B < C < D
다섯 번째 조건에 의해 다음과 같이 정리할 수 있다.
∴ B < C < D, A < E
① 주어진 조건만으로는 세 번째로 월급이 많은 사람이 A인지, D인지 알 수 없다.
② B < C < D, A < E이므로 월급이 가장 많은 E는 월급을 50만 원을 받고, A와 D는 각각 40만 원 또는 30만 원을 받으며, C는 20만 원을, B는 10만 원을 받는다. E와 C의 월급은 30만 원 차이가 난다.
③ B의 월급은 10만 원, E의 월급은 50만 원이므로 합하면 60만 원이다.
　　C의 월급은 20만 원을 받지만, A는 40만 원을 받는지 30만 원을 받는지 알 수 없으므로 B와 E의 월급의 합은 A와 C의 월급의 합보다 많을 수도 있고, 같을 수도 있다.

56. ①

모든 변호사는 논리적인데, 어떤 작가도 논리적이지 않으므로, 모든 변호사는 작가가 아니라는 결론은 참이다.

57. ③

A : 영어 → 중국어

B : ~영어 → ~일본어, 일본어 → 영어

C : 영어 또는 중국어

D : 일본어 ↔ 중국어

E : 일본어

㉠ B는 참이고 E는 거짓인 경우

　　영어와 중국어 중 하나는 반드시 수강한다(C).

　　영어를 수강할 경우 중국어를 수강(A), 일본어를 수강(D)

　　중국어를 수강할 경우 일본어를 수강(D), 영어를 수강(E는 거짓이므로) → 중국어도 수강(A)

　　그러므로 B가 참인 경우 일본어, 중국어, 영어 수강

㉡ B가 거짓이고 E가 참인 경우

　　일본어를 수강하고 영어를 수강하지 않으므로(E) 반드시 중국어를 수강한다(C).

　　중국어를 수강하므로 일본어를 수강한다(D).

　　그러므로 E가 참인 경우 일본어, 중국어 수강

　　영식이가 반드시 수강할 과목은 일본어, 중국어이다.

58. ①

조건에 따르면 영업과 사무 분야의 일은 A가 하는 것이 아니고, 관리는 B가 하는 것이 아니므로 'A – 관리, B – 사무, C – 영업, D – 전산'의 일을 하게 된다.

59. ③

(나)에서는 전국적으로 보육 시설의 정원이 남음에도 많은 지역에 부모들이 아이들을 맡길 보육 시설을 찾지 못해 어려움을 겪고 있다는 문제점을 제시하고 있다. 그리고 (다)에서는 일본의 경우 보육 시설의 교육 프로그램이 우수해 부모들의 보육 시설에 대한 만족도가 높다고 하고 있다. (나)와 (다) 모두 우리나라 국공립 및 사회복지법인 보육 시설의 교육 프로그램의 질이 저하되어 있다는 문제점을 제시하고 있지 않다.

60. ③

첫 번째 문장과 세 번째 문장은 논리적으로 동치관계이므로 첫 번째 문장이 거짓이면 세 번째 문장도 거짓이다. 첫 번째 문장과 두 번째 문장은 둘 다 거짓일 수 있으며, 첫 번째 문장이 거짓이면 두 번째 문장이 참일 수도 거짓일 수도 있다.

61. ②

① 「국민건강보험법」의 목적이다.
③ 「노인복지법」의 목적이다.
④ 「장애인 · 노인 · 임산부 등의 편의증진 보장에 관한 법률」의 목적이다.

62. ④

"장기요양요원"이란 장기요양기관에 소속되어 노인등의 신체활동 또는 가사활동 지원 등의 업무를 수행하는 자를 말한다〈제2조 제5호〉.

63. ②

국가 및 지방자치단체는 노인인구 및 지역특성 등을 고려하여 장기요양급여가 원활하게 제공될 수 있도록 적정한 수의 장기요양기관을 확충하고 장기요양기관의 설립을 지원하여야 한다〈제4조 제3항〉.

64. ④

보건복지부장관은 노인등에 대한 장기요양급여를 원활하게 제공하기 위하여 5년 단위로 장기요양기본계획을 수립 · 시행하여야 한다〈제6조 제1항〉.

65. ③

보건복지부장관은 장기요양사업의 실태를 파악하기 위하여 3년마다 다음 각 호의 사항에 관한 조사를 정기적으로 실시하고 그 결과를 공표하여야 한다〈제6조의2 제1항〉.
1. 장기요양인정에 관한 사항
2. 장기요양등급판정위원회의 판정에 따라 장기요양급여를 받을 사람의 규모, 그 급여의 수준 및 만족도에 관한 사항
3. 장기요양기관에 관한 사항
4. 장기요양요원의 근로조건, 처우 및 규모에 관한 사항
5. 그 밖에 장기요양사업에 관한 사항으로서 보건복지부령으로 정하는 사항

66. ③

장기요양보험료는 「국민건강보험법」에 따른 보험료(이하 "건강보험료"라 한다)와 통합하여 징수한다. 이 경우 공단은 장기요양보험료와 건강보험료를 구분하여 고지하여야 한다〈제8조 제2항〉.

67. ②

장기요양보험료율은 장기요양위원회의 심의를 거쳐 대통령령으로 정한다〈제9조 제2항〉.

68. ②

장기요양인정을 신청하는 자는 공단에 보건복지부령으로 정하는 바에 따라 장기요양인정신청서에 의사 또는 한의사가 발급하는 소견서(이하 "의사소견서"라 한다)를 첨부하여 제출하여야 한다〈제13조 제1항〉.

69. ①

① 공단은 조사하는 경우 2명 이상의 소속 직원이 조사할 수 있도록 노력하여야 한다〈제14조 제2항〉.

70. ④

등급판정위원회는 신청인이 신청자격요건을 충족하고 <u>6개월</u> 이상 동안 혼자서 일상생활을 수행하기 어렵다고 인정하는 경우 심신상태 및 장기요양이 필요한 정도 등 대통령령으로 정하는 등급판정기준에 따라 수급자로 판정한다〈제15조 제2항〉.

71. ④

공단은 등급판정위원회가 장기요양인정 및 등급판정의 심의를 완료한 경우 지체 없이 다음의 사항이 포함된 장기요양인정서를 작성하여 수급자에게 송부하여야 한다〈제17조 제1항〉.
1. 장기요양등급
2. 장기요양급여의 종류 및 내용
3. 그 밖에 장기요양급여에 관한 사항으로서 보건복지부령으로 정하는 사항

72. ②

장기요양인정의 유효기간은 최소 1년 이상으로서 대통령령으로 정한다〈제19조 제1항〉.

73. ①

장기요양인정 신청 등에 대한 대리〈제22조〉

① 장기요양급여를 받고자 하는 자 또는 수급자가 신체적 · 정신적인 사유로 이 법에 따른 장기요양인정의 신청, 장기요양인정의 갱신신청 또는 장기요양등급의 변경신청 등을 직접 수행할 수 없을 때 본인의 가족이나 친족, 그 밖의 이해관계인은 이를 대리할 수 있다.

② 다음의 어느 하나에 해당하는 사람은 관할 지역 안에 거주하는 사람 중 장기요양급여를 받고자 하는 사람 또는 수급자가 장기요양인정신청 등을 직접 수행할 수 없을 때 본인 또는 가족의 동의를 받아 그 신청을 대리할 수 있다.

1. 「사회보장급여의 이용 · 제공 및 수급권자 발굴에 관한 법률」에 따른 사회복지전담공무원

2. 「치매관리법」에 따른 치매안심센터의 장(장기요양급여를 받고자 하는 사람 또는 수급자가 같은 법에 따른 치매환자인 경우로 한정한다)

③ 장기요양급여를 받고자 하는 자 또는 수급자가 장기요양인정신청 등을 할 수 없는 경우 특별자치시장 · 특별자치도지사 · 시장 · 군수 · 구청장이 지정하는 자는 이를 대리할 수 있다.

④ 장기요양인정신청 등의 방법 및 절차 등에 관하여 필요한 사항은 보건복지부령으로 정한다.

74. ②

② 주 · 야간보호에 대한 설명이다.

방문간호는 장기요양요원인 간호사 등이 의사, 한의사 또는 치과의사의 지시서에 따라 수급자의 가정 등을 방문하여 간호, 진료의 보조, 요양에 관한 상담 또는 구강위생 등을 제공하는 장기요양급여를 말한다〈제23조 제1항 제1호〉.

75. ②

공단은 수급자가 장기요양기관이 아닌 노인요양시설 등의 기관 또는 시설에서 재가급여 또는 시설급여에 상당한 장기요양급여를 받은 경우 대통령령으로 정하는 기준에 따라 해당 장기요양급여비용의 일부를 해당 수급자에게 특례요양비로 지급할 수 있다〈제25조 제1항〉.

76. ①

급여외행위의 제공 금지〈제28조의2 제1항〉 … 수급자 또는 장기요양기관은 장기요양급여를 제공받거나 제공할 경우 다음의 행위(이하 "급여외행위"라 한다)를 요구하거나 제공하여서는 아니 된다.

1. 수급자의 가족만을 위한 행위

2. 수급자 또는 그 가족의 생업을 지원하는 행위

3. 그 밖에 수급자의 일상생활에 지장이 없는 행위

77. ④

특별자치시장·특별자치도지사·시장·군수·구청장이 지정을 하려는 경우에는 다음의 사항을 검토하여 장기요양기관을 지정하여야 한다. 이 경우 특별자치시장·특별자치도지사·시장·군수·구청장은 공단에 관련 자료의 제출을 요청하거나 그 의견을 들을 수 있다〈제31조 제3항〉.

1. 장기요양기관을 운영하려는 자의 장기요양급여 제공 이력
2. 장기요양기관을 운영하려는 자 및 그 기관에 종사하려는 자가 이 법, 「사회복지사업법」 또는 「노인복지법」 등 장기요양기관의 운영과 관련된 법에 따라 받은 행정처분의 내용
3. 장기요양기관의 운영 계획
4. 해당 지역의 노인인구 수 및 장기요양급여 수요 등 지역 특성
5. 그 밖에 특별자치시장·특별자치도지사·시장·군수·구청장이 장기요양기관으로 지정하는 데 필요하다고 인정하여 정하는 사항

78. ④

장기요양기관 지정의 유효기간〈제32조의3〉 … 장기요양기관 지정의 유효기간은 지정을 받은 날부터 6년으로 한다.

79. ③

장기요양기관의 장은 폐업하거나 휴업하고자 하는 경우 폐업이나 휴업 예정일 전 30일까지 특별자치시장·특별자치도지사·시장·군수·구청장에게 신고하여야 한다. 신고를 받은 특별자치시장·특별자치도지사·시장·군수·구청장은 지체 없이 신고 명세를 공단에 통보하여야 한다〈제36조 제1항〉.

80. ④

④ 제3호의2에 해당하므로 지정을 취소하거나 6개월의 범위에서 업무정지를 명할 수 있다.

장기요양기관 지정의 취소 등〈제37조 제1항〉 … 특별자치시장·특별자치도지사·시장·군수·구청장은 장기요양기관이 다음의 어느 하나에 해당하는 경우 그 지정을 취소하거나 6개월의 범위에서 업무정지를 명할 수 있다. 다만, 제1호, 제2호의2, 제3호의5, 제7호, 또는 제8호에 해당하는 경우에는 지정을 취소하여야 한다.

1. 거짓이나 그 밖의 부정한 방법으로 지정을 받은 경우
1의2. 급여외행위를 제공한 경우. 다만, 장기요양기관의 장이 그 위반행위를 방지하기 위하여 해당 업무에 관하여 상당한 주의와 감독을 게을리하지 아니한 경우는 제외한다.
2. 지정기준에 적합하지 아니한 경우
2의2. 결격사유의 어느 하나에 해당하게 된 경우. 다만, 법인의 경우 3개월 이내에 그 대표자를 변경하는 때에는 그러하지 아니하다.
3. 장기요양급여를 거부한 경우

3의2. 본인부담금을 면제하거나 감경하는 행위를 한 경우

3의3. 수급자를 소개, 알선 또는 유인하는 행위 및 이를 조장하는 행위를 한 경우

3의4. 장기요양요원의 보호 규정의 어느 하나를 위반한 경우

3의5. 폐업 또는 휴업 신고를 하지 아니하고 1년 이상 장기요양급여를 제공하지 아니한 경우

3의6. 시정명령을 이행하지 아니하거나 회계부정 행위가 있는 경우

3의7. 정당한 사유 없이 평가를 거부·방해 또는 기피하는 경우

4. 거짓이나 그 밖의 부정한 방법으로 재가 및 시설 급여비용을 청구한 경우

5. 자료제출 명령에 따르지 아니하거나 거짓으로 자료제출을 한 경우나 질문 또는 검사를 거부·방해 또는 기피하거나 거짓으로 답변한 경우

6. 장기요양기관의 종사자 등이 다음의 어느 하나에 해당하는 행위를 한 경우. 다만, 장기요양기관의 장이 그 행위를 방지하기 위하여 해당 업무에 관하여 상당한 주의와 감독을 게을리 하지 아니한 경우는 제외한다.

　　가. 수급자의 신체에 폭행을 가하거나 상해를 입히는 행위

　　나. 수급자에게 성적 수치심을 주는 성폭행, 성희롱 등의 행위

　　다. 자신의 보호·감독을 받는 수급자를 유기하거나 의식주를 포함한 기본적 보호 및 치료를 소홀히 하는 방임행위

　　라. 수급자를 위하여 증여 또는 급여된 금품을 그 목적 외의 용도에 사용하는 행위

　　마. 폭언, 협박, 위협 등으로 수급자의 정신건강에 해를 끼치는 정서적 학대행위

7. 업무정지기간 중에 장기요양급여를 제공한 경우

8. 「부가가치세법」에 따른 사업자등록 또는 「소득세법」에 따른 사업자등록이나 고유번호가 말소된 경우

1	2	3	4	5	6	7	8	9	10	11	12	13	14	15	16	17	18	19	20
③	④	③	②	④	①	②	①	①	③	④	④	④	②	④	③	③	①	④	①
21	22	23	24	25	26	27	28	29	30	31	32	33	34	35	36	37	38	39	40
①	③	①	④	②	③	④	④	④	②	③	③	④	②	④	②	④	④	④	④
41	42	43	44	45	46	47	48	49	50	51	52	53	54	55	56	57	58	59	60
①	③	③	②	④	②	②	①	④	①	③	②	③	④	④	④	③	②	②	
61	62	63	64	65	66	67	68	69	70	71	72	73	74	75	76	77	78	79	80
④	④	①	③	①	③	③	④	③	③	②	④	②	④	③	④	③	④	②	②

직업기초능력평가

1. ③

시선공유도 바람직한 의사소통을 위한 중요한 요소이지만 위 글에 나오는 형식이의 노력에서는 찾아볼 수 없다.

2. ④

수취확인 문의전화는 언어적 의사소통에 해당한다.

문서적 의사소통에는 수취확인서 발송, 박 대리에게 메모한 업무지시, 영문 운송장 작성, 주문서 작성, 주간업무 보고서 작성 등이 해당된다.

3. ③

① (추론1)은 타당한 추론이다.

② (추론2)는 추론은 타당하지 않지만, 결론이 참일 가능성이 높으므로 '개연성이 높다.'

③ (추론1)은 추론은 타당하지만, 전제가 실제로 참이 아니므로 '건전하지 않다.'

④ (추론2)는 추론이 타당하지 않기 때문에 '건전하지 않다.'

4. ②

② 각저총에는 사신도 그림이 없다.

5. ④

④ 무용총의 벽화처럼 각저총의 벽화도 피장자의 생전생활을 취재한 것이며 필치도 거의 같다.

6. ①

① 각저총의 구조 등을 설명하고 있는 내용에 적절하지 않다.

7. ②

관점 A – 객관적인 정보에 의해서 결정
관점 B – 객관적 요소뿐 아니라 주관적 인지와 평가에 좌우
관점 C – 개인의 심리적 과정과 속한 집단의 문화적 배경에도 의존
㉠ 관점 B는 객관적인 요소에 영향을 받는다.
㉡ 관점 B는 주관적 인지와 평가, 관점 C는 문화적 배경
㉢ 민주화 수준이 높은 사회는 개인이 속한 집단의 문화적 배경에 해당하므로 관점 C에 해당하며, 관점 A는 사회 구성원들이 기후변화의 위험에 더 민감한 태도를 보인다는 것을 설명할 수 없다.

8. ①

㉠ 제로섬 게임은 두 경기자가 파이 하나를 놓고 다툴 때 한 경기자의 이익이 상대방의 손실로 이어지는 게임이다.
① 두 친구가 내기를 걸었으니 둘 중의 한 명은 내기에서 이겨서 점심을 얻어먹게 되고 다른 한 명은 점심을 사주게 될 것이다. 한 사람의 이익이 다른 한 사람의 손실로 이어지게 되므로 제로섬 게임에 해당한다.
② 경쟁하던 두 업체가 협력을 하여 비용을 줄이게 되면 줄어든 비용만큼 둘 다 이익이 발생하게 되어 윈윈(win-win)을 한 경우에 해당하므로 제로섬 게임이 아니다.
③ 경쟁하던 두 가게가 가격 인하 경쟁을 하다가 둘 다 손해를 본 경우에 해당하므로, 제로섬 게임이 아니다.
④ 두 정당이 비록 각각의 후보를 내지는 못하였지만 서로에게 이익이 될 수 있는 방안을 생각하여 단일 후보를 내고 공동으로 선거 운동을 한 사례에 해당하므로 제로섬 게임이 아니다.

9. ①

② 요양기관에 요양급여를 신청할 때 요양급여를 신청한 날부터 14일 이내에 건강보험증이나 신분증명서를 제출해야 한다.

③ 가입자 등 또는 요양기관에 의해 자격확인요청을 받은 공단은 자격이 있는지의 여부를 확인하여 건강보험자격확인통보서에 의하거나 전화, 팩스 또는 정보통신망을 이용하여 통보하여야 한다.

④ 요양기관은 가입자 등이 손쉽게 공단에 자격확인을 요청할 수 있도록 공단의 전화번호 등을 안내하거나 요양기관의 진료접수창구에 이를 게시하여야 한다.

10. ③

호칭 사용시 Vice President, Dr. CHONG이라고 불려야 한다.

11. ④

④ 대학생 해설 인턴에게 요구되는 친화력은 해설 대상인 중·고등학생과의 친화력이다. 따라서 교우 관계보다는 중·고등학생과의 친화력을 보여줄 수 있는 복지 센터 보조 교사 활동에 초점을 맞추는 것이 적절하다.

12. ④

①② 향토 문화에 대한 관심이나 이해 정도를 보여 줄 수 있다.
③ 향토 문화 해설을 위한 설명 능력을 보여 줄 수 있다.

13. ④

작자는 오래된 물건의 가치를 단순히 기능적 편리함 등의 실용적인 면에 두지 않고 그것을 사용해온 시간, 그 동안의 추억 등에 두고 있으며 그렇기 때문에 오래된 물건이 아름답다고 하였다.

14. ②

동료일 때는 성과 직위 또는 직명으로 호칭한다. 혹시 직책이나 직급명이 없는 동료는 성명에 '씨'를 붙인다.

15. ④

ⓔ에서는 종결어미 '-지요'를 사용하여 청자에게 높임의 태도를 나타내는 상대 높임 표현이 쓰였다.

16. ③

자기주장을 일단 양보하여 의견의 일치를 보이는 자세를 취함으로써 강경한 태도를 굽히지 않던 상대방을 결국 이쪽으로 끌어올 수 있다. 의논이라는 것은 대립하면 할수록 반대 의견을 가진 사람은 더 한층 강한 반대 의사를 나타낸다. 따라서 이러한 사람을 설득하여 자기 뜻에 따르도록 하려면, 일단 자기 의견을 양보하여 상대방의 의견에 따르는 체 하는 것이 효과적이다. 이쪽이 자기주장을 부정하고 상대방의 주장을 따르는 자세를 취하면 상대방도 자기주장만 내세울 수 없게 된다. 다시 말하면, 분위기가 반전되어 이쪽이 주도권을 쥘 수 있는 상황으로 바뀐다. 공격형인 사람을 설득한다든지 그의 집요한 추궁에서 벗어나려면 먼저 이쪽에서 솔직히 인정하는 것도 하나의 방법이다.

17. ③

③ 의사소통은 기계적인 정보 전달 이상의 것이다. 따라서 정보의 전달에만 치중하기보다는 서로 다른 이해와 의미를 가지고 있는 사람들이 공유할 수 있는 의미와 이해를 만들기 위해 상호 노력하는 과정으로 이해해야 한다.

18. ①

한글 맞춤법 제43항에 따르면 '단위를 나타내는 명사는 띄어 쓴다.'라고 규정하고 있다. 다만, 순서를 나타내는 경우나 숫자와 어울리어 쓰이는 경우에는 붙여 쓸 수 있다.

19. ④

문서에는 기관을 대표하는 장의 직함이나 성명을 적어야 한다. 안내문을 작성한 사람의 이름을 밝힐 필요는 없다.

20. ①

② '작품2'는 회화적 이미지를 첨가하여 외형적 아름다움뿐만 아니라 글자가 나타내는 의미까지 시각화하여 전달하였으므로 글자가 나타내는 의미와 상관없이 글자를 작품의 재료로만 활용하고 있다고 볼 수 없다.

③ '작품3'은 글자의 의미와는 무관하게 글자의 형태만을 활용하여 제작자의 신선한 발상을 전달하기 위한 작품으로 타이포그래피의 조형적 기능에 중점을 둔 것이라고 할 수 있다.

④ '작품1'은 가독성을 중시하였으며 타이포그래피의 언어적 기능에 중점을 둔 것이라고 할 수 있다. 그러나 '작품2'는 타이포그래피의 조형적 기능에 중점을 두면서 글자의 의미를 시각화해 전달한 작품이다.

21. ①

↓표시된 부분부터 시계방향으로 진행을 한다고 하였으므로 3에서 5가 되려면 +2, 5에서 10이 되려면 ×2, 10에서 8이 되려면 −2, 8에서 10이 되려면 +2, 10에서 20이 되려면 ×2, 20에서 8이 되려면 −2가 되므로 시계방향으로 진행하면서 +2, ×2, −2의 순서로 변함을 알 수 있다.

그러므로 빈칸에 들어갈 숫자는 18에 +2를 한 20이 된다.

22. ③

작년 일반 성인입장료를 x원이라고 할 때, A시민 성인입장료는 $0.6x$원이다.

각각 5,000원씩 할인하면

$(x - 5,000) : (0.6x - 5,000) = 5 : 2$이므로 외항과 내항을 곱하여 계산한다.

$5(0.6x - 5,000) = 2(x - 5,000)$
$3x - 25,000 = 2x - 10,000$
$x = 15,000$

∴ 올해 일반 성인입장료는 5,000원 할인된 10,000원이다.

23. ①

거리 = 속력 × 시간, x = 집에서 편의점까지 걸린 시간, $(70 - x)$ = 편의점에서 공원까지 걸린 시간

$60 \times x + 110 \times (70 - x) = 6000$
$50x = 1700$
∴ $x = 34$

24. ④

④ A기관 : $53 \div 28 = $ 약 1.9대, B기관 : $127 \div 53 = $ 약 2.4대, C기관 : $135 \div 50 = 2.7$대이므로 C도시철도운영기관이 가장 많다.

① $(53 + 127 + 135) \div 3 = 105$이므로 100개보다 많다.

② A기관 : $895 \div 240 = $ 약 3.7대, B기관 : $1,329 \div 349 = $ 약 3.8대, C기관 : $855 \div 237 = $ 약 3.6대이다.

③ $265 \div 95 = $ 약 2.8대 $455 \div 92 = $ 약 4.9대 $135 \div 50 = 2.7$대이므로 에스컬레이터가 가장 많다.

25. ②

단품으로 구매 시 : 오늘의 커피(3,000) + 단호박 샌드위치(5,500) = 8,500원

세트로 구매 시 : 7,000 + 샌드위치 차액(500) = 7,500원

∴ 세트로 구매하는 것이 단품으로 구매하는 것보다 1,000원 더 저렴하다.

26. ③

① 인천광역시 여성 실업률(4.4%) ≒ 29,000 ÷ 661,000 × 100 = 4.38…
② 대전광역시 여성 실업률(2.1%) ≒ 7,000 ÷ 341,000 × 100 = 2.05…
③ 부산광역시 남성 실업률(3.4%) ≒ 33,000 ÷ 963,000 × 100 = 3.42…
④ 광주광역시 남성 실업률(3.0%) ≒ 13,000 ÷ 434,000 × 100 = 2.99…

27. ④

① 대전광역시 실업률(2.7%) ≒ 22,000 ÷ 806,000 × 100 = 2.72…
   울산광역시 실업률(2.2%) ≒ 13,000 ÷ 582,000 × 100 = 2.23…
   22,000 > 13,000
② 전체 경제활동참가율은 인천광역시가 가장 높지만, 전체 경제활동인구는 서울특별시가 가장 많다.
③ 여성 경제활동참가율은 인천광역시가 가장 높지만, 남성 경제활동참가율은 울산광역시가 가장 높다.
④ 남녀 실업률에서 가장 많이 차이가 나는 지역은 1.2%의 차이가 나는 울산광역시이다.

28. ④

① 고혈압 유병률은 2021년에 감소하였고, 당뇨 유병률은 2017년과 2020년에 감소하였다.
② 고혈압 유병률은 2016년과 2021년에는 1.7%, 2019년에는 1.6% 변동이 나타났다.
③ 당뇨 유병률의 변동은 2021년에 2%였다.

29. ④

④ 전체집단의 삶의 만족도는 2017년에 감소했다.

30. ②

24,965,000 × 0.33 = 8,238,450

31. ③

	조기 암환자			말기 암환자			전체 암환자		
	생존자	사망자	생존율 (%)	생존자	사망자	생존율 (%)	생존자	사망자	생존율 (%)
A	18	12	60	2	8	20	20	20	50
B	7	3	70	9	21	30	16	24	40

ⓒ A약을 투여한 조기 암환자와 말기 암환자의 생존율 차이와 B약을 투여한 조기 암환자와 말기 암환자의 생존율 차이는 40%로 동일하다.

32. ③

㉠ 2016년의 경우 여성의 취업을 반대하는 8.7%는 전체 응답자 중에서의 비율이고, 혼인 전까지만 여성의 취업을 찬성하는 8.7%는 여성의 취업을 찬성하는 응답자 중에서의 비율이므로 각각의 응답자 수는 다르다.
ⓒ 자녀 성장 후 맞벌이를 희망하는 내용은 표를 통해서는 알 수 없다.

33. ④

① 제시된 자료만으로는 남성과 여성의 경제 활동 참여 의지의 많고 적음을 비교할 수는 없다.
② 59세 이후 남성의 경제 활동 참가율 감소폭이 여성의 경제 활동 참가율 감소폭보다 크다.
③ 각 연령대별 남성과 여성의 노동 가능 인구를 알 수 없기 때문에 비율만 가지고 여성의 경제 활동 인구 수의 증가가 남성의 경제 활동 인구 수의 증가보다 많다고 하는 것은 옳지 않다.

34. ②

(A) $1 : 51 = 0.078 : x$ ∴ $x = 3.978$
(B) $1 : 51 = 0.196 : x$ ∴ $x = 9.996$

35. ④

경민 68점, 진수 70점, 명훈 66점, 장우 78점, 진희 65점, 윤미 67점

$$\frac{68 + 70 + 66 + 78 + 65 + 67}{6} = 69(점)$$

36. ②

$$\frac{1\times1+x\times2+3\times9+4\times5}{15+x}=2.8$$

$$2x+48=2.8x+42$$

$$0.8x=6$$

$$\therefore x=7.5$$

37. ④

① $780+44+4=828, \ 828\times179.6=148,708.8$

② $148,708.8\times0.0655=9,740.4264$

③ $148,708.8\times0.78=115,992.864$

④ 가장 많이 경감되는 경우 50%까지 경감이 가능하므로 $148,708.8\times0.5=74,354.4$가 최저금액이다.

38. ④

① 0~9세 아동 인구는 점점 감소하고 있으므로 전체 인구수의 증가 이유와 관련이 없다.

② 연도별 25세 이상의 인구수는 각각 26,150,337명, 28,806,763명, 31,292,660명으로 24세 이하의 인구수보다 많다.

③ 전체 인구 중 10~24세 사이의 인구가 차지하는 비율은 약 26.66%, 23.06%, 21.68%로 점점 감소하고 있다.

39. ④

① $\dfrac{18,403,373}{44,553,710}\times100 ≒ 41.30(\%)$

② $\dfrac{10,604,212}{17,178,526}\times100 ≒ 61.73(\%)$

③ $\dfrac{15,748,774}{47,041,434}\times100 ≒ 33.48(\%)$

④ $\dfrac{11,879,849}{18,403,373}\times100 ≒ 64.55(\%)$

40. ④

㉠ 총 투입시간 = 투입인원 × 개인별 투입시간

㉡ 개인별 투입시간 = 개인별 업무시간 + 회의 소요시간

㉢ 회의 소요시간 = 횟수(회) × 소요시간(시간/회)

∴ 총 투입시간 = 투입인원 × (개인별 업무시간 + 횟수 × 소요시간)

각각 대입해서 총 투입시간을 구하면,

A = $2 \times (41 + 3 \times 1) = 88$

B = $3 \times (30 + 2 \times 2) = 102$

C = $4 \times (22 + 1 \times 4) = 104$

D = $3 \times (27 + 2 \times 1) = 87$

업무효율 $= \dfrac{\text{표준 업무시간}}{\text{총 투입시간}}$ 이므로, 총 투입시간이 적을수록 업무효율이 높다. D의 총 투입시간이 87로 가장 적으므로 업무효율이 가장 높은 부서는 D이다.

41. ①

첫 번째 자리 숫자는 부서별로 동일하고 부서가 다른 경우 다른 번호로 나타나므로 부서코드이다. 직원들의 근속연수는 문항에서 알 수 없는 정보로 두 번째 자리 숫자가 근속연수코드가 아닐 수 있다. 또 직원들 모두가 같은 회사이므로 세 번째 자리 숫자가 회사코드라면 모두 같겠지만 실제로 0, 1, 2로 동일하지 않다. 마지막으로 김기남 팀장과 하나유 대리는 직위가 다름에도 네 번째 자리 숫자가 같은 경우가 있으므로 직위코드가 될 수 없다.

42. ③

기본요금 : $70.0 \times 120 = 8,400$ 원

사용요금 : $(163.7 \times 125) + (163.7 \times 5) = 20,462.5 + 818.5 = 21,281$ 원

요금합계 : $8,400 + 21,281 = 29,681$ 원

43. ③

정리가 되지 않은 작업장은 3정 5S의 원칙을 적용하여야 한다.

물건을 옮길 때에는 시야 확보를 할 수 있도록 교육하여야 한다.

※ 3정 5S의 원칙 ··· 모든 개선활동의 기본으로서 공장 내의 모든 낭비를 제거하는 것을 말한다. 3정은 정품, 정량, 정위치, 5S는 정리, 정돈, 청소(점검), 청결, 생활화(습관화)이다.

44. ②

직업 \ 사람	지은	수정	효미
변호사	×	○	×
사업가	×	○	×
화가	○	×	×
은행원	×	×	○
소설가	×	×	○
교사	○	×	×

위에서 효미는 소설가로 결정되므로 답은 ①, ② 가운데 하나이다.

그런데 지은이는 교사이므로 효미는 은행원, 소설가이다.

45. ④

결론이 '자동차는 1번 도로를 지나오지 않았다.'이므로 결론을 중심으로 연결고리를 이어가면 된다.

자동차가 1번 도로를 지나오지 않았다면 ㉠에 의해 이 자동차는 A, B마을에서 오지 않았다. 흙탕물이 자동차 밑바닥에 튀지 않고 자동차를 담은 폐쇄회로 카메라가 없다면 A마을에서 오지 않았을 것이다. 도로정체가 없고 검문소를 통과하지 않았다면 B마을에서 오지 않았을 것이다. 폐쇄회로 카메라가 없다면 도로정체를 만나지 않았을 것이다. 자동차 밑바닥에 흙탕물이 튀지 않았다면 검문소를 통과하지 않았을 것이다.

따라서 자동차가 1번 도로를 지나오지 않았다는 결론을 얻기 위해서는 폐쇄회로 카메라가 없거나 흙탕물이 튀지 않았다는 전제가 필요하다.

46. ②

지하1층 : 정보관리실, 1층 : 고객지원실, 2층 : 건강증진실, 3층 : 경영지원실, 4층 : 기획조정실

47. ②

② B와 C가 취미가 같고, C는 E와 취미생활을 둘이서 같이 하므로 B가 책읽기를 좋아한다면 E도 여가 시간을 책읽기로 보낸다.

48. ①

약속장소에 도착한 순서는 E − D − A − B − C 순이고, 제시된 사실에 따르면 C가 가장 늦게 도착하긴 했지만 약속시간에 늦었는지는 알 수 없다.

49. ④

명제가 참이면 대우도 반드시 참이다. 명제 1, 2를 바탕으로 이끌어낼 수 있는 '강아지를 좋아하는 사람과 나무를 좋아하는 사람은 자연을 좋아한다.'는 명제는 참이고, 이 명제의 대우인 '자연을 좋아하지 않는 사람은 강아지도 나무도 좋아하지 않는다.'도 반드시 참이다.

50. ①

냉장고 사용설명서의 문제해결방법에 따라 냉동, 냉장이 안 될 경우 전원플러그를 다시 꽂는다.

51. ③

얼음에서 냄새가 날 경우 얼음 그릇을 깨끗이 닦아서 사용한다.

52. ②

정전이 되어 전기가 들어오지 않아도 2~3시간 동안 식품이 상하지 않으므로 되도록이면 냉장고 문을 열지 않는다.

53. ③

민수는 고속버스를 싫어하고, 영민이는 자가용을 싫어하므로 비행기로 가는 방법을 선택하면 된다.

54. ③

고객이 원하는 3기가 이상의 인터넷과 1회 컬러링 부가서비스가 있는 것은 55요금제이다.

55. ④

3기가 이상의 인터넷과 1회 이상의 컬러링을 만족하는 55요금제와 65요금제를 비교하여, 3시간 30분의 통화를 사용할 경우 55요금제는 95,000원, 65요금제는 75,000원이므로 65요금제가 가장 적합하다.

56. ④

장승이 처음 질문에 "그렇다."라고 대답하면 그 대답은 진실이므로 다음 질문에 대한 대답은 반드시 거짓이 되고, "아니다."라고 대답하면 그 대답은 거짓이므로 다음 질문에 대한 대답은 반드시 진실이 된다. 장승이 처음 질문에 무엇이라 대답하든 나그네는 다음 질문의 대답이 진실인지 거짓인지 알 수 있으므로 마을로 가는 길이 어느 쪽 길인지 알 수 있게 된다.

57. ④

제시된 조건을 통해 외판원들의 판매실적을 유추하면 A > B, D > C이다. 또한 F > E > A, E > B > D임을 알수 있다. 결과적으로 F > E > A > B > D > C가 된다.

① 외판원 C의 실적은 꼴지이다.

② B의 실적보다 안 좋은 외판원은 2명이다.

③ 두 번째로 실적이 좋은 외판원은 E이다.

58. ③

㉠ 12월 17일에 조기를 먹어야 한다고 했고, 이틀 연속으로 같은 생선을 먹을 수 없으므로 홀수일에 조기를 먹고 짝수일에 갈치나 고등어를 먹으면 되므로 최대로 먹을 수 있는 조기는 16마리이다.

㉡ 매주 화요일에 갈치를 먹을 수 없다고 했으므로 6일 월요일에 갈치를 먹는다고 가정하면 2일, 4일, 6일, 8일, 10일, 12일, 15일, 18일, 20일, 22일, 24일, 26일, 29일, 31일로 먹으면 되므로 14마리이다.

㉢ 6일에 조기를 먹어야 하므로 2일, 4일, 6일, 8일, 10일, 12일, 14일까지 먹으면 17일날 조기를 먹어야 하므로 15일과 16일은 다른 생선을 먹어야 한다. 15일, 16일에 갈치나 고등어를 먹으면 되므로 12월 한달 동안 갈치, 조기, 고등어를 1마리 이상씩 먹게 된다.

59. ②

경상도 사람은 앞에서 세 번째에 서고 강원도 사람 사이에는 다른 지역 사람이 서 있어야 하므로 강원도 사람은 경상도 사람의 뒤쪽으로 서게 된다. 서울 사람은 서로 붙어있어야 하므로 첫 번째, 두 번째에 선다. 충청도 사람은 맨 앞 또는 맨 뒤에 서야 하므로 맨 뒤에 서게 된다. 강원도 사람 사이에는 자리가 정해지지 않은 전라도 사람이 서게 된다.

서울 – 서울 – 경상도 – 강원도 – 전라도 – 강원도 – 충청도

60. ②

아들, 딸은 직계 존비속이다. 본인은 100%, 직계 존비속 80%, 형제 · 자매는 50%

㈎ – 본인 300＋동생 200×0.5＝100

㈏ – 딸 200×0.8＝160

㈐ – 본인 300＋아들 400×0.8＝320

㈑ – 본인 200＋딸 200×0.8＝160

모두 합하면 300＋100＋160＋300＋320＋200＋160＝1,540만 원

61. ④

위반사실 등의 공표〈제37조의3 제1항〉… 보건복지부장관 또는 특별자치시장·특별자치도지사·시장·군수·구청장은 장기요양기관이 거짓으로 재가·시설 급여비용을 청구하였다는 이유로 처분이 확정된 경우로서 다음의 어느 하나에 해당하는 경우에는 위반사실, 처분내용, 장기요양기관의 명칭·주소, 장기요양기관의 장의 성명, 그 밖에 다른 장기요양기관과의 구별에 필요한 사항으로서 대통령령으로 정하는 사항을 공표하여야 한다. 다만, 장기요양기관의 폐업 등으로 공표의 실효성이 없는 경우에는 그러하지 아니하다.
1. 거짓으로 청구한 금액이 <u>1천만 원</u> 이상인 경우
2. 거짓으로 청구한 금액이 장기요양급여비용 총액의 <u>100분의 10</u> 이상인 경우

62. ④

본인부담금〈제40조 제3항〉… 다음 각 호의 장기요양급여에 대한 비용은 수급자 본인이 전부 부담한다.
㉠ 이 법의 규정에 따른 급여의 범위 및 대상에 포함되지 아니하는 장기요양급여
㉡ 수급자가 장기요양인정서에 기재된 장기요양급여의 종류 및 내용과 다르게 선택하여 장기요양급여를 받은 경우 그 차액
㉢ 장기요양급여의 월 한도액을 초과하는 장기요양급여

63. ①

① 장기요양위원회의 심의 사항이다.
※ 장기요양요원지원센터의 업무〈제47조의2 제2항〉… 장기요양요원지원센터는 다음의 업무를 수행한다.
　1. 장기요양요원의 권리 침해에 관한 상담 및 지원
　2. 장기요양요원의 역량강화를 위한 교육지원
　3. 장기요양요원에 대한 건강검진 등 건강관리를 위한 사업
　4. 그 밖에 장기요양요원의 업무 등에 필요하여 대통령령으로 정하는 사항

64. ③

심사청구〈제55조 제1항, 제2항〉
① 장기요양인정·장기요양등급·장기요양급여·부당이득·장기요양급여비용 또는 장기요양보험료 등에 관한 공단의 처분에 이의가 있는 자는 공단에 심사청구를 할 수 있다.

② 심사청구는 그 처분이 있음을 안 날부터 90일 이내에 문서(「전자정부법」에 따른 전자문서를 포함한다)로 하여야 하며, 처분이 있은 날부터 180일을 경과하면 이를 제기하지 못한다. 다만, 정당한 사유로 그 기간에 심사청구를 할 수 없었음을 증명하면 그 기간이 지난 후에도 심사청구를 할 수 있다.

65. ①

다음의 어느 하나에 해당하는 자는 1년 이하의 징역 또는 1천만 원 이하의 벌금에 처한다〈제67조 제3항〉.
1. 정당한 사유 없이 장기요양급여의 제공을 거부한 자
2. 거짓이나 그 밖의 부정한 방법으로 장기요양급여를 받거나 다른 사람으로 하여금 장기요양급여를 받게 한 자
3. 정당한 사유 없이 권익보호조치를 하지 아니한 사람
4. 수급자가 부담한 비용을 정산하지 아니한 자

66. ③

"노인등"이란 65세 이상의 노인 또는 65세 미만의 자로서 치매·뇌혈관성질환 등 대통령령으로 정하는 노인성 질병을 가진 자를 말한다〈제2조 제1호〉.

67. ③

③ 장기요양급여는 노인등이 가족과 함께 생활하면서 가정에서 장기요양을 받는 재가급여를 우선적으로 제공하여야 한다〈제3조 제3항〉.

68. ④

국가는 장기요양기본계획을 수립·시행함에 있어서 노인뿐만 아니라 <u>장애인</u> 등 일상생활을 혼자서 수행하기 어려운 모든 국민이 장기요양급여, 신체활동지원서비스 등을 제공받을 수 있도록 노력하고 나아가 이들의 생활안정과 자립을 지원할 수 있는 시책을 강구하여야 한다〈제5조〉.

69. ③

보건복지부장관은 노인등에 대한 장기요양급여를 원활하게 제공하기 위하여 5년 단위로 다음의 사항이 포함된 장기요양기본계획을 수립·시행하여야 한다〈제6조 제1항〉.
1. 연도별 장기요양급여 대상인원 및 재원조달 계획
2. 연도별 장기요양기관 및 장기요양전문인력 관리 방안
3. 장기요양요원의 처우에 관한 사항
4. 그 밖에 노인등의 장기요양에 관한 사항으로서 대통령령으로 정하는 사항

70. ③

장기요양보험사업은 보건복지부장관이 관장한다〈제7조 제1항〉.

71. ②

장기요양보험료는 「국민건강보험법」에 따라 산정한 보험료액에서 같은 법에 따라 경감 또는 면제되는 비용을 공제한 금액에 장기요양보험료율을 곱하여 산정한 금액으로 한다〈제9조 제1항〉.

72. ④

장기요양인정의 신청자격〈제12조〉 … 장기요양인정을 신청할 수 있는 자는 노인등으로서 다음의 어느 하나에 해당하는 자격을 갖추어야 한다.
1. 장기요양보험가입자 또는 그 피부양자
2. 「의료급여법」에 따른 수급권자(이하 "의료급여수급권자"라 한다)

73. ②

장기요양인정 신청의 조사〈제14조 제1항〉 … 공단은 신청서를 접수한 때 보건복지부령으로 정하는 바에 따라 소속 직원으로 하여금 다음의 사항을 조사하게 하여야 한다. 다만, 지리적 사정 등으로 직접 조사하기 어려운 경우 또는 조사에 필요하다고 인정하는 경우 특별자치시·특별자치도·시·군·구(자치구를 말한다)에 대하여 조사를 의뢰하거나 공동으로 조사할 것을 요청할 수 있다.
1. 신청인의 심신상태
2. 신청인에게 필요한 장기요양급여의 종류 및 내용
3. 그 밖에 장기요양에 관하여 필요한 사항으로서 보건복지부령으로 정하는 사항

74. ④

공단은 조사가 완료된 때 조사결과서, 신청서, 의사소견서, 그 밖에 심의에 필요한 자료를 등급판정위원회에 제출하여야 한다〈제15조 제1항〉.

75. ③

장기요양등급판정기간〈제16조 제1항〉 … 등급판정위원회는 신청인이 신청서를 제출한 날부터 30일 이내에 장기요양등급판정을 완료하여야 한다. 다만, 신청인에 대한 정밀조사가 필요한 경우 등 기간 이내에 등급판정을 완료할 수 없는 부득이한 사유가 있는 경우 30일 이내의 범위에서 이를 연장할 수 있다.

76. ④

장기요양인정서를 작성할 경우 고려사항〈제18조〉 ··· 공단은 장기요양인정서를 작성할 경우 장기요양급여의 종류 및 내용을 정하는 때 다음의 사항을 고려하여 정하여야 한다.

1. 수급자의 장기요양등급 및 생활환경
2. 수급자와 그 가족의 욕구 및 선택
3. 시설급여를 제공하는 경우 장기요양기관이 운영하는 시설 현황

77. ③

장기요양인정의 갱신 신청은 유효기간이 만료되기 전 30일까지 이를 완료하여야 한다〈제20조 제2항〉.

78. ④

①②③ 재가급여, ④ 특별현금급여

79. ②

특별현금급여의 종류에는 가족요양비, 특례요양비, 요양병원간병비가 있다〈제23조 제1항 제3호〉.

80. ②

수급자는 장기요양인정서와 개인별장기요양이용계획서가 도달한 날부터 장기요양급여를 받을 수 있다〈제27조 제1항〉.

정답 및 해설

1	2	3	4	5	6	7	8	9	10	11	12	13	14	15	16	17	18	19	20
④	③	①	④	③	③	①	③	②	④	④	③	④	②	②	③	①	④	④	③
21	22	23	24	25	26	27	28	29	30	31	32	33	34	35	36	37	38	39	40
④	②	③	③	①	④	③	③	④	①	④	②	③	④	③	②	③	④	③
41	42	43	44	45	46	47	48	49	50	51	52	53	54	55	56	57	58	59	60
①	①	①	④	③	②	②	②	③	③	②	③	④	②	④	①	③	①	②	②
61	62	63	64	65	66	67	68	69	70	71	72	73	74	75	76	77	78	79	80
④	③	④	③	③	③	②	②	②	③	②	③	③	②	①	④	④	②	②	③

직업기초능력평가

1. ④

'가을 전도' 현상은 가을의 차가운 대기로 인해 표층수의 온도가 물의 최대 밀도가 되는 4℃에 가깝게 하강하면 아래쪽으로 가라앉으면서 상대적으로 밀도가 낮은 아래쪽의 물이 위쪽으로 올라오게 되는 현상을 말한다.

2. ③

③ 대화 속의 남과 여는 디지털 글쓰기의 장점과 단점에 대해 이야기하고 있다. 따라서 두 사람이 제출했을 토론 주제로는 '디지털 글쓰기의 장단점'이 적합하다.

3. ①

제시된 포스터는 바다에 쓰레기를 투기하거나 신호보다 먼저 출발하는 행동을 사회의 부정부패에 비유하며 썩은 이를 뽑듯 뽑아내자고 이야기하고 있다. 따라서 이 포스터의 주제를 가장 잘 표현한 사원은 甲이라고 할 수 있다.

4. ④

④ 글의 내용에 의하면, 현재의 유전자 연구 수준은 유전자의 위치나 염기서열을 밝힌 것이 일부 있을 뿐이며, 3,000여 종류의 유전병 중에서 일부만의 원인 유전자를 찾는 정도에 머물고 있음을 알 수 있다. 또, 유전자 연구 수준이 높아진다고 해서 유전병을 치료할 수 있는지도 언급되어 있지 않으며, 어떻게 치료하는지도 이 글을 통해선 알 수 없다.

5. ③

③ (나)글을 보면, 쌍생아들을 대상으로 한 연구는 '유전적 요인이 인간의 성격 형성에 지대한 영향을 미친다는 심증을 굳히게 하였다.'라고 언급되어 있다. 이 논지를 뒷받침하려면, 유전자가 동일한 경우 환경이 달라도 성격이 흡사해야 할 것이며, 유전자가 다를 경우에는 환경이 동일해도 성격은 달라야 한다는 내용이어야 한다.

6. ③

③ '변화와 도전'은 현재 제도에 안주하지 않고 변화와 혁신을 통해 제도의 미래가치를 창출하는 것이다. 따라서 사회 변화를 분석하여 건강보험제도가 나아가야 할 방향을 제시하는 정책이 이에 가장 잘 부합하는 것이라고 볼 수 있다.

7. ①

① B 대리가 영업부 회의에 참석한 것은 사실이나, 해당 업무보고서만으로 A 출판사 영업부 소속이라고 단정할 수는 없다.

8. ③

(가)에서 나무꾼은 도끼날이 무뎌졌다는 근본적인 원인을 찾지 못해 지칠 때까지 힘들게 나무를 베다가 결국 바닥에 드러눕고 말았다. 따라서 이를 끈기 있게 노력하지 않고 좋은 결과를 바라는 업무 태도 개선에 적용하는 것은 적용 대상의 모색이 잘못된 것이다.

9. ②

② 다른 나라에 진출한 타 기업 수 현황 자료는 '다른 나라와의 경제적 연대 증진'이라는 해외 시장 진출의 의의를 뒷받침하는 근거 자료로 적합하지 않다.

10. ④

② '수준별 수학 수업의 장려'와 'Ⅱ-1-나'는 논리적 연관성이 없는 것이 맞지만, 수정하려면 '실험과 탐구 위주의 평가 장려 정책'과 같은 내용으로 고쳐야 논리적으로 타당하다.

11. ④

④ 국제노동기구에서는 사회보장의 구성요소로 전체 국민을 대상으로 해야 하고, 최저생활이 보장되어야 하며 모든 위험과 사고가 보호되어야 할뿐만 아니라 <u>공공의 기관을 통해서 보호나 보장이 이루어져야 한다</u>고 하였다.

12. ③

③ 파급(波及) : 어떤 일의 여파나 영향이 차차 다른 데로 미침.
① 통용(通用) : 일반적으로 두루 씀. 또는 서로 넘나들어 두루 씀.
② 책정(策定) : 계획이나 방책을 세워 결정함.
④ 양육(養育) : 아이를 보살펴서 자라게 함.

13. ④

④ 해당 영상물의 제작 의도는 탈춤에 무관심한 젊은 세대를 대상으로 하여 우리 고유의 문화유산인 탈춤에 대한 관심을 불러일으키기 위한 것이다. 따라서 탈춤에 대한 학술적 이견들을 깊이 있게 제시하는 것은 제작 의도와 맞지 않는다.

14. ②

첫째 자리에 선이 세 개 있으므로 15, 둘째 자리에는 점이 세 개 있으므로 60이 된다. 따라서 첫째 자리와 둘째 자리를 합한 값인 75를 입력하면 (그림 4)와 같은 결과를 얻을 수 있다.

15. ②

박 부장이 두 번째 발언에 '그리고 효율성 문제는요, 저희가 알아본 바에 의하면 시설 가동률이 50% 정도에 그치고 있고, 누수율도 15%나 된다는데, 이런 것들은 시설 보수나 철저한 관리를 통해 충분히 해결할 수 있다고 봅니다.'를 통해 앞에서 이 과장이 효율성 문제를 들어 수돗물 사업 민영화를 주장했다는 것을 유추할 수 있다.

16. ③

③ 박 부장은 구체적인 사례와 수치 등을 들어 이 과장의 의견을 비판하고 있다.

17. ①

① "제 생각에도 수돗물 사업이 민영화되면 좀 더 효율적이고 전문적으로 운영될 것 같은데요."라고 한 김 팀장의 두 번째 발언으로 볼 때 김 팀장은 이 과장의 의견에 동의하고 있다.

18. ④

④ 공단 고객센터에서 근무한 C 씨가 이 채용에서 우대받기 위해서는 2019년 이후 근무경력이 2년 이상이어야 한다.

19. ④

④ 회의 준비를 점검하는 과정에서 매번 빠진 자료가 없는지 확인하는 것은 시간이 많이 소요되므로, 필요한 자료 목록을 작성하여 빠진 자료가 없는지 목록을 작성하여 체크하고 중간점검과 최종점검을 통해 확인한다.

20. ③

Albert Denton : 9월 24일, 화요일

8:30 a.m.	Metropolitan 호텔 로비 택시에서 Extec 공장까지 Kim S.S.와 미팅
9:30–11:30 a.m.	공장 투어
12:00–12:45 p.m.	품질 관리 감독관과 공장 식당에서 점심식사
1:00–2:00 p.m.	공장 관리자와 미팅
2:00 p.m.	차로 창고에 가기
2:30–4:00 p.m.	창고 투어
4:00 p.m.	다과
5:00 p.m.	택시로 호텔 (약 45분)
7:30 p.m.	C.W. Park과 로비에서 미팅
8:00 p.m.	고위 간부와 저녁식사

③ 공장 투어는 9시 30분에서 11시 30분까지이므로 오후가 아니다.

21. ④

$\div 1, \times 2, \div 3, \times 4, \div 5, \times 6 \cdots$의 규칙을 갖는다.

22. ②

일정한 규칙을 찾아 도형 안의 수를 유추하면 된다.

979와 25의 관계를 보면 $9+7+9=25$, 689와 23의 관계를 보면 $6+8+9=23$

793과 19의 관계를 보면 $7+9+3=19$이므로 세 자리 수로 구성된 부분의 각 항을 더하면 된다.

그러므로 863은 $8+6+3=17$이 된다.

23. ③

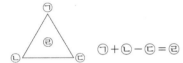 $㉠+㉡-㉢=㉣$

$1+3-2=2$, $2+0-1=1$, $㉠+4-5=4$에서 $㉠=5$, $4+2-2=㉡$에서 $㉡=4$

그러므로 $㉠\times㉡=5\times4=20$이 된다.

24. ③

작년 남학생 수를 x라고 할 때 작년 여학생 수는
$(1000-x)$라고 할 수 있다.

$x\times0.08+(1000-x)\times-0.04=20$
$0.08x-40+0.04x=20$
$0.12x=60$
$12x=6000$
$x=500$

25. ①

의자의 개수를 x라고 하면
$3x+5=5(x-3)+2$
$x=9$개
$3\times9+5=32$명

26. ④

일의 자리 숫자를 x로 놓았을 때 다음의 식이 성립하므로

$2 \times 100 + 5 \times 10 + x = 2 \times 100 + x \times 10 + 5 + 18$
$250 + x = 200 + 10x + 23$
$x - 10x = 223 - 250$
$-9x = -27$
$x = 3$
∴ 처음 수는 $2 \times 100 + 5 \times 10 + 3 = 253$이다.

27. ③

③ 미국에 있는 자녀에게 학비를 송금하는 갑국 부모는 A 시기에 환율이 상승하였으므로 환전을 위해 더 많은 갑국 화폐를 지출하게 된다.

28. ③

③ 모든 연도에서 경제 활동 참가율은 90%로 변함이 없다.
t−1년에 갑국의 실업률이 10%이므로, A는 비경제 활동 인구, B는 실업자, C는 취업자이다.

29. ④

A국은 1차 산업의 비중이 높고, B국은 선진국형, C국은 중진국형, D국은 후진국형 산업 구조이다. 따라서 B국은 C국보다 산업 구조의 고도화가 더 진행되었다.

30. ①

㉠ 손익 계정의 매출에서 매입을 차감한 400,000원이 매출총이익이다.
㉡ 영업외비용은 기부금과 외화환산손실을 더한 120,000원이다.
㉢ 손익 계정의 자본금 200,000원은 당기순이익이다.
㉣ 자본 계정의 전기이월액 3,000,000원이 기초 자본금이다.

31. ④

금리가 지속적으로 하락하면 대출시 고정 금리보다 변동 금리를 선택하는 것이 유리하다.
㉠㉡ 요구불 예금의 금리와 예대 마진은 지속적으로 증가하지 않는다.

32. ②

원화 가치가 상승함에 따라 국내 미국 회사에 근무하는 회사원은 급여를 원화로 받는 것이 유리하다.

33. ③

현 보유 재고로 조달할 수 있는 완제품 탁자의 최대 수량은 현재 보유하고 있는 하부 조립품 50개와 짧은 난간, 긴 난간, 다리로 50개를 만들어 총 100개이다.
① 탁자는 상판, 짧은 난간, 긴 난간, 다리 총 4가지로 구성된다.
② 탁자 1개를 만들기 위해 필요한 다리의 개수는 4개이다.
④ 완제품을 만들고 난 후 다리의 재고 수량은 50개이다.

34. ②

을은 뒷면을 가공한 이후 갑의 앞면 가공이 끝날 때까지 5분을 기다려야 한다.
뒷면 가공 15분 → 5분 기다림 → 앞면 가공 20분 → 조립 5분
총 45분이 걸리고, 유휴 시간은 기다린 시간인 5분이 된다.

35. ④

완성품 납품 개수는 30+20+30+20으로 총 100개이다.
완성품 1개당 부품 A는 10개가 필요하므로 총 1,000개가 필요하고, B는 300개, C는 500개가 필요하다.
이때 각 부품의 재고 수량에서 부품 A는 500개를 가지고 있으므로 필요한 1,000개에서 가지고 있는 500개를 빼면 500개의 부품을 주문해야 한다.
부품 B는 120개를 가지고 있으므로 필요한 300개에서 가지고 있는 120개를 빼면 180개를 주문해야 하며, 부품 C는 250개를 가지고 있으므로 필요한 500개에서 가지고 있는 250개를 빼면 250개를 주문해야 한다.

36. ③

재고 수량에 따라 완성품을 A 부품으로는 $100 \div 2 = 50$개, B 부품으로는 $300 \div 3 = 100$개, C 부품으로는 $2,000 \div 20 = 100$개, D 부품으로는 $150 \div 1 = 150$개까지 만들 수 있다.
완성품은 A, B, C, D가 모두 조립되어야 하므로 50개만 만들 수 있다.
완성품 1개당 소요 비용은 완성품 1개당 소요량과 단가의 곱으로 구하면 되므로 A 부품 $2 \times 50 = 100$원, B 부품 $3 \times 100 = 300$원, C 부품 $20 \times 10 = 200$원, D 부품 $1 \times 400 = 400$원이다.
이를 모두 합하면 $100 + 300 + 200 + 400 = 1,000$원이 된다.

37. ②

판매 가격은 매입 가격 + 매입 제비용 + 영업비 + 이익으로 구성되어 있으며, 이중 이폭은 영업비 + 이익이 된다. A 마트와 같이 마진(영업비 + 이익)이 없이 판매를 할 경우, 영업비와 이익을 포함하지 않고 판매하게 되는 것이므로 원가는 32,000원이 된다.

㉠ A 마트의 판매 가격에는 영업비가 포함되어 있지 않다.
㉡ B 마트의 판매 가격의 이폭은 개당 2,000원이다.
㉢ A 마트와 B 마트의 매입 원가는 개당 32,000원이다.

38. ③

각 도시별 자동차 대수를 구해보면 자동차 대수의 단위가 1,000명이므로 10을 곱하여 만 명당 대수로 변환하게 계산을 하면 된다.
A : $100 \times 2,000 = 200,000$
B : $70 \times 1,500 = 105,000$
C : $50 \times 4,500 = 225,000$
D : $40 \times 3,000 = 120,000$

39. ④

① 2015년과 2017년 사이에는 증가하였다.
② 30대 이하는 감소 → 증가 → 감소를 나타내고, 40대는 증가 → 증가 → 감소를 나타내므로 두 연령층의 증감추이는 동일하지 않다.
③ 30대 이하와 50대의 연령별 저축률은 감소 → 증가 → 감소의 동일한 변화를 보이고 있다.
④ 60대와 70대 이상의 저축률은 모두 증가 → 감소 → 감소의 동일한 변화를 보이고 있다.

40. ③

㉠ 중국은 미국보다 1인당 취수량이 적다.
㉡ 미국은 인도보다 농업용도 취수 비중이 낮지만 1인당 취수량이 매우 많기 때문에 1인당 농업용수의 취수량이 많다.
㉢ 오스트레일리아는 브라질보다 물 자원량에서 차지하는 취수량의 비중이 높다.

브라질 : $\frac{59}{8,243} = 0.00715$

오스트레일리아 : $\frac{24}{492} = 0.04878$

㉣ 물 자원량이 많은 국가라고 해서 1인당 물 자원량이 많지는 않다.

41. ①

금요일에는 제육덮밥이 편성된다. 목요일에는 오므라이스를 편성할 수 없고, 다섯 번째 조건에 의해 나물 비빔밥도 편성할 수 없다. 따라서 목요일에는 돈가스 정식 또는 크림 파스타가 편성되어야 한다. 마지막 조건과 두 번째 조건에 의해 돈가스 정식은 월요일, 목요일에도 편성할 수 없으므로 돈가스 정식은 화요일에 편성된다. 따라서 목요일에는 크림 파스타, 월요일에는 나물 비빔밥이 편성된다.

42. ①

'놀이기구를 좋아함 → 대범함 → 겁이 없음'이 성립하므로 A는 옳은 내용이나, B는 알 수 없는 내용이므로 A만 옳다.

43. ①

주식, 채권은 직접 금융 시장에서 자금을 조달하며, 주식은 수익성이 높으며, 저축과 채권은 주식보다는 안정성이 높다.

44. ④

㉠ 정기 예금은 저축성 예금에 해당한다.
㉢ A는 단리, B는 복리가 적용된 정기 예금 상품이다.

45. ③

바둑돌은 1, 3, 5, 7, … 19처럼 2만큼의 차이로 단계별로 'ㄱ'자 모양으로 배치되고, 홀수 단계에는 검정색으로, 짝수 단계에는 흰색으로 나타난다.

46. ②

기업의 자금 조달 중 보통주 발행은 자기 자본으로 형성되며 주식에 투자한 주주는 경영 참가권을 갖게 된다. 채권 발행은 타인 자본이며, 기업은 이자 부담과 원금 상환 의무를 가지게 된다.

47. ②

㉠ 보안 프로그램을 최신으로 유지해야 피싱사이트 및 파밍 사기 기법의 악성 코드 설치를 예방할 수 있다.
㉢ 은행에서 제공하는 전자 금융 사기 예방 서비스를 이용하면 피싱 및 파밍을 예방할 수 있다.

48. ②

작품 밑에 참인 글귀를 적는 진수와 상민이 그렸다면, 진수일 경우 진수가 그리지 않았으므로 진수는 그림을 그린 것이 아니고 상민일 경우 문제의 조건에 맞으므로 상민이 그린 것이 된다.

49. ③

㉠ A가 선생님이면 C와 E는 거짓말을 하고 있으므로 학생이다.
㉡ A가 학생이면, E는 진실을 말하고 있으므로 선생님이고 C는 거짓말을 하고 있으므로 학생이다.
㉢ B가 선생님이면 D는 학생이고, B가 학생이면 D는 선생님이다.
위의 세 가지를 표로 나타내면 다음과 같다.

A	선생님	선생님	학생	학생
B	선생님	학생	선생님	학생
C	학생	학생	학생	학생
D	학생	선생님	학생	선생님
E	학생	학생	선생님	선생님

따라서 교장이 정확하게 알 수 있는 것은 C가 학생이라는 것과 선생님이 두 명이라는 것뿐이다.

50. ③

조건을 그림으로 도식화 해보면 다음과 같은 사실을 알 수 있다.

2층	(나) : O형 ──부부── (사) : O형 (다) : O형
1층	(가) : A형, (라) : AB형, (마) : B형, (바) : AB형

51. ②

② 2층에 사는 (나), (사), (다)를 제외한 (가), (라), (마), (바)가 1층에 산다.

52. ③

주어진 조건을 정리해 보면 마지막 줄에는 봉선, 문성, 승일이가 앉게 되며 중간 줄에는 동현이와 승만이가 앉게 된다. 그러나 동현이가 승만이 바로 옆자리이며, 또한 빈자리가 바로 옆이라고 했으므로 승만이는 빈자리 옆에 앉지 못한다. 첫 줄에는 강훈이와 연정이가 앉게 되고 빈자리가 하나 있다. 따라서 연정이는 빈자리 옆에 배정받을 수 있다.

53. ④

집중적 사고가 아니라 분석적 사고가 요구된다. 전체를 각각의 요소로 나누어 그 요소의 의미를 도출한 다음 우선순위를 부여하고 구체적인 문제해결방법을 실행하는 것이 요구된다.

54. ②

노래를 잘 부르는 사람은 그림을 잘 그린다(ⓗ의 대우).
그림을 잘 그리는 사람은 상상력이 풍부하다(ⓐ).
∴ 노래를 잘 부르는 사람은 상상력이 풍부하다.

55. ④

'안정적 자금 공급'이 자사의 강점이기 때문에 '안정적인 자금 확보를 위한 자본구조 개선'은 향후 해결해야 할 과제에 속하지 않는다.

56. ①

① 김씨 : $(14 \times 5) - (6 \times 3) + (7 \times 10) - (3 \times 5) = 107$
② 이씨 : $(10 \times 5) - (10 \times 3) + (9 \times 10) - (1 \times 5) = 105$
③ 정씨 : $(18 \times 5) - (2 \times 3) + (4 \times 10) - (6 \times 5) = 94$(승진 대상에서 탈락)

57. ③

주어진 조건에 따라 나열해 보면 '영미 > 철기 > 해영 > 준영 > 정주 > 민지 > 가영' 순이다. 따라서 5등을 한 사람은 정주이다.

58. ①

B와 C의 말은 모순이기 때문에 둘 중에 하나는 거짓이다. B가 참이라고 할 경우, A의 진술은 참이지만, C, D, E의 진술은 거짓이 되므로 조건에 부합하지 않는다. 따라서 B의 말은 거짓이며, A도 거짓이다. C, D, E의 진술이 참이며 이를 바탕으로 추리해 보면 쓰레기를 무단투기한 사람은 C이다.

59. ②

수미 소비상황을 봤을 때 A신용카드 혜택이 없으며, B신용카드는 1만원 청구할인, C신용카드는 1만원 포인트 적립, D신용카드는 1만원 문화상품권을 증정한다. 액수가 동일한 경우 할인혜택, 포인트 적립, 문화상품권 지급 순으로 유리하다고 했으므로 수미는 B신용카드를 선택한다.

60. ②

㉠ : 태풍경보 표를 보면 알 수 있다. 비가 270mm이고 풍속 26m/s에 해당하는 경우는 태풍경보 2급이다.

㉡ : 6시간 강우량이 130mm 이상 예상되므로 호우경보에 해당하며 산지의 경우 순간풍속 28m/s 이상이 예상되므로 강풍주의보에 해당한다.

61. ④

재가급여 또는 시설급여를 제공하는 장기요양기관을 운영하려는 자는 보건복지부령으로 정하는 장기요양에 필요한 시설 및 인력을 갖추어 소재지를 관할 구역으로 하는 <u>특별자치시장·특별자치도지사·시장·군수·구청장</u>으로부터 지정을 받아야 한다⟨제31조 제1항⟩.

62. ③

결격사유⟨제32조의2⟩ … 다음의 어느 하나에 해당하는 자는 장기요양기관으로 지정받을 수 없다.
1. 미성년자, 피성년후견인 또는 피한정후견인
2. 「정신건강증진 및 정신질환자 복지서비스 지원에 관한 법률」의 정신질환자. 다만, 전문의가 장기요양기관 설립·운영 업무에 종사하는 것이 적합하다고 인정하는 사람은 그러하지 아니하다.
3. 「마약류 관리에 관한 법률」의 마약류에 중독된 사람
4. 파산선고를 받고 복권되지 아니한 사람
5. <u>금고 이상의 실형을 선고받고 그 집행이 종료(집행이 종료된 것으로 보는 경우를 포함한다)되거나 집행이 면제된 날부터 5년이 경과되지 아니한 사람</u>
6. 금고 이상의 형의 집행유예를 선고받고 그 유예기간 중에 있는 사람
7. 대표자가 제1호부터 제6호까지의 규정 중 어느 하나에 해당하는 법인

63. ④

장기요양기관은 수급자가 장기요양급여를 쉽게 선택하도록 하고 장기요양기관이 제공하는 급여의 질을 보장하기 위하여 장기요양기관별 <u>급여의 내용, 시설·인력 등 현황자료</u> 등을 공단이 운영하는 인터넷 홈페이지에 게시하여야 한다⟨제34조 제1항⟩.

64. ③

시정명령⟨제36조의2⟩ … 특별자치시장·특별자치도지사·시장·군수·구청장은 장기요양기관 재무·회계기준을 위반한 장기요양기관에 대하여 <u>6개월</u> 이내의 범위에서 일정한 기간을 정하여 시정을 명할 수 있다.

65. ③

특별자치시장·특별자치도지사·시장·군수·구청장은 장기요양기관 지정의 취소 등 규정의 어느 하나(거짓이나 그 밖의 부정한 방법으로 재가 및 시설 급여비용을 청구한 경우는 제외)에 해당하는 행위를 이유로 업무정지명령을 하여야 하는 경우로서 그 업무정지가 해당 장기요양기관을 이용하는 수급자에게 심한 불편을 줄 우려가 있는 등 보건복지부장관이 정하는 특별한 사유가 있다고 인정되는 경우에는 업무정지명령을 갈음하여 2억 원 이하의 과징금을 부과할 수 있다〈제37조의2 제1항〉.

66. ③

행정제재처분 효과의 승계〈제37조의4 제1항〉 ··· 장기요양기관 지정의 취소 등 규정의 어느 하나에 해당하는 행위를 이유로 한 행정제재처분의 효과는 그 처분을 한 날부터 3년간 다음의 어느 하나에 해당하는 자에게 승계된다.
1. 장기요양기관을 양도한 경우 양수인
2. 법인이 합병된 경우 합병으로 신설되거나 합병 후 존속하는 법인
3. 장기요양기관 폐업 후 같은 장소에서 장기요양기관을 운영하는 자 중 종전에 행정제재처분을 받은 자(법인인 경우 그 대표자를 포함한다)나 그 배우자 또는 직계혈족

67. ②

위원장은 보건복지부차관이 되고, 부위원장은 위원 중에서 위원장이 지명한다〈제46조 제3항〉.

68. ③

③ 장기요양요원지원센터의 업무에 해당한다.
※ 관리운영기관(공단)의 업무〈제48조 제2항〉 ··· 공단은 다음의 업무를 관장한다.
　　1. 장기요양보험가입자 및 그 피부양자와 의료급여수급권자의 자격관리
　　2. 장기요양보험료의 부과·징수
　　3. 신청인에 대한 조사
　　4. 등급판정위원회의 운영 및 장기요양등급 판정
　　5. 장기요양인정서의 작성 및 개인별장기요양이용계획서의 제공
　　6. 장기요양급여의 관리 및 평가
　　7. 수급자 및 그 가족에 대한 정보제공·안내·상담 등 장기요양급여 관련 이용지원에 관한 사항
　　8. 재가 및 시설 급여비용의 심사 및 지급과 특별현금급여의 지급
　　9. 장기요양급여 제공내용 확인
　　10. 장기요양사업에 관한 조사·연구 및 홍보
　　11. 노인성질환예방사업

12. 이 법에 따른 부당이득금의 부과·징수 등
13. 장기요양급여의 제공기준을 개발하고 장기요양급여비용의 적정성을 검토하기 위한 장기요양기관의 설치 및 운영
14. 그 밖에 장기요양사업과 관련하여 보건복지부장관이 위탁한 업무

69. ②

다음의 어느 하나에 해당하는 자는 2년 이하의 징역 또는 2천만 원 이하의 벌금에 처한다〈제67조 제2항〉.
1. 지정받지 아니하고 장기요양기관을 운영하거나 거짓이나 그 밖의 부정한 방법으로 지정받은 자
2. 안전성 확보에 필요한 조치를 하지 아니하여 영상정보를 분실·도난·유출·변조 또는 훼손당한 자
3. 본인부담금을 면제 또는 감경하는 행위를 한 자
4. 수급자를 소개, 알선 또는 유인하는 행위를 하거나 이를 조장한 자
5. 업무수행 중 알게 된 비밀을 누설한 자

70. ③

과태료〈제69조 제1항〉 ··· 정당한 사유 없이 다음의 어느 하나에 해당하는 자에게는 500만 원 이하의 과태료를 부과한다.
1. 삭제
2. 변경지정을 받지 아니하거나 변경신고를 하지 아니한 자 또는 거짓이나 그 밖의 부정한 방법으로 변경지정을 받거나 변경신고를 한 자
2의2. 장기요양기관에 관한 정보를 게시하지 아니하거나 거짓으로 게시한 자
2의3. 수급자에게 장기요양급여비용에 대한 명세서를 교부하지 아니하거나 거짓으로 교부한 자
3. 장기요양급여 제공 자료를 기록·관리하지 아니하거나 거짓으로 작성한 사람
3의2. 장기요양요원의 보호 규정의 어느 하나를 위반한 자
4. 폐업·휴업 신고 또는 자료이관을 하지 아니하거나 거짓이나 그 밖의 부정한 방법으로 신고한 자
4의2. 행정제재처분을 받았거나 그 절차가 진행 중인 사실을 양수인 등에게 지체 없이 알리지 아니한 자
5. 삭제
6. 거짓이나 그 밖의 부정한 방법으로 수급자에게 장기요양급여비용을 부담하게 한 자
7. 보고 또는 자료제출 요구·명령에 따르지 아니하거나 거짓으로 보고 또는 자료제출을 한 자나 질문 또는 검사를 거부·방해 또는 기피하거나 거짓으로 답변한 자
8. 거짓이나 그 밖의 부정한 방법으로 장기요양급여비용 청구에 가담한 사람
9. 유사명칭의 사용금지 규정을 위반하여 노인장기요양보험 또는 이와 유사한 용어를 사용한 자

71. ②

국가 및 지방자치단체의 책무 등〈제4조〉

① 국가 및 지방자치단체는 노인이 일상생활을 혼자서 수행할 수 있는 온전한 심신상태를 유지하는데 필요한 사업(이하 "노인성질환예방사업"이라 한다)을 실시하여야 한다.

② 국가는 노인성질환예방사업을 수행하는 지방자치단체 또는 「국민건강보험법」에 따른 국민건강보험공단(이하 "공단"이라 한다)에 대하여 이에 소요되는 비용을 지원할 수 있다.

③ 국가 및 지방자치단체는 노인인구 및 지역특성 등을 고려하여 장기요양급여가 원활하게 제공될 수 있도록 적정한 수의 장기요양기관을 확충하고 장기요양기관의 설립을 지원하여야 한다.

④ 국가 및 지방자치단체는 장기요양급여가 원활히 제공될 수 있도록 공단에 필요한 행정적 또는 재정적 지원을 할 수 있다.

⑤ 국가 및 지방자치단체는 장기요양요원의 처우를 개선하고 복지를 증진하며 지위를 향상시키기 위하여 적극적으로 노력하여야 한다.

⑥ 국가 및 지방자치단체는 지역의 특성에 맞는 장기요양사업의 표준을 개발·보급할 수 있다.

72. ③

실태조사〈제6조의2〉

① 보건복지부장관은 장기요양사업의 실태를 파악하기 위하여 3년마다 다음의 사항에 관한 조사를 정기적으로 실시하고 그 결과를 공표하여야 한다.
   1. 장기요양인정에 관한 사항
   2. 장기요양등급판정위원회(이하 "등급판정위원회"라 한다)의 판정에 따라 장기요양급여를 받을 사람(이하 "수급자"라 한다)의 규모, 그 급여의 수준 및 만족도에 관한 사항
   3. 장기요양기관에 관한 사항
   4. 장기요양요원의 근로조건, 처우 및 규모에 관한 사항
   5. 그 밖에 장기요양사업에 관한 사항으로서 보건복지부령으로 정하는 사항

② 실태조사의 방법과 내용 등에 필요한 사항은 보건복지부령으로 정한다.

73. ③

장기요양인정의 신청〈제13조〉

① 장기요양인정을 신청하는 자(이하 "신청인"이라 한다)는 공단에 보건복지부령으로 정하는 바에 따라 장기요양인정신청서(이하 "신청서"라 한다)에 의사 또는 한의사가 발급하는 소견서(이하 "의사소견서"라 한다)를 첨부하여 제출하여야 한다. 다만, 의사소견서는 공단이 등급판정위원회에 자료를 제출하기 전까지 제출할 수 있다.

② 거동이 현저하게 불편하거나 도서·벽지 지역에 거주하여 의료기관을 방문하기 어려운 자 등 대통령령으로 정하는 자는 의사소견서를 제출하지 아니할 수 있다.

③ 의사소견서의 발급비용·비용부담방법·발급자의 범위, 그 밖에 필요한 사항은 보건복지부령으로 정한다.

74. ②

등급판정위원회는 신청인이 신청서를 제출한 날부터 30일 이내에 장기요양등급판정을 완료하여야 한다. 다만, 신청인에 대한 정밀조사가 필요한 경우 등 기간 이내에 등급판정을 완료할 수 없는 부득이한 사유가 있는 경우 30일 이내의 범위에서 이를 연장할 수 있다〈제16조 제1항〉.

75. ①

장기요양급여의 제한〈제29조〉
① 공단은 장기요양급여를 받고 있는 자가 정당한 사유 없이 등급판정 등에 관한 조사나 자료의 제출, 보고 및 검사에 따른 요구에 응하지 아니하거나 답변을 거절한 경우 장기요양급여의 전부 또는 일부를 제공하지 아니하게 할 수 있다.
② 공단은 장기요양급여를 받고 있거나 받을 수 있는 자가 장기요양기관이 거짓이나 그 밖의 부정한 방법으로 장기요양급여비용을 받는 데에 가담한 경우 장기요양급여를 중단하거나 1년의 범위에서 장기요양급여의 횟수 또는 제공 기간을 제한할 수 있다.
④ 제2항에 따른 장기요양급여의 중단 및 제한 기준과 그 밖에 필요한 사항은 보건복지부령으로 정한다.

76. ④

④ 가족요양비의 지급절차와 그 밖에 필요한 사항, 장기요양급여가 인정되는 기관 또는 시설의 범위, 특례요양비의 지급절차, 그 밖에 필요한 사항, 요양병원간병비의 지급절차와 그 밖에 필요한 사항은 보건복지부령으로 정한다〈제24호 제2항, 제15조 제2항, 제26조 제2항〉.

77. ④

다음의 어느 하나에 해당하는 자는 장기요양기관으로 지정받을 수 없다〈제37조 제8항〉.
1. 지정취소를 받은 후 3년이 지나지 아니한 자(법인인 경우 그 대표자를 포함한다)
2. 업무정지명령을 받고 업무정지기간이 지나지 아니한 자(법인인 경우 그 대표자를 포함한다)

78. ②

장기요양급여 제공의 기본원칙〈제3조〉
① 장기요양급여는 노인등이 자신의 의사와 능력에 따라 최대한 자립적으로 일상생활을 수행할 수 있도록 제공하여야 한다.
② 장기요양급여는 노인등의 심신상태·생활환경과 노인등 및 그 가족의 욕구·선택을 종합적으로 고려하여 필요한 범위 안에서 이를 적정하게 제공하여야 한다.

③ 장기요양급여는 노인등이 가족과 함께 생활하면서 가정에서 장기요양을 받는 재가급여를 우선적으로 제공하여야 한다.

④ 장기요양급여는 노인등의 심신상태나 건강 등이 악화되지 아니하도록 의료서비스와 연계하여 이를 제공하여야 한다.

79. ②

부당이득의 징수〈제43조〉

① 공단은 장기요양급여를 받은 자 또는 장기요양급여비용을 받은 자가 다음의 어느 하나에 해당하는 경우 그 장기요양급여 또는 장기요양급여비용에 상당하는 금액을 징수한다.

　1. 등급판정 결과 의심되는 행위의 어느 하나에 해당하는 것으로 확인된 경우

　2. 월 한도액 범위를 초과하여 장기요양급여를 받은 경우

　3. 장기요양급여의 제한 등을 받을 자가 장기요양급여를 받은 경우

　4. 거짓이나 그 밖의 부정한 방법으로 재가 및 시설 급여비용을 청구하여 이를 지급받은 경우

　5. 그 밖에 이 법상의 원인 없이 공단으로부터 장기요양급여를 받거나 장기요양급여비용을 지급받은 경우

② 공단은 거짓 보고 또는 증명에 의하거나 거짓 진단에 따라 장기요양급여가 제공된 때 거짓의 행위에 관여한 자에 대하여 장기요양급여를 받은 자와 연대하여 징수금을 납부하게 할 수 있다.

③ 공단은 거짓이나 그 밖의 부정한 방법으로 장기요양급여를 받은 자와 같은 세대에 속한 자(장기요양급여를 받은 자를 부양하고 있거나 다른 법령에 따라 장기요양급여를 받은 자를 부양할 의무가 있는 자를 말한다)에 대하여 거짓이나 그 밖의 부정한 방법으로 장기요양급여를 받은 자와 연대하여 징수금을 납부하게 할 수 있다.

④ 공단은 장기요양기관이 수급자로부터 거짓이나 그 밖의 부정한 방법으로 장기요양급여비용을 받은 때 해당 장기요양기관으로부터 이를 징수하여 수급자에게 지체 없이 지급하여야 한다. 이 경우 공단은 수급자에게 지급하여야 하는 금액을 그 수급자가 납부하여야 하는 장기요양보험료등과 상계할 수 있다.

80. ③

장기요양인정서를 작성할 경우 고려사항〈제18조〉 ⋯ 공단은 장기요양인정서를 작성할 경우 장기요양급여의 종류 및 내용을 정하는 때 다음의 사항을 고려하여 정하여야 한다.

1. 수급자의 장기요양등급 및 생활환경

2. 수급자와 그 가족의 욕구 및 선택

3. 시설급여를 제공하는 경우 장기요양기관이 운영하는 시설 현황

1	2	3	4	5	6	7	8	9	10	11	12	13	14	15	16	17	18	19	20
②	③	②	①	②	③	③	③	①	④	③	③	④	②	④	③	④	①	①	②
21	22	23	24	25	26	27	28	29	30	31	32	33	34	35	36	37	38	39	40
①	②	④	②	④	②	③	④	④	④	④	③	②	④	③	②	④	③	②	④
41	42	43	44	45	46	47	48	49	50	51	52	53	54	55	56	57	58	59	60
③	②	②	①	④	②	①	①	④	④	④	③	①	④	①	②	①	④	③	③
61	62	63	64	65	66	67	68	69	70	71	72	73	74	75	76	77	78	79	80
②	③	①	④	④	③	②	②	①	②	④	③	③	③	④	②	③	①	②	④

직업기초능력평가

1. ②

노동을 더 해도 추가되는 임금이 없게 되므로 무제한 노동을 하게 부추기는 결과가 된다고 볼 수 있다. 따라서 '바람직하지 않은 일을 더 심해지도록 부추김'의 의미인 '조장'이 가장 적절하다.

2. ③

③ 고객이 큰 소리로 불만을 늘어놓게 되면 다른 고객에게도 영향을 미치게 되므로 별도 공간으로 안내하여 편안하게 이야기를 주고받는 것이 좋으며, 시끄러운 곳에서 응대하는 것은 오히려 고객의 불만을 자극하여 상황을 더 악화시킬 우려가 있다.

①② 불만이 심한 고객은 합리적인 대화가 매우 어려운 상황이 대부분이다. 따라서 민원 담당자의 힘으로 해결될 기미가 보이지 않을 때에는 응대자를 바꾸어 보는 것이 좋은 방법이 된다. 또한, 더 책임 있고 권한을 가진 윗사람을 내세워 다시금 처음부터 들어보고 정중하게 사과하도록 한다면 의외로 불만 고객의 마음을 가라앉힐 수 있다.

④ 따끈한 차를 대접하여 시간적 여유를 갖게 되면, 감정을 이성적으로 바꿀 수 있는 기회가 되어 시간도 벌고 고객의 불만을 가라앉혀 해결책을 강구할 수 있는 여유도 가질 수 있게 된다.

3. ②

주어진 글에 쓰인 '맞선을 보다'는 선택지 ②의 '잠깐 좀 보다'의 경우와 함께 '일정한 목적 아래 만나다'의 의미를 갖는 어휘이다.
① '맡아서 보살피거나 지키다'의 의미를 갖는다.
③ '상대편의 형편 따위를 헤아리다'의 의미를 갖는다.
④ '눈으로 대상의 존재나 형태적 특징을 알다'의 의미를 갖는다.

4. ①

'완수'가 들어가서 의미를 해치지 않는 문장은 없다. 빈칸을 완성하는 가장 적절한 단어들은 다음과 같다.
(가), (마) 대처
(나), (다) 수행
(라) 대행
(바) 대비

5. ②

숫자 등이 얼마일 것으로 추정된다는 어휘에는 문제가 없으며, 셈을 해 본다는 의미가 추가된 '추산'과 혼용하지 않도록 주의한다.
① '어디부터 어디까지'의 의미인 '범위'가 아닌, '범주'가 적절한 어휘이다.
③ 불만이나 감정, 문제점 등을 드러내는 의미의 '표출'이 아닌, '제시'가 적절한 어휘이다.
④ 해당 문장의 주어는 '연구'이므로 연구가 '수행'되어 왔다가 적절한 어휘이다. 정책이나 제도 등이 '시행'되는 것이다.

6. ③

③ 영희가 장갑을 이미 낀 상태인지, 장갑을 끼는 동작을 진행 중인지 의미가 확실치 않은 동사의 상적 속성에 의한 중의성의 사례가 된다.

① 수식어에 의한 중의성의 사례로, 길동이가 나이가 많은 것인지, 길동이와 을순이 모두가 나이가 많은 것인지가 확실치 않은 중의성을 포함하고 있다.

② 접속어에 의한 중의성의 사례로, '그 녀석'이 나와 함께 가서 아버지를 만난건지, 나와 아버지를 각각 만난건지, 나와 아버지 둘을 같이 만난건지가 확실치 않은 중의성을 포함하고 있다.

④ 명사구 사이 동사에 의한 중의성의 사례로, 그녀가 친구들을 보고 싶어 하는 것인지 친구들이 그녀를 보고 싶어 하는 것인지가 확실치 않은 중의성을 포함하고 있다.

7. ③

'깨진 유리창의 법칙'은 깨진 유리창처럼 사소한 것들을 수리하지 않고 방치해두면, 나중에는 큰 범죄로 이어진다는 범죄 심리학 이론으로, 작은 일을 소홀히 관리하면 나중에는 큰일로 이어질 수 있음을 의미한다.

8. ③

③ 서류전형과 최종합격자 발표는 합격자에게만 개별 유선통보가 되는 것이므로 연락이 없을 경우 합격하지 못한 것으로 판단할 수 있다. 일반적으로 채용 공고문에서는 합격자 발표 방법으로 개별 통보 또는 홈페이지에서 확인 등을 제시하고 있으므로 반드시 이를 숙지할 필요가 있다.

① 접수 가능 시간과 근로자 근무시간대는 동일하게 09:00~18:00이다.

② 접수방법은 이메일이라고 언급하고 있으며, 자격증은 해당자만 제출하면 된다.

④ 근무지는 S공사 경기지역본부이므로 공식 근무지 위치는 경기지역본부 소재지인 경기도 성남시 분당구가 된다.

9. ①

27,346,100은 'Twenty seven million three hundred forty six thousand one hundred'가 올바른 표현이다. 숫자를 읽을 때에는 백만 단위(million), 천 단위(thousand) 표시에 맞게 끊어서 읽되, 단위는 단수로 읽어야 한다. 40은 'forty'가 바른 표현이다.

10. ④

주어진 글의 핵심 논점은 '지자체의 에너지 정책 기능의 강화 필요성'이 될 것이다. 지자체 중심의 분산형 에너지 정책의 흐름을 전제한 후 기존 중앙 정부 중심의 에너지 정책의 장점을 소개하였으며, 그에 반해 분산형 에너지 정책을 추진함에 있어 유의해야 할 사안은 어떤 것인지를 열거하며 비교하였다고 볼 수 있다.

ㄹ이 속한 단락의 앞 단락에서는 지역 특성을 고려하여 지자체가 분산형 에너지 정책의 주도권을 쥐어야 한다는 주장을 펴고 있으며, 이를 '이뿐만 아니라' 라는 어구로 연결하여 앞의 내용을 더욱 강화하게 되는 '각 지역의 네트워크에너지 중심'에 관한 언급을 하였다. 따라서 네트워크에너지 체제 하에서 드러나는 특징은, 지자체가 지역 특성과 현실에 맞는 에너지 정책의 주도권을 행사하기 위해서는 지역별로 공급비용이 동일하지 않은 특성에 기인한 에너지 요금을 차별화해야 한다는 목소리가 커지고 있다고 판단하는 것이 현실을 올바르게 판단한 내용이 된다. 뿐만 아니라 ㄹ의 바로 다음에 NIMBY 현상을 사례로 들고 있는 점은 이러한 에너지 요금 차별화의 목소리가 커지고 있다는 사실을 뒷받침하는 내용으로 볼 수 있다. 따라서 ㄹ은 글 전체의 내용과 반대되는 논리를 포함하고 있는 문장이 된다.

① 중앙 정부 중심의 에너지 정책에 대한 기본적인 특징으로, 대표적인 장점이 된다고 볼 수 있다.

② 분산형 에너지 정책과는 상반되는 중앙집중형 에너지 정책의 효율적인 특성이며, 뒤에서 언급된 NIMBY 현상을 최소화할 수 있는 특성이기도 하다.

③ 지자체별로 지역 특성을 고려한 미시적 정책이 분산형 에너지 정책의 관건이라는 주장으로 글의 내용과 논리적으로 부합한다.

11. ③

③ 실시간 감시가 가능한 사업장은 대형 사업장이며, 주어진 글에서는 실시간 감시가 어려운 중소 사업장 수가 증가한다고 설명하고 있다. 따라서 실시간 감시가 가능한 대형 사업장의 수가 감소하는 것은 아니다.

① 가축의 분뇨 배출은 초미세먼지의 주 원인 중 하나인 암모니아 배출량을 증가시켜 초미세먼지의 발생을 유발할 수 있다.

② 약 330만 대의 1/4 즉, 약 80만 대 이상이 'Euro3' 수준의 초미세먼지를 배출하고 있다.

④ 이른 봄은 가축 분뇨에 의한 암모니아 배출량이 많아지는 시기이다.

12. ③

③ 청년층의 낮은 고용률에 대한 원인은 분석한 반면, 청년들을 중소기업으로 유인할 수 있는 구체적인 유인책은 제시되어 있지 않다.

② 일·가정 양립 문화 확산을 위한 정책, 직장어린이집 설치 유인을 위한 지원 정책 등이 제시되어 있다.

④ 청년층의 범위를 15~24세와 15~29세로 구분하여 OECD 회원국 평균과 비교한 수치를 제시하였다.

13. ④

④ 정부의 지원정책은 임금상승에 따른 기업들의 추가 비용 부담을 덜어주기 위한 것이다.

① '법적 의무사항인 2년 이상 근무한 비정규직 근로자의 정규직 전환율도 높지 않은 상황이다'에서 알 수 있다.

② 상시 업무에 정규직 고용관행을 정착시키면 상시 업무에 정규직 직원만 고용되는 것이 아니라 비정규직에 대한 불합리한 차별 해소르 위해 비정규직 직원들의 정규직 전환 후 계속고용도 늘어나게 됨을 추론할 수 있다.

③ 서포터스 활동 결과, 2016년에는 194개 업체와 가이드라인 준수협약을 체결하는 성과를 이루었다.

14. ②

② 최소수수료 규정과 동일하게 적용되어 3일 이전이므로 납부금액의 10% 수수료가 발생하게 된다.

① 임대일 4일 전에 예약이 되었을 경우 이용요금 결제는 회의실 사용 당일이 아닌 예약 당일에 해야 한다.

③ 이용 당일에는 환불이 없으므로 100%의 이용 요금을 추가로 지불해야 한다.

④ 세금계산서 발행을 원할 경우 반드시 법인 명의로 예약해야 한다고 규정되어 있다.

15. ④

필자는 현재 우리나라의 역간 거리가 타 비교대상에 비해 짧게 형성되어 있어 운행 속도 저하에 따른 속도경쟁력 약화를 문제점으로 지적하고 있다. 따라서 역간 거리가 현행보다 길어야 한다는 주장을 뒷받침할 수 있는 ①~③와 같은 내용을 언급할 것으로 예상할 수 있다.

④ 역세권 문제나 부동산 시장과의 연계성 등은 주제와의 관련성이 있다고 볼 수 없다.

16. ③

국제석유시장에 대한 전망은 제시문의 도입부에 요약되어 있다고 볼 수 있다. 글의 전반부에서는 석유를 둘러싼 주요 이해국들의 경기회복세가 이어질 것으로 전망하고 있으나, 이러한 기조에도 불구하고 탈석유 움직임에 따라 석유 수요의 증가는 둔화될 것으로 전망한다. 또한, 전기차의 등장과 연비규제 등의 조치들로 내연기관의 대체가 확대될 것이라는 점도 이러한 전망을 뒷받침한다. 따라서 세계경제 회복에도 불구, 탈석유 움직임에 따라 석유 수요의 증가세가 둔화될 것이라는 전망이 전체 글의 내용을 가장 적절하게 요약한 것이라고 할 수 있다.

17. ④

글 전반에서 강조하고 있는 것은 자기 자신과 일신의 사욕을 버려야 한다는 극기(克己)의 정신과 예로 돌아가라는 복례(復禮)의 사상이다. 공자가 이를 안연에게 '예가 아닌 것을 보고 듣고 말하고 행동하고자 하는 욕구가 있으며 동시에 그것을 거부하는 힘으로 이성이 존재하는 것'이라고 설명한 대목에서 극기복례가 가진 의미가 가장 잘 드러나고 있다.

① **기소불욕 물시어인(己所不欲 勿施於人)** : 자기가 하기 싫은 일은 남에게도 하게 해서는 안 된다.
② **덕불고 필유인(德不孤 必有隣)** : 덕이 있는 자는 외롭지 않고 반드시 이웃이 있다.
③ **음덕양보(陰德陽報)** : 남이 모르게 덕행을 쌓은 사람은 뒤에 그 보답을 저절로 받게 된다.

18. ①

① 보유 · 관리하는 정보만이 대상이므로 공공기관은 정보를 새로 작성(생성)하거나 취득하여 공개할 의무는 없다.
② 공공기관이 자발적, 의무적으로 공개하는 것을 '정보제공'이라고 하며 요청에 의한 공개를 '청구공개'라 한다.
③ 법에 의해 보호받는 비공개 정보가 언급되어 있다.
④ 결재 또는 공람절차 완료 등 공식적 형식요건 결여한 정보는 공개 대상 정보가 아니다.

19. ①

타고난 재능은 인정하지 않고 재능을 발휘한 노동의 부분에 대해서만 그 소득을 인정하게 된다면 특별나게 열심히 재능을 발휘할 유인을 찾기 어려워 결국 그 재능은 상당 부분 사장되고 말 것이다. 따라서 이러한 사회에서 ㉠과 같이 선천적 재능 경쟁이 치열해진다고 보는 의견은 글의 내용에 따른 논리적인 의견 제기로 볼 수 없다.

20. ②

필자가 언급하는 '능력'은 선천적인 것과 후천적인 것이 있다고 말하고 있으며, 후천적인 능력에 따른 결과에는 승복해야 하지만 선천적인 능력에 따른 결과에 대해서는 일정 부분 사회에 환원하는 것이 마땅하다는 것이 필자의 주장이다. 따라서 능력에 의한 경쟁 결과가 반드시 불평의 여지가 없이 공정하다고만은 볼 수 없다는 것이 필자의 견해라고 할 수 있다.

21. ①

㉠ 가로축에는 명칭구분(연, 월, 장소 등), 세로축에는 수량(금액, 매출액 등)을 나타낸다.
㉡ 축의 모양은 L자형이 일반적이다.

22. ②

㈎ 가로와 세로의 수치가 의미하는 내용은 범례를 통해서 표현할 수 있다. (O)

㈏ 그래프나 도표 작성 시, 사용된 모든 수치의 단위를 표기해 주어야 한다. (X)

㈐ 데이터의 수치들에 해당하는 축의 단위 표시가 없는 경우 모든 데이터가 표시될 수 없으므로 축의 단위는 충분하게 설정하여야 한다. (O)

㈑ 그래프의 제목을 붙이는 것은 그래프 작성의 가장 기본적인 사항이다. (O)

23. ④

편차는 변량에서 평균을 뺀 값이므로 편차의 총합은 항상 0이 된다는 사실을 이용하여 계산할 수 있다. 따라서 편차를 모두 더하면 $3-1+(\quad)+2+0-3=0$이 되므로 '병'의 편차는 -1임을 알 수 있다.

분산은 편차를 제곱한 값들의 합을 변량의 개수로 나눈 값이므로 $(9+1+1+4+0+9) \div 6 = 4$가 되어 분산은 4이다. 분산의 양의 제곱근이 표준편차가 되므로 표준편차는 2가 되는 것을 알 수 있다. 따라서 분산과 표준편차를 합한 값은 6이 된다.

24. ②

'들이'의 환산이 다음과 같이 수정되어야 한다.

수정 전 $1 d\ell = 1,000 cm^3 = 100 m\ell$, $1\ell = 100 cm^3 = 10 d\ell$

수정 후 $1 d\ell = 100 cm^3 = 100 m\ell$, $1\ell = 1,000 cm^3 = 10 d\ell$

25. ④

두 개의 주사위를 각각 A, B라고 할 때 합이 4보다 작거나 같을 확률은 다음과 같다.

㉠ $A+B=2$일 확률 : $\dfrac{1}{6} \times \dfrac{1}{6} = \dfrac{1}{36}$

㉡ $A+B=3$일 확률

• $A=1$, $B=2$

• $A=2$, $B=1$

  $= \dfrac{2}{36}$

ⓒ $A+B=4$일 확률
- $A=1,\ B=3$
- $A=2,\ B=2$
- $A=3,\ B=1$

$$= \frac{3}{36}$$

$$\therefore \frac{1+2+3}{36} = \frac{6}{36} = \frac{1}{6}$$

26. ②

연속한 두 짝수 : $n,\ n+2$

$n \times (n+2) = 24$

$n^2 + 2n - 24 = 0$

$(n+6)(n-4) = 0$

$n = 4 (\because n$은 자연수$)$

$\therefore n + (n+2) = 4 + 6 = 10$

27. ③

원의 둘레는 $2\pi r$이므로, 반지름이 32cm인 톱니바퀴 A가 한 바퀴를 회전할 때 움직인 거리는 $2 \times 32\pi = 64\pi$이다. 서로 맞물려 돌아가는 톱니바퀴 B가 움직인 거리는 톱니바퀴 A가 움직인 거리와 같으므로 톱니바퀴 B의 회전수를 x 라고 하면 $128\pi = 16x\pi$이다. 따라서 $x = 8$이다.

28. ④

- A사원은 150분에 30장을 작업할 수 있으므로 1장 작업하는 데 5분이 소요된다.
- B사원은 240분에 30장을 작업할 수 있으므로 1장 작업하는 데 8분이 소요된다.

따라서 B사원이 문서 60장을 워드로 옮기는 데 걸리는 시간은 60 × 8 = 480분이고, 이 시간에 A사원은 480 ÷ 5 = 96장의 문서를 워드로 옮길 수 있다.

29. ④

각 대기오염물질의 연도별 증감 추이는 다음과 같다.

- 황산화물 : 증가 → 감소 → 감소 → 감소
- 일산화탄소 : 감소 → 감소 → 감소 → 감소
- 질소산화물 : 감소 → 증가 → 증가 → 증가
- 미세먼지 : 증가 → 감소 → 감소 → 감소
- 유기화합물질 : 증가 → 증가 → 증가 → 감소

따라서 연도별 증감 추이가 같은 대기오염물질은 황산화물과 미세먼지이다.

30. ④

A에서 B로 변동된 수치의 증감률은 (B−A) ÷ A × 100의 산식에 의해 구할 수 있다. 따라서 2017년과 2021년의 총 대기오염물질 배출량을 계산해 보면 2017년이 3,212,386톤, 2021년이 3,077,079톤이므로 계산식에 의해 (3,077,079−3,212,386) ÷ 3,212,386 × 100＝약 −4.2%가 됨을 알 수 있다.

31. ④

㈎ 조난 사고 발생 선박 척수와 실종자 수는 비례관계에 있지 않다. (X)

㈏ 전년대비 사망자 수 증가율이 가장 많은 해는 계산하지 않아도 9배 가까이 증가한 2018년이라는 것을 알 수 있으며, 실종자 수 증가율 역시 4배가 넘는 2018년이 가장 크다. (O)

㈐ 2018년부터 순서대로 366척, 1,322척, 99척, 321척이므로 2019년 > 2018년 > 2021년 > 2020년 순으로 많은 것을 알 수 있다. (X)

㈑ 조난 사고 발생 선박 1척당 평균 사망자 수는 사망자 수를 조난 사고 발생 선박 척수로 나눈 값이므로 48 ÷ 2,839＝약 0.17명인 2020년이 가장 적다. (O)

32. ③

③ 3등급 판정을 받은 한우의 비율은 2021년이 가장 낮지만, 비율을 통해 한우등급 판정두수를 계산해 보면 2017년의 두수가 602,016×0.11=약 66,222두로, 2021년의 839,161× 0.088=약 73,846두보다 더 적음을 알 수 있다.

① 1++ 등급으로 판정된 한우의 수는 2017년이 602,016×0.097=약 58,396두이며, 2018년이 718,256×0.092= 약 66,080두이다.

② 1등급 이상이 60%를 넘은 해는 2017, 2018, 2020, 2021년으로 4개년이다.

④ 2018년에서 2019년으로 넘어가면서 1++등급은 0.1%p 비율이 더 많아졌으며, 3등급의 비율도 2.5%p 더 많아졌다.

33. ②

② 전체 인구수는 전년보다 동일하거나 감소하지 않고 매년 꾸준히 증가한 것을 알 수 있다.
① 65세 미만 인구수 역시 매년 꾸준히 증가하였다.
③ 2018년과 2019년에는 전년보다 감소하였다.
④ 2018년 이후부터는 5% 미만 수준을 계속 유지하고 있다.

34. ②

② 연도별 농가당 평균 농가인구의 수는 비례식을 통하여 계산할 수 있으나, 성인이나 학생 등의 연령대별 구분은 제시되어 있지 않아 확인할 수 없다.
① 제시된 농가의 수에 대한 산술평균으로 계산할 수 있다.
③ 총인구의 수를 계산할 수 있으므로 그에 대한 남녀 농가인구 구성비도 확인할 수 있다.
④ 증감내역은 해당 연도의 정확한 수치를 통하여 계산할 수 있다.

35. ③

③ 기업별 방문객의 수만 제시되어 있는 자료이므로 매출액과 관련된 자료를 알 수 있는 방법은 없다.
① 하단에 전체 합계와 주어진 기업별 방문객 수의 합이 일치하므로 전체 방문객 방문 현황을 알 수 있다.
② 전체 방문객을 기업의 수로 나누어 평균 방문객 수를 알 수 있다.
④ 전체 방문객이 가장 많은 기업을 확인하여 매년 동일한지 또는 어느 해에 어떻게 달라졌는지 등을 확인할 수 있다.

36. ②

① 2020년(100,888건)이 2021년(94,887건)보다 많다.
② $\frac{(22,055-22,266)}{22,266} \times 100 =$ 약 -0.94%로 1%를 넘지 않는다.
③ $\frac{11,699}{236,002} \times 100 =$ 약 4.95%로 4%를 넘는다.
④ 2021년 전년대비 안전신고가 증가한 분야는 교통안전, 산업안전, 학교안전으로 총 3개 분야이다.

37. ④

당해연도 납입자금이 3억 원이려면 전년도 매출액이 5천억 원 이상 1조원 미만이어야 한다. 따라서 2021년에 3억 원의 납입금을 내는 회원사는 2020의 매출이 5천억 원 이상 1조원 미만인 라, 바, 사 3곳이다.

38. ③

전년대비 10% 증가 시 2021년 매출액은 아래 표와 같다.

회원사	매출액	회원사	매출액
가	3.85	마	17.05
나	20.9	바	8.8
다	33.0	사	10.45
라	6.6	아	5.06

따라서 납입자금 산정기준이 달라지는 회원사는 나, 사, 아 3곳이다.

39. ②

2021년 신청금액이 2020년 대비 30% 이상 증가한 시술 분야는 네트워크, 차세대컴퓨팅, 시스템반도체 3분야이다.

40. ④

2019년 확정금액이 상위 3개인 기술 분야는 네트워크, 이동통신, 방송장비로 총 3,511억 원이다. 이는 2019년 전체 확정금액인 5,024억 원의 약 70%이다.

41. ③

분석적 사고는 문제가 성과 지향, 가설 지향, 사실 지향의 세 가지 경우에 따라 각기 요구되는 사고의 특징을 달리한다.
① 성과 지향의 문제에 요구되는 사고의 특징이다.
② 사실 지향의 문제에 요구되는 사고의 특징이다.
④ 가설 지향의 문제에 요구되는 사고의 특징이다.

42. ②

창의적 사고를 개발하기 위한 세 가지 방법은 각각 다음과 같은 것들이 있다.
㉠ **자유 연상법** : 어떤 생각에서 다른 생각을 계속해서 떠올리는 작용을 통해 어떤 주제에서 생각나는 것을 계속해서 열거해 나가는 발산적 사고 방법이다.
㉡ **강제 연상법** : 각종 힌트에서 강제적으로 연결 지어서 발상하는 방법이다.
㉢ **비교 발상법** : 주제와 본질적으로 닮은 것을 힌트로 하여 새로운 아이디어를 얻는 방법이다. 이때 본질적으로 닮은 것은 단순히 겉만 닮은 것이 아니고 힌트와 주제가 본질적으로 닮았다는 의미이다.

43. ②

'so what?' 기법은 "그래서 무엇이지?" 하고 자문자답하는 의미로, 눈앞에 있는 정보로부터 의미를 찾아내어 가치 있는 정보를 이끌어 내는 사고이다. 주어진 상황을 보고 현재의 알 수 있는 것을 진단하는 사고에 그치는 것은 바람직한 'so what?' 기법의 사고라고 할 수 없으며, 무엇인가 의미 있는 메시지를 이끌어 내는 것이 중요하다. ②와 같이 상황을 망라하여 종합적이고 명확한 주장을 펼치는 사고가 'so what?' 기법의 핵심이라 할 수 있다.

44. ①

문제해결의 5단계 절차는 문제 인식 → 문제 도출 → 원인 분석 → 해결안 개발 → 실행 및 평가의 과정으로 진행된다.

45. ④

주어진 글은 논리적 사고에 대한 글이며, 논리적인 사고를 하기 위해서는 생각하는 습관, 상대 논리의 구조화, 구체적인 생각, 타인에 대한 이해, 설득의 5가지 요소가 필요하다. 논리적인 사고의 핵심은 상대방을 설득할 수 있어야 한다는 것이며, 공감을 통한 설득에 필요한 가장 기본적인 사고력이 논리적 사고인 것이다.

46. ②

갑, 을, 병의 진술과 과음을 한 직원의 수를 기준으로 표를 만들어 보면 다음과 같다.

진술자＼과음직원	0명	1명	2명	3명
갑	거짓	참	거짓	거짓
을	거짓	거짓	참	거짓
병	거짓	참	참	거짓

• 과음을 한 직원의 수가 0명인 경우, 갑, 을, 병 모두 거짓을 말한 것이 되어 결국 모두 과음을 한 것이 된다. 따라서 이 경우는 과음을 한 직원의 수가 0명이라는 전제와 모순이 생기게 된다.
• 과음을 한 직원의 수가 1명인 경우, 을만 거짓을 말한 것이므로 과음을 한 직원의 수가 1명이라는 전제에 부합한다. 이 경우에는 을이 과음을 한 것이 되며, 갑과 병은 과음을 하지 않은 것이 된다.
• 과음을 한 직원의 수가 2명인 경우, 갑만 거짓을 말한 것이 되므로 과음을 한 직원의 수가 1명이 된다. 따라서 이 역시 과음을 한 직원의 수가 2명이라는 전제와 모순이 생기게 된다.
• 과음을 한 직원의 수가 3명인 경우, 갑, 을, 병 모두 거짓을 말한 것이 되어 과음을 한 직원의 수가 3명이 될 것이며, 이는 전제와 부합하게 된다.
따라서 4가지의 경우 중 모순 없이 발생 가능한 경우는 과음을 한 직원의 수가 1명 또는 3명인 경우가 되는데, 이 두 경우에 모두 거짓을 말한 을은 과음을 한 직원이라고 확신할 수 있다. 그러나 이 두 경우에 모두 사실을 말한 사람은 없으므로, 과음을 하지 않은 것이 확실한 직원은 아무도 없다.

47. ①

㈎ 6개월 이내에 보증부대출 채무 인수는 마쳤으나 소유권이전등기를 하지 않았으므로 대출금 조기 만료에 해당 된다. (O)

㈏ 병원 입원 기간은 해당 사유에서 제외되므로 대출금이 조기 만료되지 않는다. (X)

㈐ 본인이 담보주택의 소유권을 상실한 경우로 대출금 조기 만료에 해당된다. (O)

㈑ S씨의 대출금과 근저당권 상황은 대출금 조기 만료에 해당될 수 있으나, 채권자인 은행의 설정 최고액 변경 요구에 응하고 있으므로 조기 만료에 해당되지 않는다. (X)

48. ①

• 여섯 번째 조건에 의해 丁은 찬성, 세 번째 조건에 의해 丁과 辛 중 한 명만이 찬성이므로 辛은 반대이다. 다 섯 번째 조건의 대우는 辛이 반대하면 戊가 찬성이므로 戊는 찬성이다.

네 번째 조건의 대우는 戊가 찬성하고 辛이 반대하면 乙과 丁 모두가 반대하지 않는다이며 따라서 乙은 찬성이 다. → 丁, 戊, 乙, 찬성 / 辛 반대

• 두 번째 조건에서 乙이나 丙이 찬성하면 己 또는 庚 중 적어도 한 명이 찬성한다고 했으므로 己, 庚 모두 찬성 도 가능하다.(반대 의견을 제시한 최소 인원을 구하는 문제이다)

첫 번째 조건의 대우는 丙 또는 丁이 반대하거나 戊가 찬성하면 甲과 乙이 찬성한다이므로 戊가 찬성하므로 甲 과 乙이 찬성하며, 丙도 찬성할 수 있다.

따라서 반대의 최소 인원은 1명(辛)이다.

49. ④

시합은 세 사람이 말한 월, 일, 요일 중에서 열렸고 세 사람 중 월, 일, 요일을 0개, 1개, 2개 맞춘 사람이 존재 한다.

시합이 열렸던 날짜는 5월 8일, 5월 10일, 6월 8일, 6월 10일 중 하나이며, 이 날짜 중에서 조건을 만족하는 날짜를 찾아야 한다.

• 5월 8일 : 甲이 2개, 乙이 1개, 丙이 1개 맞혔으므로 0개 맞힌 사람이 없다. (×)

• 5월 10일 : 甲이 1개, 乙이 2개, 丙이 0개 맞혔으나 요일을 甲이나 乙이 맞히면 조건을 충족하지 못 한다. (×)

• 6월 8일 : 甲이 1개, 乙이 0개, 丙이 2개 맞혔으나 요일을 甲이나 丙이 맞히면 조건을 충족하지 못 한다. (×)

• 6월 10일 : 甲이 0개, 乙이 1개, 丙이 1개 맞혔으므로 요일을 乙이나 丙이 맞히면 조건을 충족한다. (㉠, ㉡ 맞음)

丙이 하나만 맞히면 乙이 2개를 맞은 것이 된다. 乙은 시합이 화요일에 열렸다고 기억했으므로 ㉢은 맞는 내용 이다.

따라서 ㉠, ㉡, ㉢ 모두 맞음

50. ④

일단 선발자가 가장 많이 나오고 한 명만 선발되더라도 참이 되고 거짓이 되려면 전체 부정이 되어야 하는 두 번째 조건이 참인 경우와 거짓인 경우로 나누어 파악할 수 있다.

㉠ 참인 경우
- 나머지 진술은 모두 거짓이 된다.
- 세 번째 조건이 거짓이 되려면 乙과 丙 둘 다 선발 되어야 한다.
- 乙이 선발된다면 甲은 선발되지 않는다. (첫 번째 조건의 대우) 앞에서 乙이 선발된다고 했으므로 이 진술이 거짓이 되려면 甲도 선발 되어야 한다.
- 乙과 丙 둘 다 선발되었으므로 네 번째 조건이 거짓이 되려면 丁이 선발되지 않아야 한다. 따라서 선발된 사람은 甲, 乙, 丙이다.

㉡ 거짓인 경우
- 甲, 丙, 丁 아무도 선발되지 않았다.
- 세 번째 조건은 丙이 선발되지 않았으므로 무조건 참이다.
- 丁이 선발되지 않았다면 乙과 丙 모두가 선발되지 않아야 한다.(네 번째 조건의 대우) 丙은 선발되지 않았으므로 거짓이 되려면 乙이 선발되어야 한다.
- 乙이 선발되었다면 甲은 선발되지 않는다.(첫 번째 조건의 대우) 앞에서 甲이 선발되지 않았다고 정했으므로 무조건 참이 되고 이 경우 참인 진술이 하나뿐이라는 문제의 규칙에 위배된다.

따라서 후보자 가운데 국가대표로 선발된 사람의 수는 3명이다.

51. ④

금리를 높일 수 있는 방법은 가입기간을 길게 하며, 해당 우대금리를 모두 적용받는 것이다. 따라서 3년 기간으로 계약하여 2.41%와 두 가지 우대금리 조건을 모두 충족할 경우 각각 0.2%와 0.3%(3명의 추천까지 적용되는 것으로 이해할 수 있다.)를 합한 0.5%가 적용되어 총 2.91%의 연리가 적용될 수 있다.

① 비대면전용 상품이므로 은행 방문 가입은 불가능하다.
② 9개월은 계약기간의 3/4에 해당하는 기간이며 월 평균 적립금액이 10만 원이므로 이후부터는 1/2인 5만 원의 월 적립금액이 허용된다.
③ 가입기간별 우대금리가 다르게 책정되어 있음을 알 수 있다.

52. ③

③ 이동 후 인원수가 감소한 부서는 37명 → 31명으로 바뀐 관리팀뿐이다.

① 영업팀은 1명 증가, 생산팀은 5명 증가, 관리팀은 6명 감소로 관리팀의 인원수 변화가 가장 크다.

② 이동 전에는 영업팀 > 관리팀 > 생산팀 순으로 인원수가 많았으나, 이동 후에는 영업팀 > 생산팀 > 관리팀 순으로 바뀌었다.

④ 가장 많은 인원이 이동해 온 부서는 영업팀(9+10=19)과 생산팀(7+12=19)이며, 관리팀으로 이동해 온 인원은 11+5=16명이다.

53. ①

- 목수는 이씨이고, 대장장이와 미장공은 김씨가 아니라는 조건에 의해 대장장이와 미장공은 박씨와 윤씨임을 알 수 있다. 그런데 마지막 조건에 따라 윤씨는 대장장이가 아니므로 대장장이는 박씨이고 미장공은 윤씨임을 알 수 있다. 따라서 2명의 김씨의 직업은 단청공과 벽돌공이다.
- 어인놈은 단청공이며, 상득은 김씨라는 조건에 따라 어인놈은 김씨이며 단청공이고, 상득은 김씨이며 벽돌공임을 알 수 있다.
- 어인놈이 단청공이고 상득이 벽돌공인 상황에서 2전 5푼의 일당을 받는 정월쇠는 대장장이며 박씨이다.
- 좀쇠는 박씨도 이씨도 아니라는 조건에 의해 윤씨이며 직업은 미장공이다.
- 마지막으로 남은 작은놈이 이씨이며 목수이다.

이름을 기준으로 일당을 정리하면,

- 좀쇠(윤씨, 미장공) : 동원된 4일 중 3일을 일하고 1일을 쉬었으므로 3×4전 2푼 + 1전 = 13전 6푼을 받는다.
- 작은놈(이씨, 목수) : 동원된 3일을 일하였으므로 3 × 4전 2푼 = 12전 6푼을 받는다.
- 어인놈(김씨, 단청공) : 동원된 4일을 일하였으므로 4 × 2전 5푼 = 10전을 받는다.
- 상득(김씨, 벽돌공) : 동원된 4일을 일하였으므로 4 × 2전 5푼 = 10전을 받는다.

54. ④

단식을 하는 날 전후로 각각 최소 2일간은 정상적으로 세 끼 식사를 하므로 2주차 월요일에 단식을 하면 전 주 토요일과 일요일은 반드시 정상적으로 세 끼 식사를 해야 한다. 이를 바탕으로 조건에 따라 김 과장의 첫 주 월요일부터 일요일까지의 식사를 정리하면 다음과 같다.

월	화	수	목	금	토	일
○		○	○	○	○	○
○		○	○		○	○
○	○	○	○		○	○

55. ①

조건에 따라 甲의 도서 대여 및 반납 일정을 정리하면 다음과 같다.

월	화	수	목	금	토(9.17)	일
					1권 대출	휴관
• 1권 반납 • 2~3권대출(3일)		• 2~3권 반납 • 4~6권대출(5일)				휴관
• 4~6권 반납 • 7~10권대출(7일)						휴관
• 7~10권 반납						휴관

56. ②

㉠ **설립방식** : {(고객만족도 효과의 현재가치) − (비용의 현재가치)}의 값이 큰 방식 선택
  • ㈎ 방식 : 5억 원 − 3억 원 = 2억 원 → 선택
  • ㈏ 방식 : 4.5억 원 − (2억 원 + 1억 원 + 0.5억 원) = 1억 원
㉡ **설립위치** : {(유동인구) × (20~30대 비율) / (교통혼잡성)} 값이 큰 곳 선정(20~30대 비율이 50% 이하인 지역은 선정대상에서 제외)
  • 甲 : 80 × 75 / 3 = 2,000
  • 乙 : 20~30대 비율이 50%이므로 선정대상에서 제외
  • 丙 : 75 × 60 / 2 = 2,250 → 선택

57. ①

상사가 '다른 부분은 필요 없고, 어제 원유의 종류에 따라 전일 대비 각각 얼마씩 오르고 내렸는지 그 내용만 있으면 돼.'라고 하였다. 따라서 어제인 13일자 원유 가격을 종류별로 표시하고, 전일 대비 등락 폭을 한눈에 파악하기 쉽게 기호로 나타내 줘야 한다. 또한 '우리나라는 전국 단위만 표시하도록' 하였으므로 13일자 전국 휘발유와 전국 경유 가격을 마찬가지로 정리하면 ①과 같다.

58. ④

설문조사지는 조사의 목적에 적합한 결과를 얻을 수 있는 문항으로 작성되어야 한다. 제시된 설문조사는 보다 나은 제품과 서비스 공급을 위하여 브랜드 인지도를 조사하는 것이 목적이므로, 자사 자사의 제품이 고객들에게 얼마나 인지되어 있는지, 어떻게 인지되었는지, 전자제품의 품목별 선호 브랜드가 동일한지 여부 등 인지도 관련 문항이 포함되어야 한다.
④ 특정 제품의 필요성을 묻고 있으므로 자사의 브랜드 인지도 제고와의 연관성이 낮아 설문조사 항목으로 가장 적절하지 않다.

59. ③

절전모드 실행 중에는 전원버튼을 눌러 켠 후 문서를 넣어 사용할 수 있으므로 정상 작동하지 않는 원인이라고 볼 수 없다.

60. ③

'세단대기'는 세단할 문서를 문서투입구에 넣을 준비가 되어 있는 상태를 나타내므로 조치를 취해야 함을 알리는 나머지 OLED 표시부 표시들과는 성격이 다르다.
① 문서가 과도하게 투입된 경우이다.
② 파지함에 파지가 꽉 찼거나 파지 감지스위치에 이물질이 쌓여있는 경우이다.
④ 프런트 도어를 열고 파지함을 비워야 하는 경우이다.

61. ②

① 6개월 이상 동안 혼자서 일상생활을 수행하기 어렵다고 인정되는 자에게 신체활동·가사활동의 지원 또는 간병 등의 서비스나 이에 갈음하여 지급하는 현금 등을 말한다.
③ 장기요양기관으로 지정을 받은 기관으로서 장기요양급여를 제공하는 기관을 말한다.
④ 장기요양기관에 소속되어 노인등의 신체활동 또는 가사활동 지원 등의 업무를 수행하는 자를 말한다.

62. ③

장기요양사업이란 장기요양보험료, 국가 및 지방자치단체의 부담금 등을 재원으로 하여 노인등에게 장기요양급여를 제공하는 사업을 말한다〈제2조 제3호〉.

63. ①

장기요양보험료의 징수〈제8조〉
① 공단은 장기요양사업에 사용되는 비용에 충당하기 위하여 장기요양보험료를 징수한다.
② 장기요양보험료는 「국민건강보험법」에 따른 보험료와 통합하여 징수한다.

64. ④

장기요양인정 신청의 조사〈제14조 제1항〉 … 공단은 신청서를 접수한 때 보건복지부령으로 정하는 바에 따라 소속 직원으로 하여금 다음의 사항을 조사하게 하여야 한다. 다만, 지리적 사정 등으로 직접 조사하기 어려운 경우 또는 조사에 필요하다고 인정하는 경우 특별자치시·특별자치도·시·군·구(자치구를 말한다. 이하 같다)에 대하여 조사를 의뢰하거나 공동으로 조사할 것을 요청할 수 있다.
1. 신청인의 심신상태
2. 신청인에게 필요한 장기요양급여의 종류 및 내용
3. 그 밖에 장기요양에 관하여 필요한 사항으로서 보건복지부령으로 정하는 사항

65. ④

단기보호〈제23조 제1항 제1호 마목〉 … 수급자를 보건복지부령으로 정하는 범위 안에서 일정 기간 동안 장기요양기관에 보호하여 신체활동 지원 및 심신기능의 유지·향상을 위한 교육·훈련 등을 제공하는 장기요양급여

66. ③

장기요양급여의 제한〈제29조〉··· 공단은 장기요양급여를 받고 있는 자가 정당한 사유 없이 조사나 요구에 응하지 아니하거나 답변을 거절한 경우 장기요양급여의 전부 또는 일부를 제공하지 아니하게 할 수 있다.

67. ②

지정 갱신이 지정 유효기간 내에 완료되지 못한 경우에는 심사 결정이 이루어질 때까지 지정이 유효한 것으로 본다〈제32조의4 제3항〉.

68. ②

장기요양기관 재무·회계기준〈제35조의2〉
① 장기요양기관의 장은 보건복지부령으로 정하는 재무·회계에 관한 기준(장기요양기관 재무·회계기준)에 따라 장기요양기관을 투명하게 운영하여야 한다. 다만, 장기요양기관 중 「사회복지사업법」에 따라 설치한 사회복지시설은 같은 조에 따른 재무·회계에 관한 기준에 따른다.
② 보건복지부장관은 장기요양기관 재무·회계기준을 정할 때에는 장기요양기관의 특성 및 그 시행시기 등을 고려하여야 한다.

69. ①

특별자치시장·특별자치도지사·시장·군수·구청장은 지정을 취소하거나 업무정지명령을 한 경우에는 지체 없이 그 내용을 공단에 통보하고, 보건복지부령으로 정하는 바에 따라 보건복지부장관에게 통보한다. 이 경우 시장·군수·구청장은 관할 특별시장·광역시장 또는 도지사를 거쳐 보건복지부장관에게 통보하여야 한다〈제37조 제2항〉.

70. ②

특별자치시장·특별자치도지사·시장·군수·구청장은 장기요양기관의 종사자가 거짓이나 그 밖의 부정한 방법으로 재가급여비용 또는 시설급여비용을 청구하는 행위에 가담한 경우 해당 종사자가 장기요양급여를 제공하는 것을 1년의 범위에서 제한하는 처분을 할 수 있다〈제37조의5 제1항〉.

71. ④

본인부담금의 100분의 60의 범위에서 차등하여 감경할 수 있는 자〈제40조 제4항〉.
㉠ 소득·재산 등이 보건복지부장관이 정하여 고시하는 일정 금액 이하인 자
㉡ 천재지변 등 보건복지부령으로 정하는 사유로 인하여 생계가 곤란한 자
㉢ 도서·벽지·농어촌 등의 지역에 거주하는 자에 대하여 따로 금액을 정할 수 있다.

72. ③

위원장이 아닌 위원은 다음의 자 중에서 보건복지부장관이 임명 또는 위촉한 자로 하고, 각 호에 해당하는 자를 각각 동수로 구성하여야 한다〈제46조 제2항〉.
1. 근로자단체, 사용자단체, 시민단체(「비영리민간단체 지원법」에 따른 비영리민간단체), 노인단체, 농어업인단체 또는 자영자단체를 대표하는 자
2. 장기요양기관 또는 의료계를 대표하는 자
3. 대통령령으로 정하는 관계 중앙행정기관의 고위공무원단 소속 공무원, 장기요양에 관한 학계 또는 연구계를 대표하는 자, 공단 이사장이 추천하는 자

73. ③

공단의 관장 업무〈제48조 제2항〉
1. 장기요양보험가입자 및 그 피부양자와 의료급여수급권자의 자격관리
2. 장기요양보험료의 부과·징수
3. 신청인에 대한 조사
4. 등급판정위원회의 운영 및 장기요양등급 판정
5. 장기요양인정서의 작성 및 개인별장기요양이용계획서의 제공
6. 장기요양급여의 관리 및 평가
7. 수급자 및 그 가족에 대한 정보제공·안내·상담 등 장기요양급여 관련 이용지원에 관한 사항
8. 재가 및 시설 급여비용의 심사 및 지급과 특별현금급여의 지급
9. 장기요양급여 제공내용 확인
10. 장기요양사업에 관한 조사·연구 및 홍보
11. 노인성질환예방사업
12. 이 법에 따른 부당이득금의 부과·징수 등
13. 장기요양급여의 제공기준을 개발하고 장기요양급여비용의 적정성을 검토하기 위한 장기요양기관의 설치 및 운영
14. 그 밖에 장기요양사업과 관련하여 보건복지부장관이 위탁한 업무

74. ③

재심사청구〈제56조〉
① 심사청구에 대한 결정에 불복하는 사람은 그 결정통지를 받은 날부터 90일 이내에 장기요양재심사위원회(이하 "재심사위원회"라 한다)에 재심사를 청구할 수 있다.
② 재심사위원회는 보건복지부장관 소속으로 두고, 위원장 1인을 포함한 20인 이내의 위원으로 구성한다.
③ 재심사위원회의 위원은 관계 공무원, 법학, 그 밖에 장기요양사업 분야의 학식과 경험이 풍부한 자 중에서 보건복지부장관이 임명 또는 위촉한다. 이 경우 공무원이 아닌 위원이 전체 위원의 과반수가 되도록 하여야 한다.
④ 재심사위원회의 구성·운영 및 위원의 임기, 그 밖에 필요한 사항은 대통령령으로 정한다.

75. ④

보건복지부장관, 특별시장·광역시장·도지사 또는 특별자치시장·특별자치도지사·시장·군수·구청장은 다음의 어느 하나에 해당하는 자에게 보수·소득이나 그 밖에 보건복지부령으로 정하는 사항의 보고 또는 자료의 제출을 명하거나 소속 공무원으로 하여금 관계인에게 질문을 하게 하거나 관계 서류를 검사하게 할 수 있다〈제61조 제1항〉.
1. 장기요양보험가입자
2. 피부양자
3. 의료급여수급권자

76. ②

수급권의 보호〈제66조〉
① 장기요양급여를 받을 권리는 양도 또는 압류하거나 담보로 제공할 수 없다.
② 특별현금급여수급계좌의 예금에 관한 채권은 압류할 수 없다.

77. ③

③ 벌금 부과대상에 해당한다.
다음의 어느 하나에 해당하는 자는 1년 이하의 징역 또는 1천만 원 이하의 벌금에 처한다〈제67조 제3항〉.
1. 정당한 사유 없이 장기요양급여의 제공을 거부한 자
2. 거짓이나 그 밖의 부정한 방법으로 장기요양급여를 받거나 다른 사람으로 하여금 장기요양급여를 받게 한 자
3. 정당한 사유 없이 권익보호조치를 하지 아니한 사람
4. 수급자가 부담한 비용을 정산하지 아니한 자

78. ①

공단은 등급판정위원회가 장기요양인정 및 등급판정의 심의를 완료한 경우 지체 없이 다음의 사항이 포함된 장기요양인정서를 작성하여 수급자에게 송부하여야 한다〈제17조 제1항〉.

1. 장기요양등급
2. 장기요양급여의 종류 및 내용
3. 그 밖에 장기요양급여에 관한 사항으로서 보건복지부령으로 정하는 사항

79. ②

행정제재처분의 절차가 진행 중일 때에는 다음의 어느 하나에 해당하는 자에 대하여 그 절차를 계속 이어서 할 수 있다〈제37조의4 제2항〉.

1. 장기요양기관을 양도한 경우 양수인
2. 법인이 합병된 경우 합병으로 신설되거나 합병 후 존속하는 법인
3. 장기요양기관 폐업 후 3년 이내에 같은 장소에서 장기요양기관을 운영하는 자 중 종전에 위반행위를 한 자 (법인인 경우 그 대표자를 포함한다)나 그 배우자 또는 직계혈족

80. ④

장기요양기관의 장은 폐업·휴업 신고를 할 때 또는 장기요양기관의 지정 갱신을 하지 아니하여 유효기간이 만료될 때 보건복지부령으로 정하는 바에 따라 장기요양급여 제공 자료를 공단으로 이관하여야 한다. 다만, 휴업 신고를 하는 장기요양기관의 장이 휴업 예정일 전까지 공단의 허가를 받은 경우에는 장기요양급여 제공 자료를 직접 보관할 수 있다〈제36조 제6항〉.

1	2	3	4	5	6	7	8	9	10	11	12	13	14	15	16	17	18	19	20
①	②	②	④	④	②	②	④	③	④	②	④	④	③	②	②	②	②	④	③
21	22	23	24	25	26	27	28	29	30	31	32	33	34	35	36	37	38	39	40
④	④	②	④	④	④	②	①	③	①	③	④	③	①	①	④	③	④	④	①
41	42	43	44	45	46	47	48	49	50	51	52	53	54	55	56	57	58	59	60
①	①	③	①	②	③	③	①	④	②	④	①	③	①	④	②	②	④	①	
61	62	63	64	65	66	67	68	69	70	71	72	73	74	75	76	77	78	79	80
③	③	④	③	④	④	④	③	④	②	④	③	④	③	③	②	③	③	④	③

● **직업기초능력평가** ●

1. ①

유병률과 발병률은 다른 의미이며, 이 차이를 구분하는 것이 문제 해결의 관건이 될 수 있다. 유병률은 전체 인구 중 특정한 장애나 질병 또는 심리신체적 상태를 지니고 있는 사람들의 분율로서, 어느 시점 또는 어느 기간에 해당 장애나 질병, 심리신체적 상태를 지니고 있는 사람의 수를 전체 인구수로 나누어 계산한다. 유병률은 이전부터 해당 장애가 있었든 아니면 해당 장애가 새로 생겼든 간에 현재 그 장애를 앓고 있는 모든 사람을 뜻하는 반면, 발병률 또는 발생률(incidence rate 또는 incidence)은 일정 기간 동안에 모집단 내에서 특정 질병을 새롭게 지니게 된 사람의 분율을 뜻한다. 유병은 집단 내의 개체 간 차이를 반영하는 현상이라는 점에서 발생과 구별된다. 발생은 한 개체 내에서 일어난 특정 상태의 변화를 말한다.

2. ②

② 말하지 않아도 마음이 통하는 관계는 '최고의 관계'이지만, 비즈니스 현장에서 필요한 것은 정확한 확인과 그에 따른 업무처리이다.

3. ②

② 의사소통 시에는 일반적으로 문서적인 방법보다 언어적인 방법이 훨씬 많이 사용된다.

※ 문서적인 의사소통과 언어적인 의사소통의 특징

　ㄱ 문서적인 의사소통 : 언어적인 의사소통에 비해 권위감이 있고, 정확성을 기하기 쉬우며, 전달성이 높고, 보존성도 크다. 문서적 의사소통은 언어적인 의사소통의 한계를 극복하기 위해 문자를 수단으로 하는 방법이지만 이 또한 그리 쉬운 것은 아니다. 문서적인 방법은 때로는 필수불가결한 것이기는 하지만 때로는 혼란과 곡해를 일으키는 경우도 얼마든지 있기 때문이다.

　ㄴ 언어적인 의사소통 : 여타의 의사소통보다는 정확을 기하기 힘든 경우가 있는 결점이 있기는 하지만 대화를 통해 상대방의 반응이나 감정을 살필 수 있고, 그때그때 상대방에게 설득시킬 수 있으므로 유동성이 있다. 또한 모든 계층에서 관리자들이 많은 시간을 바치는 의사소통 중에서도 듣고 말하는 시간이 상대적으로 비교할 수 없을 만큼 많다는 점에서 경청능력과 의사표현력은 매우 중요하다.

4. ④

'구별하지 못하고 뒤섞어서 생각하다.'의 '혼동'은 올바르게 사용된 단어이며, '혼돈'으로 잘못 쓰지 않도록 주의한다.

① 최저임금 인상이 자영업자의 추가적인 인건비 인상을 발생시키는 원인이 된다는 내용이므로 '표출'이 아닌 '초래'하는 것이라고 표현해야 한다.

② 앞의 내용으로 보아 급하고 과도한 최저임금인상에 대한 수식어가 될 것이므로 '급격한'이 올바른 표현이다.

③ 최저임금인상 대신 그만큼에 해당하는 근로 장려세제를 '확대'하는 것의 의미를 갖는 문장이다.

5. ④

④ '액체나 가루 따위를 다른 곳에 담는 것'은 '붓다'이며, '물에 젖어서 부피가 커지는 것'은 '붇다'이다. 따라서 '콩이 불기(ㄷ불규칙)', '물을 붓고'가 올바른 표현이다.

① '가늠'은 '사물을 어림잡아 헤아린다'는 의미이며, '갈음'은 '다른 것으로 바꾸어 대신하다'는 의미이다.

② '데다'는 '몹시 놀라거나 심한 괴로움을 겪어 진저리가 난다'는 의미이며, '대다'는 '정해진 시간에 닿거나 맞춘다'는 의미이다.

③ '몸이나 눈썹을 위쪽으로 올리다'는 뜻으로 '추켜세우다'와 '치켜세우다' 모두 사용할 수 있다.

6. ②

㈎ 두 명 이상의 이름을 나열할 경우에는 맨 마지막 이름 뒤에 호칭을 붙인다는 원칙에 따라 '최한국, 조대한, 강민국 사장을' 등 재계 주요 인사들은 모두 ~'로 수정해야 한다. (X)

㈏ 외국인의 이름은 현지발음을 외래어 표기법에 맞게 한글로 적고 성과 이름 사이를 띄어 쓴다는 원칙에 따라 '버락 오바마 미국 대통령의 임기는 ~'으로 수정해야 한다. (X)

㈐ 중국 지명이므로 현지음을 한글로 외래어 표기법에 맞게 쓰고 괄호 안에 한자를 써야한다는 원칙에 따라, '절강성(浙江省) 온주(溫州)'로 수정해야 한다. (X)

㈑ 국제기구나 외국 단체의 경우 처음에는 한글 명칭과 괄호 안에 영문 약어 표기를 쓴 다음 두 번째부터는 영문 약어만 표기한다는 원칙에 따른 올바른 표기이다. (O)

7. ②

'객반위주'라는 말은 '손님이 오히려 주인 행세를 한다.'는 의미의 사자성어로, 비어 있는 곳에 군사시설이 먼저 들어가 있는 상황에서 점차 상가가 조성되어 원래의 군사시설 지역이 지역 주민에게 피해를 주는 시설로 인식되고 있는 상황을 사자성어에 견주어 표현하였다.

① 새옹지마 : 인생의 길흉화복은 늘 바뀌어 변화가 많음을 이르는 말이다.

③ 등화가친 : 등불을 가까이할 만하다는 뜻으로, 서늘한 가을밤은 등불을 가까이 하여 글 읽기에 좋음을 이르는 말이다.

④ 지록위마 : 사슴을 가리켜 말이라 한다는 뜻으로, 윗사람을 농락하여 권세를 휘두르는 경우를 말한다.

8. ④

전기차의 시장침투가 제약을 받게 되는 원인이 빈칸에 들어갈 가장 적절한 말이 될 것이며, 이것은 전후의 맥락으로 보아 기존의 내연기관차와의 비교를 통하여 파악되어야 할 것이다. 따라서 '단순히 전기차가 주관적으로 불편하다는 이유가 아닌 기존 내연기관차에 비해 더 불편한 점이 있을 경우'에 해당하는 말이 위치해야 한다.

9. ③

③ '역학조사'는 '감염병 등의 질병이 발생했을 때, 통계적 검정을 통해 질병의 발생 원인과 특성 등을 찾아내는 것'을 일컫는 말로, 한자로는 '疫學調査'로 쓴다.

① '다중'은 '多衆'으로 쓰며, '삼중 구조'의 '중'은 '重'으로 쓴다.

② '출연'과 '연극'의 '연'은 모두 '演'으로 쓴다.

④ '일 따위가 더디게 진행되거나 늦어짐'의 뜻을 가진 '지연'은 '遲延'으로 쓴다.

10. ④

④ 반대되는 논거를 제시하여 절충된 가치를 통해 글의 주제에 접근하는 방식의 서술은 다분히 철학적이고 인문학적인 주제의 글보다는 사회 현상에 대한 분석이나 과학적 사고를 요하는 글에 보다 적합한 서술 방식이라고 할 수 있다.

① 첫 번째 문단을 보면 '죽음은 인간의 총체를 형성하는 결정적인 요소이다', '죽음이란 한 존재의 사멸, 부정의 의미이므로 여러 가지 인격을 갖고 살아가고 있는 현대인의 어떤 정체성을 부정하거나 사멸시키는 하나의 행위', '죽음이란 이 세상을 살아가면서 배워서 아는 것' 등 핵심 단어인 죽음에 대해 정의를 찾아가며 논점을 전개하고 있다.

② 삶과 죽음의 의미, 심리학자들의 주장 등에서 누구나 알 수 있는 상식을 제시하면서 삶과 죽음에 대한 새로운 이해를 하려는 시도가 나타나 있다.

③ 인간의 삶은 과학 기술적 접근뿐 아니라 인문학적인 차원에서의 접근도 이루어져야 한다는 점, 삶의 목적은 철학적, 윤리적, 가치론적 입장에서 생각해 볼 수 있다는 점 등의 의견을 제시함으로써 특정 현상을 다양한 각도에서 조명해 보려는 의도가 보인다.

11. ②

네 번째 문단에 따르면 신재생 에너지 시스템은 화석 에너지와 달리 발전량을 쉽게 제어할 수 없고, 지역의 환경에 따라 발전량이 서로 다르다는 특징이 있다. 따라서 ②에서 언급한 발전량 자동 조절보다는 잉여 에너지 저장 기술을 갖추어야 한다고 볼 수 있다.

① 중앙 집중식으로 이루어진 에너지 공급 상황에서 거주자는 에너지 생산을 고려할 필요가 없었으나, 분산형 전원 형태의 신재생 에너지 공급 상황에서는 거주자 스스로 생산과 소비를 통제하여 에너지 절감을 할 수 있어야 할 것이다.

③ 기존의 제한된 서비스를 넘어서는 다양한 에너지 서비스가 탄생될 수 있도록 하는 플랫폼 기술은 스마트 그리드를 기반으로 한 마이크로 그리드 시스템 구축에 필요한 요소라고 판단할 수 있다.

④ 과거의 경험으로 축적된 에너지 사용에 대한 데이터를 분석하여 필요한 상황에 적절한 맞춤형 에너지를 서비스하는 기능은 효과적인 관리 솔루션이 될 수 있다.

12. ④

④ 전기 공급자가 많아지면 전기시장은 지금보다 더욱 경쟁적인 시장이 될 것이라고 판단할 수는 있으나, 그 경우 전기시장이 휘발유시장보다 더 경쟁적인 시장이 될 것이라고 판단할 근거가 제시되어 있지는 않다.

① 시장에 참여하는 가계와 기업의 수가 많다면 이 시장은 경쟁적인 시장이 될 수 있으나, 그 수가 적은 경우 시장은 경쟁적일 수 없다.

② 시장으로의 진입장벽이 낮을수록 시장은 경쟁적이며, 진입장벽이 높을수록 기존 기업은 소비자들에 대해 어느 정도의 영향력을 갖게 된다.

③ 기존 기업들이 담합하여 단체행동을 하는 경우에는 그렇지 않은 경우에 비해 시장 지배력이 커져 이 시장은 경쟁시장의 특성에서 멀어진다. 즉, 휘발유시장은 완전경쟁시장이라고 할 수는 없다.

13. ④

④ 물체의 운동에너지를 $E = \frac{1}{2}mv^2$이라고 하였으므로, 속력이 8배가 되면 운동에너지는 속력의 제곱인 64배가 된다.

① 건축물뿐 아니라, 자연의 땅, 나무, 하늘의 구름 등에 의해서도 공간이 인식된다는 것이 필자의 견해이다.

② 차도는 자동차들이 움직이는 곳이며, 주차장은 자동차들이 정지해 있는 곳이므로, 주차장이 더 넓을수록 공간의 전체 속도가 줄어들어 공간 에너지도 줄어들게 된다.

③ 여름에는 사람들이 앉아 있는 레스토랑이며 겨울에는 스케이트를 타는 곳이 되므로 겨울의 공간 에너지가 더 많다.

14. ③

③ 비교우위에 의한 자유무역의 이득은 한 나라 내의 모든 경제주체가 혜택을 본다는 것을 뜻하지 않는다. 자유무역의 결과 어느 나라가 특정 재화를 수입하게 되면, 소비자는 보다 싼 가격으로 이 재화를 사용할 수 있게 되므로 이득을 보지만 이 재화의 국내 생산자는 손실을 입게 된다.

① 동일한 종류의 재화라 하더라도 나라마다 독특한 특색이 있게 마련이다. 따라서 자유무역은 각국 소비자들에게 다양한 소비 기회를 제공한다.

② 어느 나라가 비교우위가 있는 재화를 수출하게 되면 이 재화의 생산량은 세계시장을 상대로 크게 늘어난다. 이 경우 규모의 경제를 통해 생산비를 절감할 수 있게 된다.

④ 독과점의 폐해를 방지하려면 진입장벽을 없애 경쟁을 촉진하여야 한다. 따라서 자유무역은 경쟁을 활성화하여 경제 전체의 후생 수준을 높일 수 있다.

15. ②

윗글은 한국인들의 여가를 즐길 줄 모르는 문화를 지적하며, 여가문화를 올바르게 누릴 수 있는 방안을 제시하고 있다. 따라서 서구 사회에서 이미 학문화되어 있는 여가학에 보다 많은 관심을 가져 진정한 의미의 여가를 즐길 수 있어야 한다는 것이 글에서 이야기하는 궁극적인 목적이라고 할 수 있다.

16. ②

글의 첫 문장에서 4차 산업혁명이 문화예술에 미치는 영향은 어떤 것들이 있는지를 소개하였으며, 이어지는 내용은 모두 그러한 영향들에 대한 부연설명이라고 볼 수 있다. 후반부에서 언급된 문화여가와 디지털기기의 일상화 등에 대한 내용 역시 4차 산업혁명이 사회에 깊숙이 관여해 있는 모습을 보여준다는 점에서 문화예술에 미치는 4차 산업혁명의 영향을 뒷받침하는 것이라고 볼 수 있다.

17. ②

② (나)에서는 정상적인 공권력으로서 투자자의 역할을 하던 권세가와 상인들로부터 물품을 갈취하는 폭압적 권위자의 모습이 모두 그려지고 있으므로 그들의 이중적인 모습을 엿볼 수 있는 단락이 된다.

① 고려시대 시장의 상황을 묘사한 단락은 (가), (나), (다)이다.

③ 권세가들의 폭압과 정도의 차이는 있으나, 상인들에게 있어서는 불교사찰 역시 그들과 크게 다르지 않았음을 설명하는 단락이다.

④ 징벌 대상이 된 상인들이 사료에 수록되었을 것이라는 추측을 하고 있을 뿐, 부패한 고려 상인이 많았다는 언급은 찾아볼 수 없다.

18. ②

② 불교 사찰의 순수하지 않은 면을 언급하였으나, 그것은 권세가들의 폭압과는 다른 모습이었음을 설명하고 있으므로 고위층에 못지않을 만큼 비리와 부패를 저질렀다고 판단하는 것은 과도하다고 할 수 있다.

① 은병과 포필은 고위층과 하위민들을 위한 별도의 통화라고 설명되어 있다.

③ 정상적 공권력을 투자자의 모습으로 설명하고 있다.

④ 외부 시장과의 거래가 꾸준했던 것으로 설명하고 있다.

19. ④

단락 (라)의 말미에서는 당뇨병성 신경병증의 가장 큰 문제로 피부 감각이 둔해져 상처를 입어도 잘 모르는 점을 지적하고 있으며, 그에 따라 당뇨병 환자는 진단받은 시점부터 정기적으로 감각신경 · 운동신경 검사를 받아야 한다고 밝히고 있다. 따라서 '대다수가 앓고 있는 제2형 당뇨병의 경우는 발병 시점이 명확하지 않기 때문에 당뇨병을 얼마나 앓았는지 모르는 경우가 많아 정기 진찰을 받아야 한다.'는 주장이 자연스럽게 연결되기에 적절한 위치는 단락 (라)의 마지막 부분이라고 볼 수 있다.

20. ③

③ 해당 병증을 앓고 있는 환자들의 수면 장애와 관련한 통계를 분석하여 그 원인에 대한 일반화된 정보를 추출하였고, 그에 의해 초기 진단 시점부터 감각신경, 운동신경 검사를 받아야 한다는 결론까지 도출하게 되었다.

21. ④

④ 통계는 집단의 현상에 관한 것으로서, 어떤 사람의 재산이나 한라산의 높이 등, 특정 개체에 관한 수적 기술은 아무리 구체적이더라도 통계라고 하지 않는다.

22. ④

막대그래프는 가장 많이 쓰이는 그래프이며, 영업소별 매출액, 성적별 인원분포 등의 자료를 한눈에 알아볼 수 있게 하기 위한 그래프이다. 주어진 연도별 매출액 추이 변화와 같은 '추이'를 알아보기 위해서는 꺾은선 그래프가 가장 적절하다.

23. ②

㈎ 모든 그래프에 나타나는 수치에 대한 단위를 표시하는 것은 가장 기본적인 사항이다. (O)

㈏ 축 서식의 범위가 800,000인데 반해 그래프의 최댓값은 500,000을 조금 넘고 있다. 따라서 최댓값을 600,000 정도로 좁게 설정하여 자칫 그래프가 왜곡될 수 있는 여지를 차단할 필요가 있다. (O)

㈐ 추이선은 각 항목이 제시하는 개별 수치에 더하여 증감의 변화에 따른 추세를 함께 알 수 있도록 하는 것으로, 주어진 연령별 자료에서는 연령별로 변동된 수치의 변화가 중요한 것은 아니므로 반드시 삽입할 필요가 있다고 보기 어렵다. (X)

㈑ 천 단위 구분 쉼표가 없어 정확한 숫자를 파악하는 데 어려움이 있다. 그래프를 작성하는 목적은 보다 빨리 한눈에 자료를 알아볼 수 있도록 하는 것이다. (O)

24. ④

세 사람이 모두 목표물을 맞히지 못할 확률은

$$\left(1-\frac{3}{5}\right)\times\left(1-\frac{2}{7}\right)\times\left(1-\frac{1}{3}\right)=\frac{2}{5}\times\frac{5}{7}\times\frac{2}{3}=\frac{4}{21}$$

따라서 세 사람이 동시에 하나의 목표물을 향해 1발씩 사격을 실시하였을 때 목표물이 맞을 확률은 $1-\frac{4}{21}=\frac{17}{21}$ 이다.

25. ④

B생산량 × 5명 + D생산량 × 6 + E생산량 × 2 = 500 × 5 + 700 × 6 + 800 × 2 = 8,300set26

26. ④

분기별 판매량과 판매액의 합을 구하면 다음과 같다.

실적 / 제품	분기별 판매량(단위 : 만 개)				분기별 판매액(단위 : 억 원)			
	1분기	2분기	3분기	합계	1분기	2분기	3분기	합계
A	70	100	140	310	65	120	160	345
B	55	50	80	185	70	60	130	260
C	85	80	110	275	75	120	130	325
D	40	70	70	180	65	60	100	225
합계	250	300	400	950	275	360	520	1,155

④ 3분기 A제품의 판매량은 3분기 전체의 판매량 중 $\frac{140}{400} \times 100 = 35\%$를 차지하며, 3분기 A제품의 판매액은 3분기 전체의 판매액 중 $\frac{160}{520} \times 100 =$ 약 31%를 차지한다. 따라서 3분기 A제품의 판매액은 3분기 전체 판매액의 1/3을 넘지 못했다.

① 1분기부터 3분기까지 판매액 합계 상위 2개 제품은 345억 원의 A와 325억 원의 C이다.

② 제품 A는 1분기 대비 2분기에 판매량과 판매액 모두가 증가하였다.

③ 판매 단가는 전체 분기별 판매액을 분기별 판매량으로 나누어 구할 수 있다. 분기별 평균 판매 단가는 1분기 11,000원, 2분기 12,000원, 3분기 13,000원이다.

27. ②

질량 배합 비율에 따라 제품 A를 300kg 생산하는 데 사용된 개별 금속의 양과 생산 후 남은 금속의 양은 다음 표와 같다.

구분	구리	철	주석	아연	망간
사용된 양	180	15	0	75	30
남은 양	480	0	30	90	0

남은 양으로 만들 수 있는 제품 B는 600kg(구리 480 + 주석 30 + 아연 90)이다. 따라서 甲금속회사가 생산한 제품은 A 300kg, B 600kg으로 이를 모두 판매하여 얻을 수 있는 최대 금액은 (300 × 300) + (600 × 200) = 210,000원이다.

28. ①

5명의 학생 중 회장 1명과 부회장 2명을 뽑는 경우의 수는

회장 한 명을 먼저 뽑고 $_5C_1 = 5$, 나머지 4명 중 2명의 부회장을 뽑는 $_4C_2 = \dfrac{4 \times 3}{2 \times 1} = 6$ 경우로, 총 $5 \times 6 =$ 30가지이다.

이때 A가 부회장에 뽑히는 경우는 A를 먼저 부회장으로 뽑고 남은 4명 중 회장 한 명과 부회장 한 명을 뽑는 것으로, $_4C_1 \times _3C_1 = 12$가지이다.

따라서 A가 부회장에 뽑힐 확률은 $\dfrac{12}{30} = \dfrac{2}{5}$이다.

29. ③

'1인당 관광지출＝관광지출÷국민해외관광객'이므로 2016년은 수치를 공식에 대입하여 계산한다. 따라서 2016년의 1인당 관광 지출은 $16,495 \div 13.7 = 1,204$달러(←1,204.01)가 된다.

30. ①

'관광수지＝관광수입－관광지출'이므로 연도별 관광수지를 구해 보면 다음과 같다.

- 2016년 : $13,357 - 16,495 = -3,138$백만 달러
- 2017년 : $14,525 - 17,341 = -2,816$백만 달러
- 2018년 : $17,712 - 19,470 = -1,758$백만 달러
- 2019년 : $15,092 - 21,528 = -6,436$백만 달러
- 2020년 : $17,200 - 23,689 = -6,489$백만 달러
- 2021년 : $13,324 - 27,073 = -13,749$백만 달러

관광수지가 가장 좋은 해는 관광수지 적자가 가장 적은 2018년으로 −1,758백만 달러이며, 가장 나쁜 해는 관광 수지 적자가 가장 큰 2021년으로 −13,749백만 달러이다. 따라서 두 해의 관광수지 차액은 $-1,758 - (-13,749) = 11,991$백만 달러가 된다.

31. ③

미국과 중국의 상호 관세가 부과되면 양국의 상대국에 대한 수출은 감소될 것이므로 중국의 대미관세 부과에 따른 '미국 대중 수출'과 미국의 대중관세 부과에 따른 '중국 대미 수출'은 감소하는 하락 그래프를 나타내야 한다. 또한 한국의 대미 수출은 무역전환 효과가 작용한 영향으로 인해 미국이 중국 대신 한국으로부터 수입하는 물품이 증가하여 미국의 대중관세 부과에 따른 '한국 대미 수출'은 상승 그래프를 나타내게 된다. 그러나 중국에서는 중간재 수요 감소에 따라 한국으로부터 수입하는 물품의 양 역시 감소하여 중국의 대미관세 부과에 따른 '한국 대중 수출'은 하락 그래프를 나타내게 된다. 따라서 ③과 같은 그래프 모양이 분석 내용에 부합하는 것이 된다.

32. ④

㉠ $\dfrac{663,154}{12,382}$ = 약 53.55명으로 50명 이상이다. (○)

㉡ 부산, 대구, 인천 3곳이다. (×)

㉢ 기술지원대 1대당 대원수가 100명 이상인 곳은 부산(108명)뿐이다. (○)

㉣ $\dfrac{3,212}{5}$ = 642.4로 600대를 넘는다. (×)

33. ③

① 5개 지역 모두에서 1월에 낙뢰가 발생하지 않았다.

② 1년 동안 낙뢰가 가장 많이 발생한 지역은 인천이다.

③ $\dfrac{1,656}{12}$ = 138이므로 서울에서 매월 평균 138회의 낙뢰가 발생했다.

④ $\dfrac{365}{5}$ = 73회이다.

34. ①

㉠ 2018년 甲국 유선 통신 가입자 = x

甲국 유선, 무선 통신 가입자 수의 합 = $x + 4,100 - 700 = x + 3,400$

甲국의 전체 인구 = $x + 3,400 + 200 = x + 3,600$

甲국 2018년 인구 100명당 유선 통신 가입자 수는 40명이며 이는 甲국 전체 인구가 甲국 유선 통신 가입자 수의 2.5배라는 의미이며 따라서 $x + 3,600 = 2.5x$이다.

∴ $x = 2,400$만 명 (×)

㉡ 乙국의 2018년 무선 통신 가입자 수는 3,000만 명이고 2021년 무선 통신 가입자 비율이 3,000만 명 대비 1.5배이므로 4,500만 명이다. (×)

㉢ 2021년 丁국 미가입자 = y

2018년 丁국의 전체 인구 : 1,100 + 1,300 − 500 + 100 = 2,000만 명

2021년 丁국의 전체 인구 : 1,100 + 2,500 − 800 + y = 3,000만 명(2015년의 1.5배)

∴ $y = 200$만 명 (○)

㉣ 乙국 = 1,900 − 300 = 1,600만 명   丁국 = 1,100 − 500 = 600만 명

∴ 3배가 안 된다. (○)

35. ①

다음 표에서 채울 수 있는 부분을 완성하면 다음과 같다.

샘플 \ 항목	총질소	암모니아성질소	질산성 질소	유기성 질소	TKN
A	46.24	14.25	2.88	29.11	43.36
B	37.38	6.46	(5.91)	25.01	(31.47)
C	40.63	15.29	5.01	20.33	35.62
D	54.38	(12.48)	(4.99)	36.91	49.39
E	41.42	13.92	4.04	23.46	37.38
F	(40.33)	( )	5.82	( )	34.51
G	30.73	5.27	3.29	22.17	27.44
H	25.29	12.84	(4.57)	7.88	20.72
I	(41.58)	5.27	1.12	35.19	40.46
J	38.82	7.01	5.76	26.05	33.06
평균	39.68	( )	4.34	( )	35.34

이를 근거로 〈보기〉의 내용을 살펴보면 다음과 같다.

㉠ 샘플 A의 총질소 농도는 샘플 I의 총질소 농도보다 높다. (○)

㉡ 샘플 B의 TKN 농도는 30mg/L 이상이다. (○)

㉢ 샘플 B의 질산성 질소 농도는 샘플 D의 질산성 질소 농도보다 낮다. (×)

㉣ 샘플 F는 암모니아성 질소 농도가 유기성 질소 농도보다 높다. (×)

→ 주어진 자료로 샘플 F의 암모니아성 질소 농도와 유기성 질소 농도를 비교할 수 없다.

따라서 올바른 설명은 ㉠, ㉡이다.

36. ④

④ 2021년 11월 일본어선과 중국어선의 한국 EEZ 내 어획량 합은 2,176 + 9,445 = 11,621로 같은 기간 중국 EEZ와 일본 EEZ 내 한국어선 어획량의 합인 64 + 500 = 564의 20배 이상이다.

① 2021년 12월 중국 EEZ 내 한국어선 조업일수는 1,122로 전월대비 증가하였다.

② 2020년 11월 한국어선의 일본 EEZ 입어척수가 자료에 나타나지 않아 알 수 없다.

③ 2021년 12월 일본 EEZ 내 한국어선의 조업일수는 3,236로, 같은 기간 중국 EEZ 내 한국어선 조업일수 1,122의 3배에 못 미친다.

37. ③

S군의 2017년 투표율은 $\frac{14634}{25000} \times 100 ≒ 59\%$이고, 2021년 투표율은 $\frac{18595}{25000} \times 100 ≒ 74\%$이다. 따라서 2021년 투표율은 2017년에 비해 15% 증가하였다.

38. ④

① 2017년의 경우 부재자 투표에서 다른 어떤 후보자보다도 더 많이 득표한 '병'보다 '무'가 득표수의 합이 가장 컸다.
② 2017년의 '정'과 2021년의 '무'는 자신의 출신지보다 다른 지역에서 더 많은 표를 얻었다.
③ 2017년 최고 득표자는 '무'로 총 4,597표 득표하였고, 최저 득표자는 '갑'으로 총 761표 득표하였다. '무'는 '갑'보다 약 6배(≒6.04) 득표하였다.
⑤ 무는 2021년에는 출신지인 A읍 지역민의 30% 이상에게 표를 얻었지만, 2017년에는 그렇지 않다.

39. ④

미응답한 구가 7개이므로 이들이 모두 도입으로 응답할 경우 신기술 A를 도입한 구는 50개가 된다.
따라서 도입률을 구하면 $\frac{50}{69} \times 100 ≒ 72.5\%$이다.

40. ①

광역지방자치단체의 도입률 : $\frac{14}{17} \times 100 ≒ 82.4\%$

기초지방자치단체의 도입률 : $\frac{150}{227} \times 100 ≒ 66.1\%$

따라서 $88.4 - 66.1 = 16.3\%$ 이상 높다.

41. ①

(가), (다), (마) – 발생형 문제
(나) – 탐색형 문제
(라) – 설정형 문제
※ 문제의 유형
   ⊙ **발생형 문제**(보이는 문제) : 우리 눈앞에 발생되어 당장 걱정하고 해결하기 위해 고민하는 문제를 의미한다.
   ⊙ **탐색형 문제**(찾는 문제) : 더 잘해야 하는 문제로 현재의 상황을 개선하거나 효율을 높이기 위한 문제를 의미한다.
   ⊙ **설정형 문제**(미래 문제) : 미래상황에 대응하는 장래의 경영전략의 문제로 앞으로 어떻게 할 것인가 하는 문제를 의미한다.

42. ①

문제에 봉착했을 경우, 차분하고 계획적인 접근이 필요하다. 자칫 우리가 흔히 알고 있는 단순한 정보들에 의존하게 되면 문제를 해결하지 못하거나 오류를 범할 수 있다.

※ 문제 해결을 위해 필요한 4가지 기본적 사고는 다음과 같다.
- ㉠ 전략적 사고를 해야 한다. → 보기 ⑤
- ㉡ 분석적 사고를 해야 한다. → 보기 ②
- ㉢ 발상의 전환을 하라. → 보기 ③
- ㉣ 내·외부 자원을 효과적으로 활용하라. → 보기 ④

43. ③

네트워크와 유통망이 다양한 것은 자사의 강점이며 이를 통하여 심화되고 있는 일본 업체와의 경쟁을 우회하여 돌파할 수 있는 전략은 주어진 환경에서 적절한 ST전략이라고 볼 수 있다.
① 세제 혜택(O)을 통하여 환차손 리스크 회피 모색(T)
② 타 해외 조직의 운영 경험(S)을 살려 업무 효율성 벤치마킹(W)
④ 해외 진출 경험으로 축적된 우수 인력(S) 투입으로 업무 누수 방지(W)

44. ①

제시된 항목들은 다음과 같은 특징을 갖는다.
- 브레인스토밍(창의적 사고) : 브레인스토밍은 집단의 효과를 살려서 아이디어의 연쇄반응을 일으켜 자유분방한 아이디어를 내고자 하는 것으로, 창의적인 사고를 위한 발산 방법 중 가장 흔히 사용되는 방법이다.
- 결단성(비판적 사고) : 모든 필요한 정보가 획득될 때까지 불필요한 논증, 속단을 피하고 모든 결정을 유보하지만, 증거가 타당할 땐 결론을 맺는다.
- 비교 발상법(창의적 사고) : 비교 발상법은 주제와 본질적으로 닮은 것을 힌트로 하여 새로운 아이디어를 얻는 방법이다.
- 지적 호기심(비판적 사고) : 여러 가지 다양한 질문이나 문제에 대한 해답을 탐색하고 사건의 원인과 설명을 구하기 위하여 질문을 제기한다.
- 생각하는 습관(논리적 사고) : 논리적 사고에 있어서 가장 기본이 되는 것은 왜 그런지에 대해서 늘 생각하는 습관을 들이는 것이다.
- 타인에 대한 이해(논리적 사고) : 반론을 하든 찬성을 하든 논의를 함으로써 이해가 깊어지거나 논점이 명확해질 수 있다.
- 다른 관점에 대한 존중(비판적 사고) : 타인의 관점을 경청하고 들은 것에 대하여 정확하게 반응한다.

45. ②

현재 발생하지 않았지만 장차 발생할지 모르는 문제를 예상하고 대비하는 일, 보다 나은 미래를 위해 새로운 문제를 스스로 설정하여 도전하는 일은 조직과 개인 모두에게 중요한 일이다. 이러한 형태의 문제를 설정형 문제라고 한다. 설정형 문제를 해결하기 위해서는 주변의 발생 가능한 문제들의 움직임을 관심을 가지고 지켜보는 자세가 필요하며, 또한 문제들이 발생했을 때 그것이 어떤 영향을 가져올지에 대한 논리적 추론이 가능해야 한다. 이러한 사고의 프로세스는 논리적 연결고리를 생성시킬 수 있는 추론의 능력이 요구된다고 볼 수 있다.

46. ③

주어진 조건에 따라 선택지의 날짜에 해당하는 당직 근무표를 정리해 보면 다음과 같다.

구분	갑	을	병	정
A	2일, 14일		8일	
B		3일		9일
C	10일		4일	
D		11일		5일
E	6일		12일	
F		7일		13일

따라서 A와 갑이 2일 날 당직 근무를 섰다면 E와 병은 12일 날 당직 근무를 서게 된다.

47. ③

문제의 내용과 조건의 내용에서 알 수 있는 것은 다음과 같다.
• 5층과 1층에서는 적어도 1명이 내렸다.
• 4층에서는 2명이 내렸다. → 2층 또는 3층 중 아무도 내리지 않은 층이 한 개 있다.
그런데 네 번째 조건에 따라 을은 1층에서 내리지 않았고, 두 번째 조건에 따라 을이 내리기 직전 층에서는 아무도 내리지 않아야 하므로, 을은 2층에서 내렸고 3층에서는 아무도 내리지 않은 것이 된다(∵ 2층 또는 3층 중 아무도 내리지 않은 층이 한 개 있으므로)
또한 무는 정의 바로 다음 층에서 내렸다는 세 번째 조건에 따르면, 정이 5층에서 내리고 무가 4층에서 내린 것이 된다.
네 번째 조건에서 갑은 1층에서 내리지 않았다고 하였으므로, 2명이 함께 내린 층인 4층에서 무와 함께 내린 것이고, 결국 1층에서 내릴 수 있는 사람은 병이 된다.

48. ①

세 사람은 모두 각기 다른 동에 사무실이 있으며, 어제 갔던 식당도 서로 겹치지 않는다.

- 세 번째 조건 후단에서 갑동이와 을순이는 어제 11동 식당에 가지 않았다고 하였으므로, 어제 11동 식당에 간 것은 병호이다. 따라서 병호는 12동에 근무하며 11동 식당에 갔었다.
- 네 번째 조건에 따라 을순이는 11동에 근무하므로, 남은 갑동이는 10동에 근무한다.
- 두 번째 조건 전단에 따라 을순이가 10동 식당에, 갑동이가 12동 식당을 간 것이 된다.

따라서 을순이는 11동에 사무실이 있으며, 어제 갔던 식당은 10동에 위치해 있다.

49. ④

갑과 을의 전기요금을 다음과 같이 계산할 수 있다.

〈갑〉

기본요금 : 1,800원

전력량 요금 : $(200 \times 90) + (100 \times 180) = 18,000 + 18,000 = 36,000$원

200kWh를 초과하였으므로 필수사용량 보장공제 해당 없음

전기요금 : $1,800 + 36,000 = 37,800$원

〈을〉

기본요금 : 1,260원

전력량 요금 : $(200 \times 72) + (100 \times 153) = 14,400 + 15,300 = 29,700$원

200kWh를 초과하였으므로 필수사용량 보장공제 해당 없음

전기요금 : $1,260 + 29,700 = 30,960$원

따라서 갑과 을의 전기요금 합산 금액은 $37,800 + 30,960 = 68,760$원이 된다.

50. ②

② 동계와 하계에 1,000kWh가 넘는 전력을 사용하면 슈퍼유저에 해당되어 적용되는 1,000kWh 초과 전력량 요금 단가가 2배 이상으로 증가하게 되나, 기본요금에는 해당되지 않는다.

① 기본요금과 전력량 요금 모두 고압 요금이 저압 요금보다 저렴한 기준이 적용된다.

③ 기본요금 900원과 전력량 요금 270원을 합하여 1,170원이 되며, 필수사용량 보장공제 적용 후에도 최저요금 인 1,000원이 발생하게 된다.

④ 200kWh 단위로 요금 체계가 바뀌게 되므로 200kWh씩 나누어 관리하는 것이 전기요금을 절감할 수 있는 방법이다.

51. ④

경호, 수호 중 적어도 한 명을 뽑으면 영호와 민지를 뽑아야 하는데, 민지를 뽑으면 경지도 뽑아야 한다. 즉 경호와 수호를 둘 다 뽑으면 5명이 되어 안 된다. 따라서 경호나 수호 둘 중에 한 명만 뽑아야 하고 이 경우 영호, 민지, 경지가 들어간다.

민호를 뽑으면 경지, 수지를 뽑지 말아야 하는데 경지를 뽑지 않으면 민지도 뽑지 말아야 한다.(다섯 번째 조건의 대우) 즉 민호를 뽑으면 여자 사원 경지, 수지, 민지 모두 뽑을 수 없으므로 남자 사원 경호, 수호, 민호, 영호로 팀을 정해야 하는데 이는 조건을 충족하지 못 한다. 따라서 민호를 뽑을 수 없으며, 5가지 조건을 모두 충족하는 팀은 (경호, 영호, 민지, 경지), (수호, 영호, 민지, 경지)이므로 ㉠, ㉡, ㉢ 모두 맞다.

52. ①

생벤처기업 지원투자 사업이 10월에 열리는 경우와 기존 중소기업 지원 사업이 10월에 열리는 경우를 나누어 살펴보고 두 가지 경우 모두 참이 되어야 반드시 참이 된다고 할 수 있다.

• 신생벤처기업 지원투자 사업이 10월에 진행되면 벤처기업 대표자 간담회가 10월에 열려야 한다. 벤처기업 대표자 간담회가 10월에 열릴 경우 창업지원센터가 간담회 장소로 대관된다. 간담회 장소로 대관된다면 벤처기업 입주지원 사업은 11월로 연기된다.

　㉠ 벤처기업 입주지원 사업은 10월에 진행되지 않는다. (○)
　㉡ 벤처기업 대표자 간담회는 10월에 진행되지 않는다. (×)
　㉢ 신생벤처기업 지원투자 사업은 10월에 진행되지 않는다. (×)

• 기존 중소기업 지원 사업이 10월에 진행되면 벤처기업 대표자 간담회는 11월로 연기된다. 벤처기업 대표자 간담회가 10월에 열리지 않으면 신생벤처기업 지원투자 사업과 벤처기업 입주지원 사업이 10월에 진행되지 않는다.(신생벤처기업 지원투자 사업이나 벤처기업 입주지원 사업이 10월에 진행된다면 벤처기업 대표자 간담회도 10월에 열려야 한다의 대우)

　㉠ 벤처기업 입주지원 사업은 10월에 진행되지 않는다. (○)

따라서 반드시 참인 것은 ㉠뿐이다.

53. ③

① 오렌지, 귤 : 네 번째 조건에 따라 귤을 사려면 사과와 오렌지도 반드시 사야 한다.
② 배, 딸기 : 두 번째 조건에 따라 배와 딸기 중에서는 한 가지밖에 살 수 없으며, 세 번째 조건에 따라 딸기와 오렌지를 사려면 둘 다 사야 한다.
④ 사과, 딸기, 귤 : 세 번째 조건에 따라 딸기와 오렌지를 사려면 둘 다 사야 하며, 네 번째 조건에 따라 귤을 사려면 사과와 오렌지도 반드시 사야 한다.

54. ③

대회 종류 후 나눈 대화가 성립하려면 다음의 두 가지 조건이 만족되어야 한다.

• B와 E를 제외한 A, C, D는 적어도 한 게임은 이기고, 한 게임은 져야 한다.

• B는 한 게임 이상 이겨야 하고, E는 한 게임 이상 져야 한다.

각 선수가 얻은 점수의 총합이 큰 순으로 매긴 순위가 A > B이므로 A는 6점(3승 1패), B는 5점(1승 3무)를 받는다. B가 C, D, E와 모두 비긴 조건에서 D가 적어도 한 게임은 이겨야 하므로 D는 최소 3점 이상을 획득하는데 점수의 총합이 C > D이므로 C는 4점(1승 2무 1패), D는 3점(1승 1무 2패)을 받는다. 이를 정리하면 다음과 같다.

	A	B	C	D	E
A	–	B승(2점)	C패(0점)	D패(0점)	E패(0점)
B	A패(0점)	–	무(1점)	무(1점)	무(1점)
C	A승(2점)	무(1점)	–	D패(0점)	무(1점)
D	A승(2점)	무(1점)	C승(2점)	–	E패(0점)
E	A승(2점)	무(1점)	무(1점)	D승(2점)	–
총점	6점	5점	4점	3점	2점

색이 칠해진 칸과 칠해지지 않은 칸은 중복이므로 총 10번의 게임 중 4번의 게임이 비긴 볼링 게임이다.

55. ①

甲과 丙의 진술로 볼 때, C = 삼각형이라면 D = 오각형이고, C = 원이라면 D = 사각형이다. C = 삼각형이라면 戊의 진술에서 A = 육각형이고, 丁의 진술에서 E ≠ 사각형이므로 乙의 진술에서 B = 오각형이 되어 D = 오각형과 모순된다. 따라서 C = 원이다. C = 원이라면 D = 사각형이므로, 丁의 진술에서 A = 육각형, 乙의 진술에서 B = 오각형이 되고 E = 삼각형이다. 즉, A = 육각형, B = 오각형, C = 원, D = 사각형, E = 삼각형이다.

56. ④

총 30회의 가위바위보 게임에서 모두 이길 경우 얻을 수 있는 점수는 150점이다.

• 甲, 乙 : 29회를 이길 경우 145점을 얻는데, 30번째에서 비길 경우 146점을, 질 경우 144점을 얻을 수 있다.
  → 甲, 乙 거짓

• 丙, 丁, 戊 : 28회를 이길 경우 140점을 얻는데, 29~30번째 모두 비길 경우 142점, 1번 비기고 1번 질 경우 140점, 2번 모두 질 경우 138점을 얻을 수 있다. → 丙, 戊 거짓, 丁 참

57. ②

- 36개의 로봇을 6개씩 6팀으로 나눠 각 팀의 1위를 가린다. → 6경기
- 각 팀의 1위 로봇끼리 재경기를 해 1위를 가린다. → 1경기(가장 빠른 로봇이 가려짐)
- 가장 빠른 로봇이 나온 팀의 2위 로봇과 나머지 팀의 1위 로봇을 재경기해 1위를 가린다. → 1경기(두 번째로 빠른 로봇이 가려짐)

따라서 36개의 로봇 중 가장 빠른 로봇 1, 2위를 선발하기 위해서는 최소 8경기를 해야 한다.

58. ②

- 甲이 착한 호랑이일 경우, 곶감의 위치를 안다고 말한 乙, 丁, 戊는 모두 나쁜 호랑이가 되고 丙만 착한 호랑이가 되는데, 丙이 착한 호랑이일 경우 甲이 거짓말을 하는 것이 되므로 모순된다.
- 乙이 착한 호랑이일 경우, 곶감의 위치를 안다고 말한 甲, 丁, 戊는 모두 나쁜 호랑이가 된다. 丙이 착한 호랑이이며, 곶감은 소쿠리에 있다.
- 丙이 착한 호랑이일 경우, 甲은 반드시 나쁜 호랑이가 되고 곶감은 아궁이가 아닌 꿀단지나 소쿠리에 있게 된다. 곶감이 꿀단지에 있다고 하면 丙과 戊가 착한 호랑이가 되고, 곶감이 소쿠리에 있다면 丙과 乙 또는 丁이 착한 호랑이가 된다.
- 丁이 착한 호랑이일 경우, 곶감의 위치를 안다고 말한 甲, 乙, 戊는 모두 나쁜 호랑이가 된다. 丙이 착한 호랑이이며, 곶감은 소쿠리에 있다.
- 戊가 착한 호랑이일 경우, 곶감의 위치를 안다고 말한 甲, 乙, 丁은 모두 나쁜 호랑이가 된다. 丙이 착한 호랑이이며, 곶감은 꿀단지에 있다.

따라서 보기 중 가능한 조합은 ②이다.

59. ④

BBB등급 기준보증료율인 1.4%에서 지방기술사업과 벤처기업 중 감면율이 큰 자방기술사업을 적용하면 ㈜서원의 보증료율은 1.1%이다. 보증료의 계산은 보증금액 × 보증료율 × 보증기간/365이므로 ㈜서원의 보증료는 5억원 × 1.1% × 365/365 = 5,500천원이다.

60. ①

갑, 을, 병 3개 회사가 보증금액(신규)과 보증기간이 동일하므로 보증료율이 높은 순서대로 정렬하면 된다.
- 갑 보증료율 : 1.4%(BBB등급) − 0.3%p(감면율이 큰 국가유공자기업 적용) + 0.3%p(고액보증기업 나 + 장기이용기업 가) = 1.4%
- 을 보증료율 : 1.5%(B등급) − 0.2%(벤처·이노비즈기업 중복적용 안 됨) + 0.0%p(장기이용기업 다에 해당하지만 경영개선지원기업으로 가산요율 적용 안 함) = 1.3%
- 병 보증료율 : 1.5%(B등급) − 0.3%p(감면율이 큰 장애인기업 적용) + 0.0%p(가산사유 해당 없음) = 1.2%

따라서 보증료율이 높은 순서인 갑 − 을 − 병 순으로 보증료가 높다.

61. ③

노인등〈제2조 제1호〉 … 65세 이상의 노인 또는 65세 미만의 자로서 치매·뇌혈관성질환 등 대통령령으로 정하는 노인성 질병을 가진 자를 말한다.

62. ③

장애인 등에 대한 장기요양보험료의 감면〈제10조〉 … 공단은 「장애인복지법」에 따른 장애인 또는 이와 유사한 자로서 대통령령으로 정하는 자가 장기요양보험가입자 또는 그 피부양자인 경우 수급자로 결정되지 못한 때 대통령령으로 정하는 바에 따라 장기요양보험료의 전부 또는 일부를 감면할 수 있다.

63. ④

조사를 하는 자는 조사일시, 장소 및 조사를 담당하는 자의 인적사항 등을 미리 신청인에게 통보하여야 한다〈제14조 제3항〉.

64. ③

등급판정위원회는 제출된 조사 결과를 토대로 다시 수급자 등급을 조정하고 수급자 여부를 판정할 수 있다〈제15조 제5항〉.

65. ④

장기요양등급 등의 변경〈제21조 제1항〉 … 장기요양급여를 받고 있는 수급자는 장기요양등급, 장기요양급여의 종류 또는 내용을 변경하여 장기요양급여를 받고자 하는 경우 공단에 변경신청을 하여야 한다.

66. ④

① 가족요양비, 특례요양비, 요양병원간병비
② 장기요양기관에 장기간 입소한 수급자에게 신체활동 지원 및 심신기능의 유지·향상을 위한 교육·훈련 등을 제공하는 장기요양급여
③ 방문요양, 방문목욕, 방문간호, 주·야간보호, 단기보호 등

67. ④

장기요양기관의 장은 장기요양요원이 다음의 어느 하나에 해당하는 경우로 인한 고충의 해소를 요청하는 경우 업무의 전환 등 대통령령으로 정하는 바에 따라 적절한 조치를 하여야 한다〈제35조의4 제1항〉.

1. 수급자 및 그 가족이 장기요양요원에게 폭언·폭행·상해 또는 성희롱·성폭력 행위를 하는 경우
2. 수급자 및 그 가족이 장기요양요원에게 급여외행위의 제공을 요구하는 경우

68. ③

특별자치시장·특별자치도지사·시장·군수·구청장은 거짓이나 그 밖의 부정한 방법으로 재가 및 시설 급여비용을 청구한 경우에 해당하는 행위를 이유로 업무정지명령을 하여야 하는 경우로서 그 업무정지가 해당 장기요양기관을 이용하는 수급자에게 심한 불편을 줄 우려가 있는 등 보건복지부장관이 정하는 특별한 사유가 있다고 인정되는 경우에는 업무정지명령을 갈음하여 거짓이나 그 밖의 부정한 방법으로 청구한 금액의 5배 이하의 금액을 과징금으로 부과할 수 있다〈제37조의2 제2항〉.

69. ④

장기요양기관 정보의 안내 등〈제34조〉

① 장기요양기관은 수급자가 장기요양급여를 쉽게 선택하도록 하고 장기요양기관이 제공하는 급여의 질을 보장하기 위하여 장기요양기관별 급여의 내용, 시설·인력 등 현황자료 등을 공단이 운영하는 인터넷 홈페이지에 게시하여야 한다.

② 게시 내용, 방법, 절차, 그 밖에 필요한 사항은 보건복지부령으로 정한다.

70. ②

구상권〈제44조〉

① 공단은 제3자의 행위로 인한 장기요양급여의 제공사유가 발생하여 수급자에게 장기요양급여를 행한 때 그 급여에 사용된 비용의 한도 안에서 그 제3자에 대한 손해배상의 권리를 얻는다.

② 공단은 장기요양급여를 받은 자가 제3자로부터 이미 손해배상을 받은 때 그 손해배상액의 한도 안에서 장기요양급여를 행하지 아니한다.

71. ④

장기요양급여의 관리·평가〈제54조〉

① 공단은 장기요양기관이 제공하는 장기요양급여 내용을 지속적으로 관리·평가하여 장기요양급여의 수준이 향상되도록 노력하여야 한다.

② 공단은 장기요양기관이 장기요양급여의 제공 기준·절차·방법 등에 따라 적정하게 장기요양급여를 제공하였는지 평가를 실시하고 그 결과를 공단의 홈페이지 등에 공표하는 등 필요한 조치를 할 수 있다.

③ 장기요양급여 제공내용의 평가 방법 및 평가 결과의 공표 방법, 그 밖에 필요한 사항은 보건복지부령으로 정한다.

72. ③

국가와 지방자치단체는 대통령령으로 정하는 바에 따라 의료급여수급권자의 장기요양급여비용, 의사소견서 발급비용, 방문간호지시서 발급비용 중 공단이 부담하여야 할 비용(면제 및 감경됨으로 인하여 공단이 부담하게 되는 비용을 포함) 및 관리운영비의 전액을 부담한다〈제58조 제2항〉.

73. ④

보고 및 검사〈제61조〉

① 보건복지부장관, 특별시장·광역시장·도지사 또는 특별자치시장·특별자치도지사·시장·군수·구청장은 다음의 어느 하나에 해당하는 자에게 보수·소득이나 그 밖에 보건복지부령으로 정하는 사항의 보고 또는 자료의 제출을 명하거나 소속 공무원으로 하여금 관계인에게 질문을 하게 하거나 관계 서류를 검사하게 할 수 있다〈제61조 제1항〉.

1. 장기요양보험가입자

2. 피부양자

3. 의료급여수급권자

② 보건복지부장관, 특별시장·광역시장·도지사 또는 특별자치시장·특별자치도지사·시장·군수·구청장은 다음의 어느 하나에 해당하는 자에게 장기요양급여의 제공 명세, 재무·회계에 관한 사항 등 장기요양급여에 관련된 자료의 제출을 명하거나 소속 공무원으로 하여금 관계인에게 질문을 하게 하거나 관계 서류를 검사하게 할 수 있다〈제61조 제2항〉.

1. 장기요양기관

2. 장기요양급여를 받은 자

③ ①②의 경우 소속 공무원은 그 권한을 표시하는 증표 및 조사기간, 조사범위, 조사담당자, 관계 법령 등 보건복지부령으로 정하는 사항이 기재된 서류를 지니고 이를 관계인에게 내보여야 한다〈제61조 제4항〉.

74. ③

벌칙〈제67조〉

② 다음의 어느 하나에 해당하는 자는 2년 이하의 징역 또는 2천만 원 이하의 벌금에 처한다.
   1. 지정받지 아니하고 장기요양기관을 운영하거나 거짓이나 그 밖의 부정한 방법으로 지정받은 자
   2. 본인부담금을 면제 또는 감경하는 행위를 한 자
   3. 수급자를 소개, 알선 또는 유인하는 행위를 하거나 이를 조장한 자
   4. 업무수행 중 알게 된 비밀을 누설한 자
③ 다음의 어느 하나에 해당하는 자는 1년 이하의 징역 또는 1천만 원 이하의 벌금에 처한다.
   1. 정당한 사유 없이 장기요양급여의 제공을 거부한 자
   2. 거짓이나 그 밖의 부정한 방법으로 장기요양급여를 받거나 다른 사람으로 하여금 장기요양급여를 받게 한 자
   3. 정당한 사유 없이 권익보호조치를 하지 아니한 사람
   4. 수급자가 부담한 비용을 정산하지 아니한 자

75. ③

실태조사〈제6조의2 제1항〉 … 보건복지부장관은 장기요양사업의 실태를 파악하기 위하여 3년마다 다음의 사항에 관한 조사를 정기적으로 실시하고 그 결과를 공표하여야 한다.
1. 장기요양인정에 관한 사항
2. 장기요양등급판정위원회(이하 "등급판정위원회"라 한다)의 판정에 따라 장기요양급여를 받을 사람(이하 "수급자"라 한다)의 규모, 그 급여의 수준 및 만족도에 관한 사항
3. 장기요양기관에 관한 사항
4. 장기요양요원의 근로조건, 처우 및 규모에 관한 사항
5. 그 밖에 장기요양사업에 관한 사항으로서 보건복지부령으로 정하는 사항

76. ②

공단 또는 장기요양인정 신청의 조사를 의뢰받은 특별자치시·특별자치도·시·군·구는 조사를 완료한 때 조사결과서를 작성하여야 한다. 조사를 의뢰받은 특별자치시·특별자치도·시·군·구는 지체 없이 공단에 조사결과서를 송부하여야 한다〈제14조 제4항〉.

77. ③

공단은 장기요양급여를 받고 있거나 받을 수 있는 자가 다음의 어느 하나에 해당하는 것으로 의심되는 경우에는 조사하여 그 결과를 등급판정위원회에 제출하여야 한다〈제15조 제4항〉.

1. 거짓이나 그 밖의 부정한 방법으로 장기요양인정을 받은 경우
2. 고의로 사고를 발생하도록 하거나 본인의 위법행위에 기인하여 장기요양인정을 받은 경우

78. ③

장기요양기관의 지정절차와 그 밖에 필요한 사항은 보건복지부령으로 정한다〈제31조 제6항〉.

79. ④

장기요양기관의 장은 장기요양기관을 폐업하거나 휴업하려는 경우 또는 장기요양기관의 지정 갱신을 하지 아니하려는 경우 보건복지부령으로 정하는 바에 따라 수급자의 권익을 보호하기 위하여 다음의 조치를 취하여야 한다〈제36조 제3항〉.

1. 해당 장기요양기관을 이용하는 수급자가 다른 장기요양기관을 선택하여 이용할 수 있도록 계획을 수립하고 이행하는 조치
2. 해당 장기요양기관에서 수급자가 부담한 비용 중 정산하여야 할 비용이 있는 경우 이를 정산하는 조치
3. 그 밖에 수급자의 권익 보호를 위하여 필요하다고 인정되는 조치로서 보건복지부령으로 정하는 조치

80. ③

장기요양기관의 지정을 취소하거나 6개월의 범위에서 업무정지를 명할 수 있는 행위를 이유로 한 행정제재처분의 효과는 그 처분을 한 날부터 3년간 다음의 어느 하나에 해당하는 자에게 승계된다〈제37조의4 제1항〉.

1. 장기요양기관을 양도한 경우 양수인
2. 법인이 합병된 경우 합병으로 신설되거나 합병 후 존속하는 법인
3. 장기요양기관 폐업 후 같은 장소에서 장기요양기관을 운영하는 자 중 종전에 행정제재처분을 받은 자(법인인 경우 그 대표자를 포함한다)나 그 배우자 또는 직계혈족

국민건강보험공단

80문항 / 80문

성0

점0

번호	정답	체크
1	① ② ③ ④	
2	① ② ③ ④	
3	① ② ③ ④	
4	① ② ③ ④	
5	① ② ③ ④	
6	① ② ③ ④	
7	① ② ③ ④	
8	① ② ③ ④	
9	① ② ③ ④	
10	① ② ③ ④	
11	① ② ③ ④	
12	① ② ③ ④	
13	① ② ③ ④	
14	① ② ③ ④	
15	① ② ③ ④	
16	① ② ③ ④	
17	① ② ③ ④	
18	① ② ③ ④	
19	① ② ③ ④	
20	① ② ③ ④	
21	① ② ③ ④	
22	① ② ③ ④	
23	① ② ③ ④	
24	① ② ③ ④	
25	① ② ③ ④	
26	① ② ③ ④	
27	① ② ③ ④	
28	① ② ③ ④	
29	① ② ③ ④	
30	① ② ③ ④	

번호	정답	체크
31	① ② ③ ④	
32	① ② ③ ④	
33	① ② ③ ④	
34	① ② ③ ④	
35	① ② ③ ④	
36	① ② ③ ④	
37	① ② ③ ④	
38	① ② ③ ④	
39	① ② ③ ④	
40	① ② ③ ④	
41	① ② ③ ④	
42	① ② ③ ④	
43	① ② ③ ④	
44	① ② ③ ④	
45	① ② ③ ④	
46	① ② ③ ④	
47	① ② ③ ④	
48	① ② ③ ④	
49	① ② ③ ④	
50	① ② ③ ④	
51	① ② ③ ④	
52	① ② ③ ④	
53	① ② ③ ④	
54	① ② ③ ④	
55	① ② ③ ④	
56	① ② ③ ④	
57	① ② ③ ④	
58	① ② ③ ④	
59	① ② ③ ④	
60	① ② ③ ④	

번호	정답	체크
61	① ② ③ ④	
62	① ② ③ ④	
63	① ② ③ ④	
64	① ② ③ ④	
65	① ② ③ ④	
66	① ② ③ ④	
67	① ② ③ ④	
68	① ② ③ ④	
69	① ② ③ ④	
70	① ② ③ ④	
71	① ② ③ ④	
72	① ② ③ ④	
73	① ② ③ ④	
74	① ② ③ ④	
75	① ② ③ ④	
76	① ② ③ ④	
77	① ② ③ ④	
78	① ② ③ ④	
79	① ② ③ ④	
80	① ② ③ ④	

생년월일

년				월		일	
⓪	⓪	⓪	⓪	⓪	⓪	⓪	
①	①	①	①	①	①	①	
②	②	②	②	②	②	②	
③	③	③	③	③	③	③	
④	④	④	④	④	④	④	
⑤	⑤	⑤	⑤	⑤	⑤	⑤	
⑥	⑥	⑥	⑥	⑥	⑥	⑥	
⑦	⑦	⑦	⑦	⑦	⑦	⑦	
⑧	⑧	⑧	⑧	⑧	⑧	⑧	
⑨	⑨	⑨	⑨	⑨	⑨	⑨	

번호	정답				체크	번호	정답				체크	번호	정답				체크
1	①	②	③	④		31	①	②	③	④		61	①	②	③	④	
2	①	②	③	④		32	①	②	③	④		62	①	②	③	④	
3	①	②	③	④		33	①	②	③	④		63	①	②	③	④	
4	①	②	③	④		34	①	②	③	④		64	①	②	③	④	
5	①	②	③	④		35	①	②	③	④		65	①	②	③	④	
6	①	②	③	④		36	①	②	③	④		66	①	②	③	④	
7	①	②	③	④		37	①	②	③	④		67	①	②	③	④	
8	①	②	③	④		38	①	②	③	④		68	①	②	③	④	
9	①	②	③	④		39	①	②	③	④		69	①	②	③	④	
10	①	②	③	④		40	①	②	③	④		70	①	②	③	④	
11	①	②	③	④		41	①	②	③	④		71	①	②	③	④	
12	①	②	③	④		42	①	②	③	④		72	①	②	③	④	
13	①	②	③	④		43	①	②	③	④		73	①	②	③	④	
14	①	②	③	④		44	①	②	③	④		74	①	②	③	④	
15	①	②	③	④		45	①	②	③	④		75	①	②	③	④	
16	①	②	③	④		46	①	②	③	④		76	①	②	③	④	
17	①	②	③	④		47	①	②	③	④		77	①	②	③	④	
18	①	②	③	④		48	①	②	③	④		78	①	②	③	④	
19	①	②	③	④		49	①	②	③	④		79	①	②	③	④	
20	①	②	③	④		50	①	②	③	④		80	①	②	③	④	
21	①	②	③	④		51	①	②	③	④							
22	①	②	③	④		52	①	②	③	④							
23	①	②	③	④		53	①	②	③	④							
24	①	②	③	④		54	①	②	③	④							
25	①	②	③	④		55	①	②	③	④							
26	①	②	③	④		56	①	②	③	④							
27	①	②	③	④		57	①	②	③	④							
28	①	②	③	④		58	①	②	③	④							
29	①	②	③	④		59	①	②	③	④							
30	①	②	③	④		60	①	②	③	④							

생	년	월	일
⓪ ① ② ③ ④ ⑤ ⑥ ⑦ ⑧ ⑨	⓪ ① ② ③ ④ ⑤ ⑥ ⑦ ⑧ ⑨	⓪ ① ② ③ ④ ⑤ ⑥ ⑦ ⑧ ⑨	⓪ ① ② ③ ④ ⑤ ⑥ ⑦ ⑧ ⑨

국민건강보험공단

80문항 / 80분

성명

생년월일

번호	정답	체크	번호	정답	체크	번호	정답	체크
1	① ② ③ ④		31	① ② ③ ④		61	① ② ③ ④	
2	① ② ③ ④		32	① ② ③ ④		62	① ② ③ ④	
3	① ② ③ ④		33	① ② ③ ④		63	① ② ③ ④	
4	① ② ③ ④		34	① ② ③ ④		64	① ② ③ ④	
5	① ② ③ ④		35	① ② ③ ④		65	① ② ③ ④	
6	① ② ③ ④		36	① ② ③ ④		66	① ② ③ ④	
7	① ② ③ ④		37	① ② ③ ④		67	① ② ③ ④	
8	① ② ③ ④		38	① ② ③ ④		68	① ② ③ ④	
9	① ② ③ ④		39	① ② ③ ④		69	① ② ③ ④	
10	① ② ③ ④		40	① ② ③ ④		70	① ② ③ ④	
11	① ② ③ ④		41	① ② ③ ④		71	① ② ③ ④	
12	① ② ③ ④		42	① ② ③ ④		72	① ② ③ ④	
13	① ② ③ ④		43	① ② ③ ④		73	① ② ③ ④	
14	① ② ③ ④		44	① ② ③ ④		74	① ② ③ ④	
15	① ② ③ ④		45	① ② ③ ④		75	① ② ③ ④	
16	① ② ③ ④		46	① ② ③ ④		76	① ② ③ ④	
17	① ② ③ ④		47	① ② ③ ④		77	① ② ③ ④	
18	① ② ③ ④		48	① ② ③ ④		78	① ② ③ ④	
19	① ② ③ ④		49	① ② ③ ④		79	① ② ③ ④	
20	① ② ③ ④		50	① ② ③ ④		80	① ② ③ ④	
21	① ② ③ ④		51	① ② ③ ④				
22	① ② ③ ④		52	① ② ③ ④				
23	① ② ③ ④		53	① ② ③ ④				
24	① ② ③ ④		54	① ② ③ ④				
25	① ② ③ ④		55	① ② ③ ④				
26	① ② ③ ④		56	① ② ③ ④				
27	① ② ③ ④		57	① ② ③ ④				
28	① ② ③ ④		58	① ② ③ ④				
29	① ② ③ ④		59	① ② ③ ④				
30	① ② ③ ④		60	① ② ③ ④				

년	월	일
⓪ ① ② ③ ④ ⑤ ⑥ ⑦ ⑧ ⑨	⓪ ① ② ③ ④ ⑤ ⑥ ⑦ ⑧ ⑨	⓪ ① ② ③ ④ ⑤ ⑥ ⑦ ⑧ ⑨

절 취 선

국민건강보험공단

80문항 / 80문

성명

생년월일

번호	정답				번호	정답				체크	번호	정답				체크
1	①	②	③	④	31	①	②	③	④		61	①	②	③	④	
2	①	②	③	④	32	①	②	③	④		62	①	②	③	④	
3	①	②	③	④	33	①	②	③	④		63	①	②	③	④	
4	①	②	③	④	34	①	②	③	④		64	①	②	③	④	
5	①	②	③	④	35	①	②	③	④		65	①	②	③	④	
6	①	②	③	④	36	①	②	③	④		66	①	②	③	④	
7	①	②	③	④	37	①	②	③	④		67	①	②	③	④	
8	①	②	③	④	38	①	②	③	④		68	①	②	③	④	
9	①	②	③	④	39	①	②	③	④		69	①	②	③	④	
10	①	②	③	④	40	①	②	③	④		70	①	②	③	④	
11	①	②	③	④	41	①	②	③	④		71	①	②	③	④	
12	①	②	③	④	42	①	②	③	④		72	①	②	③	④	
13	①	②	③	④	43	①	②	③	④		73	①	②	③	④	
14	①	②	③	④	44	①	②	③	④		74	①	②	③	④	
15	①	②	③	④	45	①	②	③	④		75	①	②	③	④	
16	①	②	③	④	46	①	②	③	④		76	①	②	③	④	
17	①	②	③	④	47	①	②	③	④		77	①	②	③	④	
18	①	②	③	④	48	①	②	③	④		78	①	②	③	④	
19	①	②	③	④	49	①	②	③	④		79	①	②	③	④	
20	①	②	③	④	50	①	②	③	④		80	①	②	③	④	
21	①	②	③	④	51	①	②	③	④							
22	①	②	③	④	52	①	②	③	④							
23	①	②	③	④	53	①	②	③	④							
24	①	②	③	④	54	①	②	③	④							
25	①	②	③	④	55	①	②	③	④							
26	①	②	③	④	56	①	②	③	④							
27	①	②	③	④	57	①	②	③	④							
28	①	②	③	④	58	①	②	③	④							
29	①	②	③	④	59	①	②	③	④							
30	①	②	③	④	60	①	②	③	④							

생년월일

년				월	일	
⓪	⓪	⓪	⓪	⓪	⓪	⓪
①	①	①	①	①	①	①
②	②	②	②	②	②	②
③	③	③	③	③	③	③
④	④	④	④	④	④	④
⑤	⑤	⑤	⑤	⑤	⑤	⑤
⑥	⑥	⑥	⑥	⑥	⑥	⑥
⑦	⑦	⑦	⑦	⑦	⑦	⑦
⑧	⑧	⑧	⑧	⑧	⑧	⑧
⑨	⑨	⑨	⑨	⑨	⑨	⑨

절 취 선

상식 용어사전 시리즈
합격GO!

1 빈출 일반상식

공기업/공공기관 채용시험 일반상식에서 자주 나오는 빈출문항을 정리하여 수록한 교재! 한 권으로 일반상식 시험 준비 마무리 하자!

2 중요한 용어만 한눈에 보는 시사용어사전 1130

매일 접하는 각종 기사와 정보 속에서 현대인이 놓치기 쉬운, 그러나 꼭 알아야 할 최신 시사상식을 쏙쏙 뽑아 이해하기 쉽도록 정리했다!

3 중요한 용어만 한눈에 보는 경제용어사전 961

주요 경제용어는 거의 다 실었다! 경제가 쉬워지는 책, 경제용어사전!

4 중요한 용어만 한눈에 보는 부동산용어사전 1273

부동산에 대한 이해를 높이고 부동산의 개발과 활용, 투자 및 부동산 용어 학습에도 적극적으로 이용할 수 있는 부동산용어사전!

자격증
기출문제
총집합!

자격증 별로 정리된
기출문제로 깔끔하게 합격하자!

기출문제로 자격증 시험 준비하자!

스포츠지도사, 손해사정사, 손해평가사, 농산물품질관리사, 수산물품질관리사, 관광통역안내사,
국내여행안내사, 보세사, 건축기사, 토목기사